RESEARCH ON FRONTIER ISSUES OF FOREIGN ECONOMIC LAW:
TOWARDS NATIONAL AND REGIONAL RULE OF LAW

迈向国别与区域法治

外国经济法律前沿问题研究

张海斌　赵守政　等　著

法律出版社 LAW PRESS · CHINA
北京

图书在版编目(CIP)数据

迈向国别与区域法治 ：外国经济法律前沿问题研究 / 张海斌等著. -- 北京 ：法律出版社, 2023
ISBN 978 -7 -5197 -8044 -9

Ⅰ. ①迈… Ⅱ. ①张… Ⅲ. ①涉外经济法 – 研究 Ⅳ. ①D912.295.4

中国国家版本馆 CIP 数据核字(2023)第 110884 号

迈向国别与区域法治
——外国经济法律前沿问题研究
MAIXIANG GUOBIE YU QUYU FAZHI
—WAIGUO JINGJI FALÜ QIANYAN WENTI YANJIU

张海斌　赵守政　等著

策划编辑 解　锟
责任编辑 解　锟
装帧设计 李　瞻

出版发行 法律出版社
编辑统筹 重大项目办公室
责任校对 王　丰
责任印制 吕亚莉
经　　销 新华书店

开本 710 毫米×1000 毫米　1/16
印张 18　**字数** 386 千
版本 2023 年 7 月第 1 版
印次 2023 年 7 月第 1 次印刷
印刷 北京虎彩文化传播有限公司

地址:北京市丰台区莲花池西里 7 号(100073)
网址:www.lawpress.com.cn
投稿邮箱:info@lawpress.com.cn
举报盗版邮箱:jbwq@lawpress.com.cn
销售电话:010 - 83938349
客服电话:010 - 83938350
咨询电话:010 - 63939796

书号:ISBN 978 -7 -5197 -8044 -9
定价:88.00 元

目录

导　言

本书系上外国别与区域法治动态追踪与研究项目的阶段性成果之一。该项目旨在利用上外法学院多语种涉外法治人才培养与国别区域法治学科建设之特色与优势,以外国法、比较法与国际法为学科依托,聚焦国别、区域与全球领域内的法治动态,开展相关的追踪与研究,俾对中国特色社会主义法治建设提供有益的借鉴。

本书为系列研究成果之一,主要关注国别区域经济法律领域的若干前沿热点问题,考察不同国家在自己的法律体系框架下,结合其独特的经济法律实践语境,进行法治变革与创新的过程及其成效,并在此基础上,从比较法的视角与立场出发,探讨其对完善我国经济法律领域相关制度的启示与借鉴。

一、比较法与法律制度借鉴

一般而言,比较法的功能,乃是通过对不同国别与区域法律的比较,既深化对该国别区域法律制度的认识,亦有助于引以为本国法律制度创立与完善之借鉴。但是,笔者认为,国别与区域之间的法律制度,倘要进行必要与适当的借鉴乃至移植,尚需做一番较为复杂的法理之梳理与考量。在此,笔者拟对法律进行三个层次的分类,由此来探讨法律制度之借鉴与移植的可能性。[1]

第一个层次是法律文化。法律文化是一个国家传统文化的组成部分,它

〔1〕 参见张海斌:《商谈民主、现代性与法律全球化》,载《华东政法学院学报》2005年第6期。

是该国人民在特定的生产方式、生活方式与人际交往模式中产生出来的一整套以实践理性为基础的知识,是一个国家法律制度的价值源泉与合法性基础。从一种弱的文化相对主义或者知识的地方性的角度来看,一个国家的法律文化都具有某种独特性和不可替代性,一种具体的法律制度,如果不能从法律文化中获得合法性论证,那么这种法律制度必然会由于缺乏人民的自觉认同而"高悬于社会生活之上",得不到实际执行或者执行成本巨大。著名社会学家吉尔兹就认为,法律是一种地方性知识。[1] 说明了法律与具体地方的文化是紧密相关的。可以说,法律文化构成了法律借鉴与移植的重要壁垒。但是,任何事物逻辑的边界是辩证的。倘若仅仅从法律文化的相对性来论证包括法律借鉴与移植之不可行性,则不免失之武断。并非所有的法律制度都需要文化上的合法性支持,有些法律制度可能完全属于技术科学范畴,有先进和落后或有效率、低效率、无效率之区别,是知识论而不是价值论范畴。

从法制史的角度来看,目前世界各国在法律移植过程中对待法律文化的方式主要有两种:一种是法律制度的全面移植,在广泛实施的基础上,通过外来法律制度的不断运作,培养和塑造新的法律文化,实现本国法律文化的全面改造。这种思路的依据在于,法律其实是一种生活方式,外来法律制度的全面实践,必然实现国民法律意识的更新,引发人们对于原有法律文化的反思与臧否,从而有利于新的法律文化的产生,这是社会存在决定社会意识的重要表现。当然,由于本国法律传统的"路径依赖"的作用,导致新的法律文化会发生一定程度的变异,形成一种具有兼容性的新的法律文化,这种新的法律文化既吸收了外来法律文化的精华,又保留了原有法律文化中的合理部分,通过化合反应,从而形成一种合理的、独特的法律文化。另一种法律文化

---

〔1〕 [美]克利福德·吉尔兹:《地方性知识》,王海龙、张家渲译,中央编译出版社2000年版,第273页。在该书中,基于社会人类学的立场,作者指出,法律,乃是一种地方性知识,这种地方性不仅指地方、时间、阶级与各种问题而言,而且指情调—事情发生经过自有地方特性并与当地人对事物之想象能力相联系。

的改造是本土法律文化的创造性转化。[1] 它的基本思路就是：从传统法律文化中发掘出一些符合现代法治的基本因素和概念，来构筑现代法律制度的价值基础和信仰基础。当然，在一个国家对自己法律文化的改造以实现法制现代化的过程中，可以借鉴和移植外国法律的精华，为我所用，从而实现一种自我主导型的法律文化的更新。

法律的第二个层次是法律理论。如果说法律文化仅仅是一种民间的、朴素的、非文字的、活生生的社会现实与潜在的集体意识的话，那么，法律理论就是一种有意识的专业认识活动。它是理论家（法学家包括政治学家）在法律文化的集体认同基础上，结合当前的政治、经济与社会现实的具体语境和特定问题，提出的一整套的知识体系。法律理论在某种程度上具有特定性。首先，它是实践理性的产物，只有在特定的社会生产实践中才能深刻体会其合理性。毕竟，法律理论具有实践理性的色彩，它是具体人或人群的知识与实践相结合的产物，脱离了理解的情境去理解一种法律理论的合理性，不是辩证的认识方法。在某种意义上，法律理论的评价标准是解释法律现象解决法律争议的有效性而不一定是与某种所谓真理相契合的正确性。其次，绝大多数法学理论都不是法学家或者政治学家凭空制造出来以自娱自乐或自问自答的，作为一个有现实感的法学家，他们的法律理论往往都是从自身面对的现实问题出发，以解决特定问题为目的，来构造自己的理论体系的。

可以说，任何一个国家或区域在具体历史时期面对的特定问题是不一样的，在法律文化存在巨大差异的前提下，作为解释体系的法律理论自然存在差异。而从人类生存的基本方式来看，世界各国在不同的时期面对的问题有可能也会相同。世界各国尤其是发达国家面对这些问题比较早，积累了许多解决法律问题的理论。因此，法律理论可以进行两种区分：一种是法律技术理论，另一种是法律价值理论。法律技术理论是对一些旨在提供效率和速度、关涉科学性的法律理论，作为科学技术范畴中的组成部分，这些法律理论

---

〔1〕 参见林毓生：《中国传统的创造性转化》，三联书店1996年版。在该书中，作者对中国传统的创造性转化的必要性、可能性以及原则与路径进行了初步探讨。

仅仅作为分析方法和分析技术，是可以借鉴和移植的。比如，法律经济学理论、法律社会学中的若干理论、立法技术理论，还有法制水平的评价理论等。而法律价值理论，则是那些与法律文化、政治文化、社会价值形态密切联系、具有独特目的和价值的法学知识体系，它是一种地方性价值理论。在不同的国家，法律的价值理论一般是存在较大差异的。在比较法制史中我们经常会发现，一些从未交流的国家，可能存在相同或相似的法律制度设计，往往给人一种错觉。即某个法律制度具有一定的普适性，或者两个国家也许曾经出现过法律交流的历史。其实，只要仔细考察，就不难发现，在这些相同的制度设计背后存在迥乎不同的法律理论，这些法律理论是不能也没有必要去移植的，因为在本质上，它只是特定法律文化形态下的阐释体系，是理解一项法律制度的视角、方法和立场。在有些情况下，法律制度的移植并不能相应地移植对方的法律理论，而只要通过对本土法律理论稍加阐发，就可以为该移植的法律制度提供一个迥乎不同但同样有效的解释，这也就是法律价值的理论创新。

当前关于法律借鉴与移植的讨论，主要体现在法学的第三个层次，即法律制度。在一些人看来，法律制度一般不涉及价值观与人生观，从立法学角度来看其甚至只是一个技术性的事物，它追求的只是一些技术性指标，如效率和效益等。正是在这种认识基础上，学术界才出现了某种法律制度普遍主义之倾向。这在当前法律移植的研究上体现得非常明显。有些学者从历史唯物主义的角度出发，提出经济全球化必然要求并导致法律全球化的观点，这只看到问题的一个方面。虽然，决定法治之选择的因素主要是经济的，但不仅仅是经济的。恩格斯在晚年曾经指出："政治、法律、哲学、宗教、文学、艺术等的发展是以经济发展为基础的。但是，它们又都相互影响并对经济基础发生影响。并不是只有经济状况才是原因，才是积极的，而其余一切都不过是消极的结果。这是在归根到底不断为自己开辟道路的经济必然性基础上相互作用。"[1]不难理解,决定法律制度全球化之可能性的,不仅是经济全球化的经济发展形式,而且还有一个国家政治、文化、意识形态及价值观等问题。但毋庸置疑的是,经济全球化对于国别区域领域内的法律借鉴乃至移植具有根本性的影响,尤其在经济法律制度领域,表现得更为明显。

二、经济全球化对法律的影响

世界各国的经济依赖与联系日益紧密,而同时竞争亦日益激烈。经济全球化不仅表现为生产、消费的全球化上,而且表现在经济法律制度的趋同和一体化上,国际竞争的层次也随之提升至经济法律制度方面。鉴于各国国情,在制度的选择上,各国总会选择能够促进本国社会经济发展以及使本国与其他国家的竞争中能处于优势的经济法律制度,这势必导致国家之间在制度选择上的竞争。制度竞争会促进各国不断加强经济法律制度的交流与借鉴,优化其制度体系,降低制度设计安排成本,提高制度效益,增强国家竞争能力。各国通过制度竞争,加速经济法律制度的变迁和创新,不断适应经济全球化发展趋势。竞争的最终结果是形成一个各方都能接受的规则,这导致各国经济法律制度的进一步趋同。在市场经济下,只要资本拥有者有选择的自由,各国市场间就会充斥竞争,经济法律制度的竞争也是市场竞争的必然后果。

经济全球化影响下,经济法律发展也呈现全球化的趋势。经济法律全球化是经济全球化与公共事务全球化的必然结果,也是当今世界法律发展的趋势之一。经济法律全球化趋势表现为不同的面向,如法律的制定愈加标准化、趋同化及一体化。法律的标准化源于联邦制国家,[2]在经济全球化和法

[1] 《马克思恩格斯选集》(第4卷),人民出版社1995年版,第506页。

[2] 在历史上,法律的跨国发展(国际化)是法律发展和法治文明的重要方面和基本标志,源于经济、政治、军事、文化的冲突、交流与合作,世界上先后出现过一个国家与另一个国家之间的双边规则,若干国家之间的多边规则,为许多国家共同制定和遵守的世界性规则,出现过国家之间的法律选择(choice of law)和彼此适用。第二次世界大战后法律国际化现象日益明显,特别是随着冷战时代的结束,法律发展更呈现全球化的趋势。《联合国宪章》《关税与贸易总协定》《联合国海洋法公约》《公民权利和政治权利公约》《经济、社会和文化权利国际公约》《建立世界贸易组织协定》等法律文件的出现就是法律全球化的重要里程碑。参见张文显:《WTO与中国法律发展》,载《法制与社会发展》2002年第1期。

律全球化时代，这种立法经验被推广至不同国家的比较法借鉴中。如由联合国、国际组织、经济联合体制定一些法律范本，提供给各个国家作为立法的标本或参照，[1]法律标本化或标准化成为法律移植的新形式。法律的趋同化既包括不同国家的国内法的趋向一致，也包括国内法与国际法的趋向一致。世界范围内的法律趋同首先表现在经济交易领域，法律的趋同速度之快、程度之高，超出了人们的预期，《联合国国际货物销售合同公约》是法律趋同的典型。在全球化背景下，经济法律趋同方式的显著特征是具有互动性，而且这种互动性在多个维度上进行。既表现在国内法之间，也表现在国内法与国际法之间；既表现在同一法系之间，也表现在不同法系之间。[2] 经济法律的一体化，是全球范围内法律规范的相互联结的必然结果。各国之间的法律规范本是互不隶属的，国际法与国内法也是两个不同的法律体系。然而在现实生活中，经济法律规范正在连为一体，国际法与国内法之间的界限也变得模糊不清。[3]

当然，对于经济法律全球化应有清醒的认识。法律全球化是以法律存在差异为前提的，只要主权国家存在，各国经济法律的差异便不会消除。全球化是当今世界各个领域发展的趋势之一，但不是唯一趋势，还有与之相制约的其他趋势，即比较法视野下的经济法律本土化。[4] 经济全球化下，各国更加注重保护本国的经济秩序，并制定适合保护本国利益与符合本国国情的法律。而各国的经济状况、政治体制、历史背景、文化传统、民族特性等是不同的，经济法律制度也必然存在差异。一方面，全球化的背景下，商品、人员、资

---

〔1〕 例如，联合国国际贸易法委员会就在其《国际贷记划拨示范法》中采纳了美国《统一商法典》的大部分概念和规则，并向全世界推荐。经济合作与发展组织（OECD）1977 年制定的《关于对所得和财产避免双重征税协定范本》，联合国 1979 年制定的《关于发达国家与发展中国家避免双重税收协定范本》，联合国 1996 年推出的《电子商务示范法》，作为制定国际税法、电子商务法的范本，都正在被世界上多数国家所采纳。

〔2〕 参见王春婕：《商法重构：在全球化背景下的思考》，载《法商研究》2002 年第 6 期。

〔3〕 参见车丕照：《法律全球化——是现实？还是幻想?》，载《国际经济法论丛》（第 4 卷），法律出版社 2001 年版，第 33 页。

〔4〕 参见朱景文：《比较法社会学的框架和方法法制化、本土化和全球化》，中国人民大学出版社 2001 年版，第 35～43 页。

金与服务的自由移动前所未有的频繁,经济法律作为规范社会秩序的规则出现统一化的趋向。另一方面,各国经济法律的差异由于贸易、服务、信息、资本和人员跨国界流动的聚集,造成冲突的深度和广度也被进一步地扩展。本书的写作动因,即在经济全球化的背景下,由中国的法律问题意识出发探讨经济法律前沿制度的比较与借鉴。

三、全球化下的经济法律发展特征

(一)放松事前管制与加强事前监管并行

全球化下的经济法律制度发展,呈现出放松事前管制与加强事后监管并行的态势。在事前管制模式下,政府可以实现对市场持续、高效的监督,但错误判定合法行为的风险较高。在事后监管模式下,政府可以弹性地因应产业结构变化作出调整,避免对市场运行的过度干预,但是错误赦免反竞争行为的风险较高。基于不正当经济行为产生的损害及带来的收益、执法错误的可能性因素不同,放松管制与加强监管都存在其必要性。

例如,随着经济和技术的进步,传统经济领域具有自然垄断性质的行业逐渐失去其自然垄断特性而重新回归可竞争领域。欧美国家大规模放松管制,反垄断法逐渐将管制行业纳入审查范围,进一步实现了反垄断与市场管制的融合。即反垄断权力行使引入事前管制工具,政府依据竞争法原则重构管制制度,管制法成为弥补反垄断法在特定行业调整不足、促进竞争的重要竞争政策选择。[1] 在此背景下,欧美各国逐渐实行放松管制和去管制化,以通信技术进步带来的电信行业变革最为典型。欧盟在电信市场管制领域逐步实现了事前管制与事后反垄断相互配合、彼此渗透的治理体系,开启了政府管制市场的全新范式。[2] 同时,面对经济管制法律的谦抑性、滞后性之局限,有学者主张对超级平台监管应由事后监管向"强监管、早监管、长监管"转变,探索建立"事前+事中+事后"的规制逻辑。在比较法的研究中,已在

〔1〕 参见张江莉:《反垄断制度与政府管制》,北京师范大学出版社2011年版,第45~52页。

〔2〕 参见李安:《人工智能时代数据竞争行为的法律边界》,载《科技与法律》2019年第1期。

探索在反垄断执法之外建立政府事前管制体制，从而促进数字市场的竞争性。例如，英国2019年发布《解锁数字竞争》（Unlocking Digital Competition）的报告，并决定建立“数字市场部门”，拟对数字行业实行事前管制机制，制定平台开放标准，保障用户数据流动性以促进竞争。欧盟委员会2020年公布了《数字服务法》（Digital Service Act）、《数字市场法》（Digital Market Act）的提案，其对各行业大型数字平台提出了一系列事前管制措施，旨在防止垄断行为和恢复数字市场竞争秩序。

事前管制可以前瞻性地提供市场竞争规则，并持续性地监督市场运行，但其存在过度干预和限制市场发展方向的风险。对于一般情形，加强事前监管具有普遍适用性。但对于类似于电信行业这样存在结构性市场失灵的领域，特殊行业管制更具有效率优势，且在电信行业之外的其他市场也存在类推适用的空间。据此，全球化背景下，经济法律呈现放松事前管制与加强事前监管并行的发展特征。

（二）资本与金融机构跨国移动限制法律的放松

随着经济全球化的发展，各国相关经济法律制度的趋同化趋势日益明显。这种趋同不仅表现在私法意义上具体经济法律适用的趋同，还表现在公法意义上经济监管法律制度的趋同，这其中也有不同国家和地区法律竞争的因素。一方面，经济交易规制法律制度出现全球化的趋势；另一方面，各国的经济监管模式也不再泾渭分明。比如在资本市场法律制度领域，采用集中监管模式的国家逐渐重视自律规制的作用，而采用自律规制模式的国家也有加强集中监管的趋势。但总体而言，资本与金融机构跨国移动限制法律呈现放松的态势。这一方面是因为全球化的经济运行需要统一的标准和规范，另一方面也是各国经济监管制度之间相互竞争的结果。

这一特征的显著标志即金融服务业的开放，金融机构和资本市场愈加国际化，各国经济立法也需回应这一现实需求。在20世纪五六十年代，大多数国家对国际资本流动实行严格限制。当时工业化国家的货币可兑换刚刚实现，大部分发展中国家实行严格的外汇管制。之后，欧洲美元市场的形成和发展作为世界范围内经济国际化的重要标志,美元离岸市场的出现打破了传统意义上的国际金融市场的概念。[1] 而离岸市场是非居民之间的借贷中介场所,其业务一般不受东道国的法律限制。欧洲美元市场的创新导致主权政府对资本流动管制的失效,20 世纪 70 年代布雷顿森林体系崩溃后,汇率的剧烈波动导致对这部分经济产品的巨大需求。这直接刺激发达国家相继解除了对资本国际流动的限制。[2] 资本流动限制的废除,必然表现为非居民对各国经济市场参与程度的提高。如美国《外国银行监管改进法案》规定外国银行和美国银行在注册登记、业务经营等方面均处于平等地位,享有同等权利义务。欧盟《第二银行指令》规定在欧盟国家中只要得到一国允许注册的外国银行,到其他欧盟国家开设分行,无须新的准入审批。亚洲国家也在进一步开放本国市场吸引外资,如印度尼西亚修改本国银行法,取消外资股份在本国银行不超过 49% 的限制,允许外国投资者拥有 100% 的股份。我国也规定外国银行可以在中国境内同时设立外商独资银行和外国银行分行,或者同时设立中外合资银行和外国银行分行。此外还放宽了对外资银行业务的限制,允许其从事代理发行、代理兑付、承销政府债券以及代理收付款项业务;取消了对外资银行开办人民币业务的审批等。经济国际化的趋势要求放松对资本与经济机构跨国移动的法律限制,所以对资本与经济机构跨国移动限制法律的放松也成为经济全球化的一个显著的法律特征。

(三)数据治理成为全球经济法律发展重要挑战

随着电子计算机的发明,人类进入了信息时代,数据治理成为全球经济法律发展重要挑战。信息技术不断创新发展,云计算、大数据、物联网、人工智能以及下一代移动网络技术等不断发展乃至成熟应用,早期的信息技术已经发展成全新的数字经济。如今正处于技术迭代、数字经济快速发展的时期,急需检视当前的相关经济法律制度,发现其中的不足,并提出完善建议,

---

〔1〕 参见刘利:《美国利率自由化的原因、过程和结果分析》,载《国际金融研究》2000 年第 2 期。

〔2〕 参见国际货币基金组织:《货币可兑换和金融部门改革》,中国金融出版社 1996 年版,第 92 ~ 95 页。

为数字经济向纵深发展提供坚实的制度基础。现存的数据治理国际规则、规范、法律及框架不足以满足日益增长的数字社会的需求，过多关注于隐私和数据保护，对数据的限制可能会限制人员的流动性和服务访问权限，从而成为反贸易或竞争的“护城河”，并在一定程度上限制消费者的选择，最终会破坏法治和公共安全，并造成歧视。

随着云技术的发展和云存储越来越普及，数据主权问题成为企业在不同法域开展经济活动不可避免的挑战。[1] 许多国家已经通过法律来规范和控制数据存储和传输。全球化不可逆，全球化中产生的问题应在全球化发展中解决。各国应携手共同协调数据治理方式，构建互通互容的信息隐私保护模式，这样全球数字经济才能朝着持续健康的方向发展。数据治理最大的挑战是如何在保护身份信息的同时共享数据。数据安全和信息安全领域正在尝试充分利用技术、硬件设施和相关人才来解决这个问题。对企业而言，与数据保护相关的法律法规在不断发生变化，及时了解法律的变化并不断重新评估企业对信息隐私和安全法律法规的遵守情况变得极其迫切且重要。[2] 世界各国数据合规法律规定的差异很大，这对于持有敏感数据的企业而言，要实现并持续遵守与数据相关的众多法律法规无疑是一项重大挑战。[3] 而比较法视野下研究和完善相关法律制度，在全球数字经济蓬勃发展的今天意义重大，可以重塑公众对信息技术的信心，共同构建持续安全的全球数字经济环境。

（四）技术创新对经济法律谦抑性提出更高要求

全球化背景下，各国高度重视促进技术创新的国家干预，对技术创新与发展过程中相应经济风险进行立法规制，以保障技术创新驱动经济发展的同

〔1〕 参见王志安：《云计算和大数据时代的国家立法管辖权学——数据本地化与数据全球化的大对抗》，载《交大法学》2019 年第 1 期。

〔2〕 参见张新宝：《我国个人信息保护法立法主要矛盾研讨》，载《吉林大学社会科学学报》2018 年第 5 期。

〔3〕 参见叶开儒：《数据跨境流动规制中的“长臂管辖”——对欧盟 GDPR 的原旨主义考察》，载《法学评论》2020 年第 1 期。

时,尽量降低野蛮技术创新带来的经济、道德、伦理风险与秩序失范。[1] 技术创新的法律保护主要体现为对作为技术创新成果的知识产权(尤其是专利权)的法律保护。以专利为核心的科技创新成果构成了企业和国家的核心竞争力,加强专利保护对于科技进步和自主创新具有最直接、最重要的促进作用。这不仅有利于形成知识产权保护的法治环境和完善我国市场经济体制,亦能促进全社会技术自主创新意识和国家知识产权管理水平的提高。除知识产权法律制度保障外,有关技术创新的经济法律制度还存在于金融法、贸易法等部门法律及相应的政策中。其作用与功能主要反映为技术创新的主体关系、决策与评估机制、财政补贴、技术转移机制、技术资金来源、知识产权法律保护、政府介入措施等方面。[2] 在全球化的市场经济发展过程中,为解决技术创新中存在的问题与障碍,各个国家都充分调整经济法律保障制度,创设有利于技术创新的制度环境。

全球化经济发展下的企业技术创新,离不开经济法的保障。技术创新的最终实现要靠尊重市场规律的谦抑干预、适度干预,真正突出企业的创新主体地位,激发企业的创新活力。在抑制、消弭、防范技术创新风险和保障经济安全领域,对国家干预的经济法律制度边界提出新的要求,要正确把握技术创新中国家干预的限度。比较法视野下,技术创新对国家干预及经济法律提出新的要求,即需要国家干预作为介入经济运行的边界标准。据此,经济法律层面的引领、主导或干预,应持守以尊重市场为前提的谦抑,对适度干预的必要性、判定原则、判定标准及适度把握等有正确的认识。[3] 要充分发挥经济法在促进、鼓励技术创新与有效防范、规制相应技术风险中的重要作用,必须合理厘定技术创新国家干预的界限,正确把握干预的限度,对干预失灵进行充分预警并进行相应的矫治,同时还应关注科技与经济深度融合下的干预

---

〔1〕 参见阳东辉:《论科技法的理论体系构架以克服科技创新市场失灵为视角》,载《法学论坛》2015 年第 7 期。

〔2〕 参见张文显等:《知识经济与法律制度创新》,北京大学出版社 2012 年版,第 151~180 页。

〔3〕 参见刘大洪、段宏磊:《谦抑性视野中经济法理论体系的重构》,载《法商研究》2014 年第 11 期。

体制优化与主体同构问题。只有遵循制度创新保障和决定技术创新的规律,对经济法进行相应的制度创新与完善,才能在科技与经济深度融合和创新驱动经济社会高质量发展过程中,不负经济法作为促进发展之法的使命。

四、比较法视野下经济法律前沿问题研究

数字货币自诞生以来,其去中心化、跨地域性的特征促进了互联网金融的发展。数字货币与传统支付方式相比,大大节省了支付成本和时间,具有明显的优势。但数字货币的高风险性也带来了新的监管问题,对数字货币进行有效的法律监管,将保障数字货币市场的有序运行。对法国数字货币法律监管的制度研究,可对完善我国数字货币的法律监管提供借镜。数字货币法律监管,面临的首要问题是明确数字货币的法律性质。数字货币虽被称为“货币”,但其实际上并不具有货币的基本职能,不能被认定为货币。法国在2019年5月颁布的《企业转型与增长实施计划法案》(以下简称PACTE法案)中将数字货币认定为可以作为支付手段、转让、储存、交换的数字资产。从其法律性质分析,数字货币更应被视为特殊的虚拟财产。明确数字货币的法律性质后,还需考虑如何对数字货币进行有效的法律监管。现阶段关于数字货币交易的审核大多依靠数字货币平台的自律,如若缺乏外部法律监管部门介入,投资者合法利益难以得到有力保障。对此,法国在PACTE法案中明确了数字货币的法律监管主体,即金融市场监管局(AMF)和审慎监管局(ACPR),并规定了两大监管机构对于数字货币的监管权限。数字货币因其特性极易被用来进行犯罪活动,因此明确数字货币的范围并规范数字货币的监管对象也至关重要。PACTE法案将数字货币的服务提供商和代币发行人确定为数字货币的法律监管客体,并在此基础上明确了其法定义务、准入条件、服务范围等,以期更好地规范数字货币交易市场。数字货币与法定货币的不同之处决定了数字货币需要更为谨慎且灵活的监管措施,在促进技术创新的同时保护投资者的合法利益。对此,PACTE法案Ⅱ中规定了针对数字货币交易的信息审查方式,更为严格的行政和刑事处罚手段,以及针对普通

投资者的权益保护等措施。我国目前关于数字货币监管的法律规定较为单一,而近年来我国司法实践中关于数字货币交易纠纷的民事案件和刑事案件时有发生,完善数字货币立法、健全数字货币法律监管制度方能保证金融市场的良好发展。本书中该部分的研究动因是,法国关于数字货币法律监管制度的规定为我国未来完善数字货币法律监管提供了一些启示,如明确数字货币的监管主体与客体,采取更为严格的处罚手段,健全数字货币的法律监管制度等。

我国对《公司法》中的资本制度进行了一系列改革,其中最为核心的便是取消最低注册资本和实缴资本限制。此举在促进市场运行的同时,也为企图通过虚增注资和违规减资而违法获利的股东提供了有利之便,债权人难以得到有力保护,类似案件频发。我国现行《公司法》中部分条款对公司减资有所规定,但仅涉及公司减资的决议主体、内外程序以及违反外部程序的行政责任方面的内容,没有系统的制度规范体系,对因违规减资而受损失的债权人救济途径并不完善。英国是公司制度最早出现的国家,2006 年《英国公司法》(Companies Act 2006)的出台让英国公司法在制定法层面建立了一套更加完善的体系,其中,在资本制度方面增设、细化了债权人保护规则。2006 年《英国公司法》实施前,英国公司减资均需要通过法院的实质审查和批准程序。该法修订之后,为简化私人公司(private company)减资程序,英国建立了替代性的偿债能力声明减资机制,体现出了对各方利益的平衡考量。本书介绍英国公司减资制度中的债权人保护规则部分的研究,首先介绍英国公司减资制度的基础理论,其次从债权人保护的视角出发,对英国公司减资制度进行剖析并探寻其中的债权人保护规则。在充分了解英国公司减资制度的价值取向和具体规则的基础上,试图寻找其中对我国公司减资法律制度完善的借鉴意义。现行的 2006 年《英国公司法》下存在两种并行的减资制度:一是只适用于私人公司的偿债能力声明制度,二是所有类型公司均可适用的法院确认制度,两项制度的并行使英国公司减资制度独具特点。这种特点也让英国公司减资制度体现出了对各种价值取向的平衡,做到了保护债权人资金安全的同时,平衡债权人和股东的利益,也提高了经济效率。偿债能力声明制度要求公司董事必须做出真实的偿债能力声明,作出虚假声明以及未经合法程序向全部成员提供声明的,均属于犯罪行为,该项制度以规定公司和公司高管的刑事责任的方式对债权人进行保护。法院确认制度要求公司需经法院法令确认才可进行减资,其通过公司将减资决议提交法院后赋予债权人异议权,规定失职高管责任以及提供减资完成后遗漏债权人救济途径的方式对债权人进行保护。我国目前关于公司减资制度存在公司减资制度立法不成体系,对公司减资实体条件审查力度小、程序规范不严,对违规减资处罚力度小、未规定违法人员责任以及对债权人的保护规则缺失等问题。这在司法实践中引发了有关公司减资纠纷的案件无直接法律依据,类推适用其他规定进行裁判,同案不同判和责任承担主体单一等问题。本书经过对英国公司减资制度及债权人保护规则的研究,结合我国在立法和司法实践中存在的问题,探析英国公司减资中债权人保护规则对我国相关制度的启示,提出了强化信息公示制度、规定违规减资公司高管的法律责任以及增设违规减资时的债权人救济规则三项措施,可为我国相关制度的完善提供借镜参考。

私人主体提起反垄断民事损害赔偿诉讼在我国没有得到足够的关注和重视,当事人如何依据《反垄断法》及司法解释的规定主张因垄断行为造成的损害赔偿,在我国立法上和司法实践中尚不甚明晰。目前,我国反垄断民事损害赔偿诉讼制度依然缺乏明确的规定,具体的程序规则有待完善。《德国反对限制竞争法》(Gesetz gegen Wettbewerbsbeschränkungen)第九修正案是自 2005 年以来德国反垄断民事损害赔偿诉讼领域的首次重大改革,对于我国探求合理的反垄断民事损害赔偿诉讼机制颇具研究价值。我国的法律体系与德国相似度较高,并且与其他欧盟成员方相比,德国法律为反垄断民事损害赔偿诉讼制度提供了相对完善的框架,此类案件也越来越多。本书的这一部分采用了比较分析、历史分析和案例分析的研究方法,从《德国反对限制竞争法》第九修正案作出的变化以及最近的司法实践概况入手进行考察分析,围绕请求权基础的几种要件对德国反垄断民事损害赔偿诉讼制度进行研究，尤其是对原告主体资格的认定标准、垄断损害推定原则、损害传递推定以及垄断行为造成的损害赔偿数额的计算问题。这些规则打破了传统民事诉讼的制度规定，有利于受害人通过提起反垄断民事诉讼获得救济，提高反垄断私人执行的效率。最后还将结合我国立法和司法现状，提出对完善我国反垄断民事损害赔偿诉讼相关规则的一些启示与借鉴，包括明确反垄断民事损害赔偿诉讼的原告资格，促进受害人的诉讼积极性，建立证据公开请求权的规则、衔接行政机关裁决与反垄断民事损害赔偿诉讼的关系，以及进一步完善垄断损害赔偿金额计算与认定方法，追求效率和公平正义的平衡，以期达到救济受害人的同时，也维护社会的公共利益。

2018 年 5 月，欧盟《一般数据保护条例》生效，这部法律具有个人数据保护和规制数据跨境流通的双重目的，对于新兴数据权利的创设也体现数据的经济意义上和人权意义上的双重价值。从数据权益的本质、属性、构造和权属等方面，综合分析了欧盟《一般数据保护条例》中数据权的演进、命名、建构等特征，具有重要的理论与实践价值。欧盟的数据立法经验，可为我国的数据制度建设提供制度上的借鉴和启示。欧盟早在 1973 年起便意识到数据产业的经济价值，以为数据产业的监管提供正当性和法律依据为目的，在人权理论的影响下，欧盟逐步将个人数据的保护放在人权高度，建立起个人数据权利保护制度。纵向分析欧盟对于数据权益的立法进程，其对数据的保护经历了三个阶段，从最初的以“知情权”为核心，到过渡阶段的以“隐私权”为数据权益的权利外观，再到创设独立的新型数据权利，如访问权、更正权、删除权（被遗忘权）和数据可携权等。我国于 2021 年 8 月 20 日通过《个人信息保护法》，将数据保护在法律术语上命名为“个人信息”，欧盟在《一般数据保护条例》中将其命名为“数据”。二者并非仅有定义上的区别，而是涉及法律理论和司法实践方面的多种差异。以“数据”来命名数据保护制度，其一，可以体现大数据革命的时代特征；其二，“数据”术语将新的内容和载体相结合；其三，“数据”概念更能体现其人格和财产的双重属性。欧盟的数据权具有“权力—权利”的范式结构，数据权既包含了国家对于数据的主权，同时包含了数据主体个人对于数据的权利。数据主权集中体现在欧盟对于《一般数据保护条例》管辖上的扩张性之上,欧盟的“长臂管辖”对其主张数据主权有着极大的作用。在数据权利保护方面,欧盟《一般数据保护条例》中对数据权利的构建兼具人格属性和财产属性,并将其提升到人权的高度。欧盟的个人数据权的非绝对性明确体现于数据主体的权利体系:除了规定数据主体权利行使的一般前提和法律效果外,欧盟《一般数据保护条例》确立了大量但书条款和限制条款,以限制数据主体权利的无限扩张。本书该部分的研究动因是,我国对于数据权的构建也具有主权和权利的双重属性。欧盟《一般数据保护条例》对我国具有重要的借鉴意义,在个人数据利益分配机制及个人数据保护边界方面应确立不同强度的数据保护规则,同时借鉴欧盟《一般数据保护条例》相关规则明确违法企业、组织和个人的行政责任和民事责任。

美国对专利侵权以强救济著称,永久禁令作为一种重要的救济方式,是美国专利侵权案中多被用到的救济方式。在永久禁令的适用过程中,出现了在专利诉讼中“一旦侵权即可颁布永久禁令”的“一般规则”的审判思路,这显然违背了衡平法原则。随着美国“专利诱饵公司”及“专利丛林”现象的逐渐增多,美国开始尝试进行专利制度改革,而 eBay 案是美国专利制度改革过程中的典型案例。美国政府一方面修改了专利法案,另一方面通过判例改变法院在案件中的一贯做法。最高法院在 eBay 案中提出判断是否颁发永久禁令应当运用“四要件检测法”,包括考虑原告是否具有不可弥补的损害、侵害是否紧迫且金钱损害赔偿是否足以弥补、当事人之间的困难权衡、公共利益的考虑。eBay 案之后,地区法院审理专利类案件纷纷适用“四要件检测法”标准。与“一般规则”不同的是,“四要件检测法”在专利案件中对永久禁令的颁布与否加入了种种限制因素,要求法官需要综合考虑整个案件以及双方当事人的利益,使其更加符合美国司法奉行的“衡平法原则”。我国没有永久禁令制度,但在专利案件中有与永久禁令制度相类似的制度,即停止侵害责任。综观我国专利案件中的司法判决,当案件中一旦认定侵权人的行为确属侵权行为,法院通常将停止侵害责任作为最直接的救济方式,与美国“一般规则”的思路极其相似。本书该部分的研究动因是，对比美国的立法历程，我国专利法制度仍有可发展的余地，对停止侵害责任加入一定的限制因素势在必行。阐释美国“四要件检测法”对永久禁令制度的限制因素，对我国专利制度关于停止侵害责任的规定进行分析并对现阶段相关司法案例进行归纳总结，具有重要的借鉴意义。参考美国司法经验以及我国实际情况提出了相关完善建议，对于停止侵害责任的适用可以效仿美国永久禁令制度，确立停止侵害责任适用的原则——利益平衡原则，都有相当的参考价值。

意大利拥有悠久的地理标志保护历史，其法律渊源包括意大利国内法、欧盟条例和国际条约。意大利国内法对地理标志采取专门保护，制定了保护葡萄酒、奶酪、火腿和橄榄油等地理标志的专门法律制度，其规范内容涵盖了生产流程的各个环节，可操作性强，相关监管部门的职责权限明晰。意大利中央政府设有地理标志专门委员会，对全国范围内的地理标志保护工作进行统筹管理，有效实现了对地理标志产品质量和风味的管控，充分发挥了地理标志的品牌资信作用，推动了地方经济的发展。值得注意的是，行业协会在意大利的地理标志保护中也发挥了非常重要的作用。行业协会的自我管理包含对其成员生产的监管，对仿冒行为的打击，对特色产品的推广，在维护地理标志声誉方面取得了很好的成效。与此同时，利用行业协会保护地理标志也存在两个弊端：一是规模较大的行业协会的监管较为宽松，其管控下产品的质量良莠不齐；二是协会成员的利益有时存在冲突，导致行业协会作出有效决议的难度增加。作为意大利地理标志保护制度的重要法律渊源，欧盟法对地理标志采取了专门法和商标法相结合的保护模式。欧盟现行的地理标志专门保护法是1151/2012号条例，该条例建立了由PDO和PGI构成的地理标志专门法保护制度。此外，为了充分发挥地理标志的质量保证和品牌资信作用，使欧盟的特色农产品在全球市场中拥有更大的竞争优势，欧盟自2006年开始利用商标法保护地理标志，地理标志产品可以选择注册成为欧盟集体商标获得保护。在欧盟法的框架下，意大利对国内法进行了修改，与欧盟规定保持协调。在地理标志专门保护和商标保护并行的情况下，往往产生地理标志和商标之间的冲突，其原因在于对同一具有排他性的权利进行双重保护，可能导致将同一权利授予不同主体的结果，引发不同主体的权利相互排斥，具体表现为：集体商标和地理标志的冲突；地名商标和地理标志的冲突；普通商标与地理标志的冲突。意大利与欧盟在实践的基础上总结出了协调地理标志专门保护和商标保护的方法：首先，区分集体商标和地理标志的功能；其次，限制地名商标的注册；最后，明确普通商标和地理标志冲突时的处理规则，从而构建了以专门保护为主、商标保护为辅的地理标志保护体系。中、意两国在地理标志的本土资源、政策导向等方面的情况非常接近。本书该部分的研究动因是，与意大利相比，我国的地理标志法律制度还存在一些不成熟的地方，意大利的经验对我国具有借鉴意义。在中、意两国的贸易往来不断加深的背景下，完善我国的地理标志法律制度，有利于中、意双方经济贸易的顺利开展，同时有助于提升我国地理标志产品的市场竞争力。

本书阐述了以上外国经济法律前沿法律制度的研究，以期推进我国有关制度的完善和促进对域外相关法律制度的了解与学习。然而法律制度往往会受到某一国家社会和自然因素的影响，因此科学的态度应当是突出制度生长的土壤，以及中立地对待。从论述的习惯而言，除对有关制度的介绍外，也涉及与我国的比较、探讨借鉴的可行性。从借鉴和吸收的角度看，本书更加强调对域外法律制度的批判性吸收。特别是应当从中国的问题出发，突出经济法律比较视野下的中国特色和时代要求，不仅要借鉴和吸收人类法治文明成果，还要传承中华优秀法律文化。以世界的眼光，来解决中国的问题。囿于学识所限和研究篇幅的原因，本书中的研究立足于研究者的语言优势，对外国经济法律前沿制度的研究主要侧重于介绍和评述，以期能够实现为国内研究相关问题的同人提供资料的目的。

第一章　法国数字货币法律监管制度研究

一、数字货币的特征及法律属性

近年来,金融和科技的结合逐渐成为金融行业发展的主流,金融科技则是以技术为驱动而进行的创新,催生了新的投资模式、金融产品等,以比特币为代表的数字货币也正是基于这一背景而诞生的。

分析数字货币的法律监管制度,需要讨论数字货币的特征及法律性质。近年来数字货币的种类不断增加,但不同种类的数字货币一般都具有匿名性、去中心化的特征,但是对于数字货币的法律性质的确定,仍然存在较大分歧,数字货币法律性质的不同决定了法律监管体系的不同。目前的数字货币相关交易正处于法律监管真空的状态,数字货币行业发展较为混乱,数字货币市场也在法律监管之外,因此,明确数字货币的法律性质,进而将数字货币纳入法律监管至关重要。

(一)全球数字货币的监管发展

数字货币的发展与应用已经成为一种世界范围内的现象。许多国家都在试图展示其关于数字货币的法律监管政策是最具吸引力的,以期吸引更多的数字货币投资者。

1. 全球主要的数字货币法律监管模式

由于数字货币在发展过程中所带来的风险和隐患,许多国家越来越关注对数字货币的监管。目前,世界范围内主要的法律监管模式有如下几种:

(1)将数字货币纳入现有的法律体系中进行监管,典型的如美国,其将满足“豪威测试”(Howey Test)[1]的数字货币保留在《证券法》中“证券”的概念中，其认为数字货币的发行和销售也可以被认定为是一种对证券的销售，将受到美国证券交易委员会(SEC)的监管，而不满足证券销售行为的数字货币的销售行为则将受到《证券法》的规制。[2] 此外，针对数字货币可能出现的不同风险，美国还设立了其他不同的监管机构，如证券交易委员会(SEC)监管所有的数字货币产品，国税局(IRS)则针将数字货币视为资本利得税的财产对其进行征税，而财政部下属的金融犯罪执法网络(FinCEN)则对数字货币进行反洗钱监管，而大宗商品期货委员会(CFTC)则监管其市场欺诈等行为。[3]

(2)“沙盒监管”模式，沙盒监管最初源于英国，此后我国香港特区也设置了沙盒监管，其主要针对在法律尚不明确的情况下，为了金融创新和金融风险的平衡，将所开展的部分业务置于受监管的环境下进行实验性的运营，以探索未来的监管路径。[4]

(3)出台专门的数字货币立法进行监管，典型的如日本，为满足数字货币的监管要求，日本修改了其国内的《支付服务法》，规定了数字货币的相关定义，并规定从事数字货币交易服务商必须经过登记注册，且数字货币的贩售必须通过已注册的服务商进行。[5]

还有的国家则对数字货币采取极为谨慎的法律监管，如我国对数字货币的态度较为谨慎，对于数字货币的交易也没有明确的规定，且较大程度地限制境内的数字货币发行交易。

---

〔1〕 豪威测试是指在美《证券法》的规定中，判断某种金融工具是否为“证券”的有效手段，主要需满足4个条件：“1. Investment of money; 2. Common Enterprise; 3. Expectation of Profits; 4. From the Efforts of others.”

〔2〕 参见邓建鹏、孙朋磊：《区块链国际监管与合规应对》，机械工业出版社2017年版，第84页。

〔3〕 参见邓建鹏、孙朋磊：《区块链国际监管与合规应对》，机械工业出版社2017年版，第84页。

〔4〕 See FCA: *Regulatory sandbox*, at https://www.fca.org.uk/firms/regulatory-sandbox, January23, 2020.

〔5〕 参见邓建鹏、孙朋磊：《区块链国际监管与合规应对》，机械工业出版社2017年版，第61~73页。

2.法国对数字货币法律监管的探索

从2013年起，数字货币在法国兴起一直发展至今，法国政府对其的态度也发生了较大变化。2013年、2014年，法兰西银行发布了两次关于比特币的风险警告，2016年，法兰西银行又对数字货币发出了第三次风险警告。[1]从2018年开始，从英国准备脱欧以后，法国政府秉承着不退欧的大前提和怀揣着巴黎有望成为金融中心的希望，开始紧跟金融科技的脚步，积极筹备数字货币监管的相关法律，大力支持数字货币在其国内的发展。

数字货币的特殊属性决定了不能将其简单地适用于现有金融、证券等相关法律法规中进行直接监管，而数字货币的发行交易又不受现有的法律框架约束，根据法国和欧洲现有的法律法规，发行交易的数字货币最终只能根据其特征以不同的形式在法律上进行限定，或作为金融证券，或作为各种虚拟商品等纳入与现存法律中类似的金融产品的法律监管内，这样监管的好处是方便高效，但也带来了两个弊端，首先，将任何类型的数字货币交易项目及代币发行与普通金融产品置于同一监管层级，会使数字货币发行交易商无视市场规律，随意报价以及滥用报价；其次，仅以普通金融产品的标准对数字货币进行监管，其监管力度无法保证数字货币的交易安全，也无法保障投资者的合法权益，且大多数的数字代币并不符合法国现有法律框架中对金融证券或是虚拟商品的定义。

对此，法国国内对于应以何种监管方式对数字货币进行法律监管产生了较大争议。有观点认为，将数字货币监管法律规则设定为完全强制性的监管规则，以立法的形式设定数字货币发行交易的强制性规定，以确保所有在法国的数字货币发行交易者能够遵守这一强制性规定，以此来规范数字货币的

---

〔1〕 Vers un nouveau régime pour les crypto-actifs en France, sur, https://www.amf-france.org/Reglementation/Dossiers-thematiques/Fintech/Vers-un-nouveau-regime-pour-les-crypto-actifs-en-France, 26 mai, 2019.

发行交易市场。[1] 但是这一提议未被采纳，原因在于：首先，数字货币交易因其自身特点具有很强的跨国流动性，可以逃避一国银行及公共当局的监管，严格的国家约束性监管在实施方面较为复杂且效果不佳，也不利于初创企业进行更好地创新；其次，对于数字货币的交易及代币发行，在国际层面上几乎不存在通用监管规则的情况下，仅在国家层面采取具有严格约束力的监管规则将削弱法国对于世界范围内新型投资者的吸引力，且会造成现有新型投资者的外流。

也有观点认为，可以制定一种宽松的监管规则，对不遵守这种监管规则的参与者，监管机构可以对其提供的数字货币业务向公众发出风险警告[2]提示风险，但是这一提议却并不能很好地保护投资者的利益，尤其是对于准备继续投资那些事实上并未获得发行许可，但也未得到风险警告的数字货币业务的投资者来说，监管机构发出的风险提示并不能在实际上保护其未来的投资利益不受损。

最终法国采纳了这样的监管模式，即以立法形式规定，由监管机构向符合条件并有意愿自愿申请许可证的数字货币服务提供商或代币发行人发放许可证，并将发放的许可证设为一种非强制性的许可，同时将获得许可的服务商列入政府出具的"白名单"中予以公开，供投资者参考，并为被列入"白名单"的数字货币服务商及代币发行人提供更多的权益保障，而对于未获得许可证的服务商则禁止其在法国境内从事某些特定类型的数字货币业务，同时授予监管机构对于不遵守监管制度的参与者制裁的权力。[3] 这一监管模

[1] Voir Projet de loi PACTE: la création d'un cadre juridique pour tous les acteurs en crypto-actif, https://www.linkedin.com/pulse/projet-de-loi-pacte-la-cr%C3%A9ation-dun-cadre-juridique-pour-verbies.

[2] Voir Projet de loi PACTE: la création d'un cadre juridique pour tous les acteurs en crypto-actif, https://www.linkedin.com/pulse/projet-de-loi-pacte-la-cr%C3%A9ation-dun-cadre-juridique-pour-verbies.

[3] Voir Projet de loi PACTE: la création d'un cadre juridique pour tous les acteurs en crypto-actif, https://www.linkedin.com/pulse/projet-de-loi-pacte-la-cr%C3%A9ation-dun-cadre-juridique-pour-verbies.

式的优点是清晰明确、减轻政府监管机构的负担以及对相关数字货币提供商及代币发行人进行了有效的区分，投资者可以自行参考“白名单”进行投资，且有了政府公信力担保的“白名单”也在一定程度上保护了投资者的利益，法国以此种法律监管模式旨在为投资者建立一个激励性的灵活监管环境以促进数字货币产业更好发展。由此，2019 年 5 月法国正式颁布了《企业转型与增长实施计划法案》（以下简称 PACTE 法案）。

（二）数字货币的概念及特征

货币数字化的基础主要源于计算机网络技术的迅速发展和电子支付的广泛应用。目前，对于数字货币仍没有一个统一的定义，总体来看，数字货币是指以数字形式出现的货币，我国会将数字货币与虚拟货币、电子货币这三个概念混为一谈。一般来说，虚拟货币可以分为广义的和狭义的两种。其中，狭义虚拟货币仅指运营商在网络虚拟环境中发行的虚拟货币，只能在其系统的内部操作环境中使用，如 Q 币、在线游戏币等；而广义虚拟货币则包括电子货币、数字货币和在线游戏币。[1] 如无特别说明，本部分中主要是指广义虚拟货币中的数字货币，也指虚拟货币、数字资产。

1. 数字货币的概念

数字货币或称虚拟货币，也译为“通证”，即通过共享电子记录设备，特别是基于区块链技术提供的代币，最初是在 2013 年出现的。很多人会将数字货币与比特币画上等号，实际上数字货币远远不止于此，比特币仅是数字货币的一种，在比特币出现之前，数字货币就一直是密码学中研究的一个分支（见图 1）。直到 2008 年，中本聪首先在其关于比特币的论文中提出了对于区块链的构想。

〔1〕 参见张继红、牛佩佩：《美国数字货币监管考量及对中国的启示》，载《金融法苑》2018 年第 96 辑。

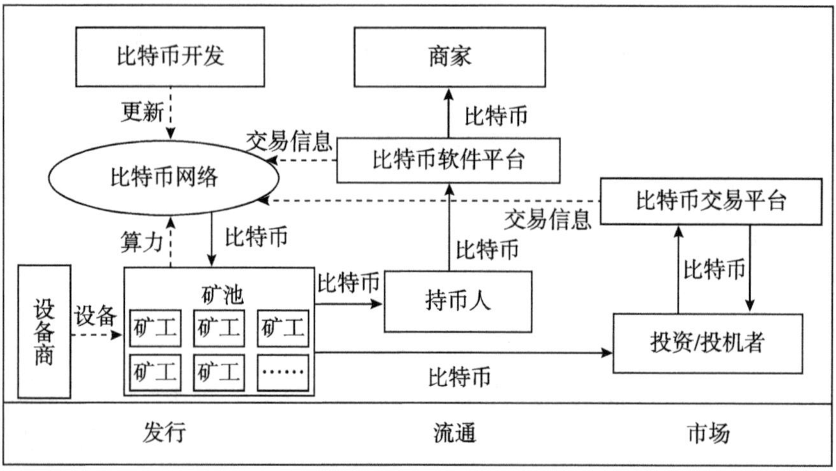

图1　以比特币为代表的数字货币生产原理

（资料来源:《比特币生产原理》,at http://www.raincent.com）

区块链一直没有一个统一的定义,基于其技术特点,我们可以这样理解,"区块链是计算机技术的创新应用模型,包括网络分布式数据存储、点对点传输、共识机制和加密算法"。[1] 具体而言,区块链技术是指通过其去中心化的特点让任意节点的参与者共享链上的全部的信息数据,并通过一定的算法将数据记录到数据块上,同时生成某一加密的验证方式用于对下一个数据块的校验,而参与系统的所有节点均可以共同判定记录的真假。[2]

比特币等数字货币则是以区块链技术为底层技术发展而来的,数字货币的产生可以被看作在区块链技术创建和维护的分布式网络中,交易信息的传递依赖于该网络中多个节点争夺传递信息的记账权,即成为传递信息的区块链上的一个区块,这一争夺区块链"账簿"记账权的过程被称为"挖矿"。成功取得记账权的"矿工"通过"挖矿"可以获得一定数量的报酬,此种报酬即

〔1〕 中国区块链技术和产业发展论坛:《中国区块链技术和应用发展白皮书(2018)》,载 http://app.myzaker.com/news/article.php? pk=5c1eed539e780b9f4b00a294,最后访问日期:2022年7月1日。

〔2〕 《赛智时代 Innov100 分析云:区块链产业发展分析》,载 http://www.ciomanage.com/index.php/enterprise-data-analysis-cloud/research-report-2/223-edapt.html。

为以区块链为底层技术新生成的数字货币。因此,可以将数字货币理解为以区块链为底层技术,通过一定的算法生成的,存储在网络上的虚拟数据,此种虚拟数据可以被用来买卖、交换。

2. 数字货币的一般特征

(1)去中心化

近年来,数字货币的种类不断增多,除比特币外,还出现了如以太币、火币等虚拟货币,但这些数字货币具有多个共同的特征。此类数字货币均是去中心化的,其去中心化的特征主要表现在以下两个方面:

第一,数字货币的交易不需要银行或其他第三方外部金融机构的参与,对数字货币的交易支付也无须进行清算,数字货币的即时交易使数字货币不需要任何中心化的支付机构即可完成支付。[1]

第二,数字货币的生产也无须依靠外在实物,数字货币的生产是依靠计算机在一定的算法模式下,产生随机代码,该随机代码的产生会被记录在分布式账本(区块链)中,由此即可获得新的数字货币。[2]

数字货币去中心化的这一特点可以大大提升交易的效率,降低交易的成本。这一特点也使数字货币在跨国支付方面,无须进行换汇,省去了多机构烦琐的协作沟通以及高手续费等问题,具有传统货币难以比拟的优势。

(2)匿名性

数字货币的匿名性具体体现在:第一,数字货币交易的参与者,其在数字货币交易平台中留存的信息仅为一种计算机数据,不会涉及任何个人信息;第二,数字货币持有者的账户信息均由计算机数据构成,与传统的个人账户信息大为不同;第三,数字货币交易平台的不同交易账户的地址之间不存在关联性。[3] 现在的货币电子支付方式虽然也可以做到具备一定的匿名性,但对于第三方的电子支付服务商而言,其仍然掌握着交易双方的个人身份信

[1] 参见邓建鹏、孙朋磊:《区块链国际监管与合规应对》,机械工业出版社2017年版,第18页。
[2] 参见邓建鹏、孙朋磊:《区块链国际监管与合规应对》,机械工业出版社2017年版,第20页。
[3] 参见阿尔文德·纳拉亚南:《区块链:技术驱动金融》,中信出版集团2016年版,第38~39页。

息。与现有的电子支付方式不同,数字货币的强匿名性特征极大满足了交易双方注重隐私的需求,也降低了服务提供商的运营成本。

(3)高风险性

数字货币的去中心化和匿名性使数字货币具有法定货币无法比拟的优势,数字货币支付速度快、交易效率高、经济成本低,但也正因为其去中心化和匿名性导致了数字货币的高度风险性。数字货币本身并无任何内在的价值,不依赖于任何中心化机构,在没有国家信用或任何实物资产的保证下,数字货币往往被当作一种高风险的没有担保的投资,其自身价格的高低更多依赖于投机者对其价值的炒作,因此,数字货币交易价格波动幅度巨大,且一旦出现较大降幅,没有足额的担保和公权力的保障,普通投资者的基本利益将无法得到有力保障。

此外,由于数字货币均是通过匿名进行交易,交易双方通过秘钥或其他身份验证方式来完成交易,交易过程中不会涉及交易者任何具有个性化的主体特征,这将导致发出的交易指令一旦通过了秘钥等安全验证,无论发出指令的主体是否为授权主体,交易均会按照指令进行。[1] 此外,数字货币的强匿名性可以使其避开一国主权的监管,极易被用于进行跨境非法犯罪活动,如毒品交易、洗钱、恐怖主义等,而对数字货币的此类犯罪,因其匿名性的交易特征也加大了犯罪侦查难度。

3. 数字货币与传统货币的区别

目前来说,世界范围内的数字货币的使用有以下三种途径:(1)作为支付手段,2010 年 5 月 22 日,一名程序员首先使用一万个比特币购买了两个披萨,这一天也因此被称为“比特币披萨日”,这也成为比特币历史上第一次在现实生活中使用的一个重要事件。[2] (2)向公众发行的由代币发行人授予使用权或所有权的代币。(3)作为证券的代币,此种代币与金融证券相似,

〔1〕 参见邓建鹏、孙朋磊:《区块链国际监管与合规应对》,机械工业出版社 2017 年版,第 242 页。

〔2〕 《什么是“比特币披萨日”?》,载 http://www. lianmenhu. com/blockchain - 2785 - 1。

如 Kucoin 股票。[1] 同时，数字货币的流通也主要存在三种方式：(1)通过法定货币交易的方式（以传统货币购买）；(2)出售商品或服务的方式（传统销售方式）；(3)通过创建新的区块链节点（挖矿）来增加流通中的数字货币的方式。

与传统货币（如钞票、硬币）不同，数字货币没有物质形态，其以一种数字化的形式出现。数字货币由开放的源代码软件和互联网用户（称为"矿工"）生成，只有持有解密代码的人才能使用该加密货币，解密代码可以是密码、指纹等。[2] 数字货币在某些国家也可以和传统货币一样，被用于进行购买、转让、金融交易等，并可以通过在线交易平台将这些无形资产交换为商品、服务、等价值的法定货币等。

数字货币与传统货币不同之处在于，基于数字货币的交易可以非常快速、便捷且匿名地完成。数字货币区别于传统货币的特征使数字货币可以避开中央银行或政府的监管而进行快速交易，因此很容易被犯罪分子利用。从经济和法律的角度来看，数字货币虽被称为货币，但其尚不具备传统货币的各种职能，不能等同于法定货币，亦不能成为法定货币的可靠替代品。[3]

（三）数字货币的法律属性

以比特币为代表的数字货币的诞生标志着区块链 1.0 应用时代的到来，数字货币的出现为金融行业带来机遇和改变的同时带来了一系列法律问题，数字货币是否可以被视为法偿货币，是否具有法偿货币的部分属性？数字货币有何法律属性？

从数字货币在实践中的应用来看，数字货币似乎具有商品、无形资产、支付手段等多重属性，中国人民银行前数字货币研究所姚前所长认为，对于数

〔1〕 Voir Crypto-actifs: la France veut créer un cadre juridique pour tous les acteurs, surhttps://www. lesechos. fr/finance-marches/marches-financiers/crypto-actifs-la-france-veut-creer-uncadre-juridique-pour-tous-les-acteurs－139691, 26 mai,2019.

〔2〕 Qu'est-ce qu'une cryptomonnaie? surhttps://www. lesnumeriques. com/vie-du-net/qu-est-qu-cryptomonnaie-a3357. html, 26 mai,2019.

〔3〕 La loi PACTE créé un régime français des offres de jetons, surhttps://www. edubourse. com/finance/actualites. php? actu＝105664, 26 mai,2019.

字货币进行监管首先需要认定数字货币的法律性质。对数字货币法律性质的认定不同,决定了其监管部门和监管措施的不同。[1]

1. 数字货币的货币属性分析

对数字货币的法律属性的探讨,首先需要分析数字货币是否具有货币的部分职能?换言之,数字货币是否具有与法定货币相同的货币属性呢?从其命名来看,数字货币似乎是一种“货币”,但事实上,没有任何数字货币可以执行法定货币的以下三个职能:(1)中间交换:由于数字货币去中心化的特征使其发行不依赖于任何中心化的机构,并非所有的商品交易中均会接受数字货币,因此,目前它们不能执行货币普遍交换价值的职能。(2)价值尺度:数字货币的价格具有较高的波动性,法兰西银行代表艾曼强调,数字货币是一种高风险的投资,数字货币价值的不确定性很容易导致重大损失,数字货币的发行过程鼓励投机,但是一旦对数字货币的需求过旺,数字货币又很容易变成投资泡沫。以比特币为例,自2010年诞生以来,比特币在八年时间里价格才达到1000美元,但2018年年初,短短两个月内,比特币的价格从6000美元升至19,000美元,几天内又从20,000美元降至6000美元,这种过度的价值波动打破了金融市场现有纪录,30天内的波动率高达90%,而一盎司黄金自2010年以来的波动率却仅为15%。[2] 数字货币价格极高的波动性决定了不能将其视为与传统货币一样的价值尺度。(3)价值保留:数字货币以数据形式存储在计算机或硬盘上,其本质上是一组符号,本身并无内在的价值,其价值依赖于某一时某一地的投机者的“炒币”行为,一旦计算机或硬盘被损坏,数据不能恢复,数字货币将会面临消失的风险。

法国虽已在2019年5月通过的PACTE法案中专门规定了如何对数字货币进行规范的法律监管,但该法案并未承认数字货币具有法定货币的地

---

〔1〕 参见姚前:《数字货币的前世与今生》,载《中国法律评论》2018年第6期。

〔2〕 Les crypto-actifs en questions à la Commission des finances du Sénat, sur https://www.nextinpact.com/news/106112－les-crypto-actifs-en-questions-a-commission-finances-senat.htm, 11 novembre, 2019.

位,而是将其定义为一种可以作为支付手段、可以进行交易、转让的无形资产,并将其命名为数字资产。[1] 从上述分析可以看出,数字货币虽被称为"货币",但其实际上并不具备法定货币的全部职能,因此,现阶段不应将其视为货币。

2. 数字货币法律属性的认定

要确立明确的法律监管制度,首先需要对数字货币的法律性质进行认定,根据《法国宪法》第 34 条的规定:"法律确定财产,物权以及民商事义务的基本原则"[2],对于数字货币的法律性质的认定,应当由法律规定。对此,法国在数字货币的立法中首先明确了数字货币的法律性质,将数字货币定义为一种无形资产。

法国 PACTE 法案[3]中将数字货币分为以下两类:(1)以数字形式出现的代币,是一种无形资产,代表一种或多种权利且可以通过共享的电子记录设备直接或间接识别该资产所有者的方法来登记、保存或转让相关代币;(2)所有以数字形式呈现的,不由中央银行发行或公共权力机构担保,价值不必附着于法定货币,且不具有法定货币的法律地位,可以被自然人或法人接受作为支付手段的无形资产,也可以通过电子方式进行转移、存储或交换。

根据罗马法的规定,人为形成的物分为可以触摸的有形物和无法触摸的无形物,其中有形物包括土地、人、衣服、金子等;无形物则是无法触摸的,如以任何形式缔结的债等。[4] 此后,《法国民法典》继承了罗马法上关于物的定义,但其与物相关的概念被称为财产(参考罗结珍译本,《法国民法典》第二卷译为"财产以及所有权的各种变更"),《法国民法典》中将财产分为动产和不动产[5];无生命的物从本质上来说应该属于动产,以追索权或动产为主体的债务和提起诉讼的权利,在金融、商业和工业公司中的股份和权益也

[1] 数字资产自法语 actifs numérique 翻译而来。

[2] Art. 34 de la Constitution de France.

[3] 相关译文见附录。

[4] 盖尤斯:《法学阶梯》,黄风译,中国政法大学出版社 2008 年版,第 82 页。

[5] 参见《法国民法典》,罗结珍译,中国法制出版社 1999 年版,第 167 页。

应依法视为动产。[1] 从上述规定可以看出,法国民法在罗马法对于物的定义的基础上发展出了"权利"的概念,因此,法国民法意义上的动产可以理解为一种广义的动产,即包括股份与股息、债、诉权在内的均为法国民法上的动产。随着经济的不断发展,现代意义上的财产[2]的范围逐渐扩大,包括如营业和从业性财产、由公权力的批准或特许的资格、信息、通信、互联网虚拟物等,[3]在此意义上,法国在PACTE法案中定义的数字货币是一种无形资产,应视为法国民法意义上广义的动产。

而在我国,中国人民银行和其他五部委在2013年发布的《关于防范比特币风险的通知》中明确指出:比特币不是货币,比特币总量小,没有集中发行人,可以跨地区直接使用,尽管比特币被称为"货币",但由于它不是由中国人民银行发行的,因此缺乏诸如法律补偿和强制性之类的属性,因此不能视为法定货币。就其性质而言,比特币应被视为一种特定的虚拟商品,它不具备与货币等同的法律地位,并且不能也不应在市场中被作为货币使用。[4] 2017年,中央七部委联合发布的公告进一步规定,代币发行和融资中使用的代币或虚拟货币不得具有等同法定货币的合法地位,不应在市场上用作货币。[5] 此外,根据《中国人民银行法》相关规定,除中国人民银行印发的人民币,其他单位或个人不得发售代替人民币流通的其他代币票券。[6]

从上述规定可以看出,现阶段我国将比特币等数字货币认定为一种虚拟商品,但近年来随着互联网金融的不断发展,数字货币的种类不断增多,现有的对于虚拟商品的定义并不足以覆盖所有类型的数字货币,为了更好地应对

---

[1] 参见《法国民法典》,罗结珍译,中国法制出版社1999年版,第170页。

[2] 法语为les biens.

[3] 参见王康:《罗马法上的"物"对两大法系影响之比较》,载《广西政法管理干部学院学报》2017年第9期。

[4] 参见王康:《罗马法上的"物"对两大法系影响之比较》,载《广西政法管理干部学院学报》2017年第9期。

[5] 参见《关于防范代币发行融资风险的公告》(2017年9月4日),载http://www.pbc.gov.cn/goutongjiaoliu/113456/113469/3374222/index.html。

[6] 参见《中国人民银行法》第18条、第20条。

数字货币带来的金融风险,有必要重新认识数字货币的法律性质。

(1)学界关于数字货币法律属性的争议

目前,学术界对于数字货币的法律属性存在较大争议,争议主要集中于以下几点:

一是数字货币是否具有物权属性。从中国人民银行等部委发出的通知公告来看,数字货币被视为一种特殊的虚拟商品,那么这样的虚拟商品是否可以被视为民法上的"物"呢?根据我国《民法典》第115条的规定,将民法上的物分为动产和不动产,权利也可作为民法上的客体。从该法律规定很难看出数字货币是否属于民法上的"物"。王泽鉴先生认为民法上的"物"需要满足三个特征:"独立于人的身体之外、能够为人所支配、可以独立一体且能满足人类社会生活需要的有体物及自然力。"[1]根据这一标准评判,数字货币并不能满足后两个条件,数字货币仅仅是一种以数字形式存储在电脑或硬盘上的,并不能为人所自由支配,且数字货币是基于密码学的算法而生成的数据,并非有形物。

我国《民法典》第127条中出现了对网络虚拟财产保护的规定,[2]该条规定:对于法律对数据、网络虚拟财产的保护有规定的,依照其规定。如果将数字货币视为一种虚拟财产,有观点认为,虚拟财产也同样具有所有权,应当将其纳入物权的法律规定加以保护。[3]

二是数字货币交易是否是一种债权关系。有观点认为,数字货币的交易过程更多地体现了一种债权关系,无论是何种类型的数字货币,交易双方均是基于其交易关系直接或间接地产生了一种服务合同关系,虚拟财产的权利是数字货币交易者请求服务提供商按照合同提供相应服务的一种权利,其更多地体现为一种债权关系。[4] 还有观点认为,数字货币购买者从数字货币

〔1〕 王泽鉴:《民法总则》,中国政法大学出版社2001年版,第208页。

〔2〕 参见《民法典》第127条。

〔3〕 林旭霞、张冬梅:《论网络游戏中虚拟财产权利的法律属性》,载《中国法学》2005年第2期。

〔4〕 参见房秋实:《浅析网络虚拟财产》,载《法学评论》2006年第2期。

服务提供商处通过直接或间接的购买方式取得虚拟货币，交易双方基于购买而产生一种债权关系，比特币可以视作是其债权凭证。[1] 持有这种观点的学者指出，数字货币的交易一方仅能请求数字货币提供商基于债权关系提供数字货币，如果最终未按照合同提供相应的服务，数字货币购买者仅能就合同主张违约责任。[2]

三是数字货币是否具有知识产权属性。《民法典》中明确了我国的物权种类和内容需由法律规定，即“物权法定”。有学者认为，物权法定的原则表明了在我国，目前来看数字货币的权利属性并不能被纳入物权的范畴，而以比特币为代表的数字货币又是玩家进行网络挖掘（“挖矿”）的一种智力成果的体现，玩家通过消耗自己的大量体力与技术创造出更多的数字货币，并且需要通过金钱上的投入，购买更先进的“挖矿”设备，通过自己的智力运算，从而获得相应的数字货币。鉴于数字货币这样的特性，认为其具有知识产权的属性。

（2）司法实践中关于数字货币交易及法律属性的不同认定

2013年包括中国人民银行在内的五个部委在其公告中指出，为防止比特币风险，将比特币等数字货币认定为一种虚拟商品。其后又在就比特币的相关事宜回答记者时指出，诸如比特币之类的数字货币交易是互联网上的一种商品交易行为，普通人在自担风险的前提下有参加的自由。[3]

近年来，司法实践中的数字货币纠纷层出不穷，各地对于数字货币交易带来的风险的法律保护的认定存在较大差异。如在李萌与北京币云科技有限公司服务合同纠纷一案[4]中，该法院认为比特币是一种网络虚拟货币，根据央行相关规定，比特币不能认定为法定货币，仅可以被视为一种特定的虚拟商品，对于已在电信管理机构备案的互联网经营平台，普通民众可以在

---

[1] 参见钟孝生：《网络虚拟货币本质及其对货币流通的影响》，载《商业时代》2007年第5期。

[2] 参见钟孝生：《网络虚拟货币本质及其对货币流通的影响》，载《商业时代》2007年第5期。

[3] 《央行就比特币相关事宜答记者问》，载 http://m.finance.caixin.com/m/2013-12-05/100620022.html。

[4] 北京市海淀区人民法院民事判决书，(2016)京0108民初26753号。

其上进行买卖交易但须自担风险。从该案判决中可以看出,法院将其视为一种“民间债务”,认为以比特币为代表的数字货币的交易虽不是违法行为,但交易者需自担风险,法院不予受理此种纠纷。而在郭某、郭某晗等与潘某红合同纠纷一案中,[1]法院对于数字货币交易关系的认定却与前案截然不同,在此案中,原告郭某辩称虚拟货币不具有等同于法定货币的法律地位并且不能也不应在市场上用作货币,对此主张买卖“蒂克币”的行为应属无效的民事行为。该案二审法院则认为央行的上述通知是对虚拟货币的流通使用作出的规定,并不属于我国《合同法》规定的导致合同无效的法定情形,我国的法律、行政法规也并未有强制性规定禁止“蒂克币”等虚拟货币的交易行为,合同双方意思表示真实,亦不存在其他法律规定的无效情形,故认定合同双方买卖或委托“蒂克币”的行为有效。从此案中可以看出,该法院实际上认可了数字货币交易合同的有效性,认为双方的交易符合合同法的相关规定,双方应依照合同履行。

此外,刑事判决中关于数字货币的法律属性的认定也存在较大分歧。我国刑法中规定的财产主要包括以下几类:公民的合法收入和储蓄,依法属于个人和家庭的生产资料,个体工商户的合法财产以及可以由个人拥有的股份、股票、债券等。[2] 从上述分类中可以发现,目前数字货币并不属于上述四类中的任一类财产,仅仅可以被认定为一种虚拟类商品,那么盗窃数字货币就不应被认定为盗窃罪,同样地,骗取数字货币也不应当被认为是诈骗罪,根据罪刑法定的原则,数字货币并不属于财产类犯罪的犯罪对象。最高人民法院发布的《〈关于办理盗窃刑事案件适用法律的若干问题的解释〉的理解和适用》中指出,如果确实需要用刑法规制,则可以根据计算机犯罪(如非法获取计算机信息系统数据)将盗窃虚拟财产的行为进行定罪处罚,而不应将其视为盗窃罪。此外,最高人民法院认为虚拟财产与其他无形财产存在较大差异,其主要是以一种计算机信息系统数据的形式存在,且价值波动较大,难

[1] 江苏省南通市中级人民法院民事判决书,(2019)苏06民终2694号。

[2] 参见《刑法》第92条。

以认定盗窃数额，按盗窃罪处理较难实施。[1] 但在司法实务中，仍存在因盗窃比特币数额巨大而被认定为盗窃罪[2]的情形，也存在盗窃比特币等数字货币被认定为侵犯计算机信息系统数据罪[3]的案件。以比特币为代表的数字货币的财产犯罪，究竟应以何种罪名定罪量刑，目前在我国仍存在较大分歧。

综合上述观点，以比特币为代表的数字货币的法律属性在我国仍存在较大争议，国内现有法律仍未对其有准确定位，司法实践中也存在不同的裁判。从法国对于数字货币法律属性的规定可以看出，其将数字货币的法律属性限定为包括某些权利在内的一种无形资产，这种资产主要在数字媒体（计算机，硬盘等）上流通或存储，与所有其他非数字资产一样，数字货币也具有由供求关系决定其价值的特点，可以被用来转让、交易，这种无形资产可以被视为法国民法意义上广义的动产，而我国在 2017 年的《民法总则》中也第一次出现了数据、网络虚拟财产等概念，但目前国内关于网络虚拟财产的规定仍属于立法空白。对此笔者认为，可以参考法国关于数字货币的定义和法律属性的规定，完善我国数字货币法律性质的相关立法。

二、法国数字货币法律监管主体的分析

一个领域的兴起（如数字货币领域）所带来的监管问题，首先是对该领域中监管主体的确定，即是否应设立全新的独立监管机构？还是赋予原有的监管机构新的监管职责？监管主体的确定和监管职能的实现对于促进金融市场的发展有较大意义。监管主体的职责是平衡投资者的保护和系统性监管的关系，并且同时有责任去鼓励而不是扼杀创新。[4]

---

〔1〕 参见《关于办理盗窃刑事案件适用法律若干问题的解释的理解与适用》，载 http://xueshu.baidu.com/usercenter/paper/show? paperid = ab33a2adc55d8d076334132ac7d2f46e&site = xueshu_se。

〔2〕 参见(2016)浙 1023 刑初 384 号。

〔3〕 参见(2015)金刑初字第 00090 号。

〔4〕 See Financial Regulation-Regulating a New Sector: How Should Regulatory Agencies Classify and Regulate Virtual Currencies, "Suffolk Journal of Trial & Appellate Advocacy", January 2019, Vol. 7.

(一)法国数字货币法律监管机构的组成

法国确立的数字货币监管主体主要由金融市场监管局(AMF)与审慎监管局(ACPR)两大监管机构组成,两大监管机构相互配合,共同对数字货币进行法律监管。

1995 年,迈克尔·泰勒博士曾在其著作《双峰监管:新世纪的监管结构》中提出了“双峰监管”的观点,该观点认为应将金融监管分为两类:审慎监管和行为监管(主要是指消费者保护和市场稳定)。[1] 2008 年经济危机的爆发引发了各国对于金融监管机构作用的争论,泰勒博士早前提出的“双峰”理论也越来越受到重视,并逐渐成为各国金融监管改革的重要理论参考。基于此,法国开始在其国内进行金融监管机构的改革,逐渐从分业监管模式向综合监管模式迈进,并通过 2010 年 1 月 21 日《第 2010 - 76 号法令》设立了一个全新的金融监管机构:审慎监管局。

此后,法国逐渐形成了以金融市场监管局和审慎监管局两个机构为基础的协同监管模式。金融市场监管局对金融市场中如交易透明度、公众信息的获取、职业道德的遵守等方面进行监管,而对于与银行、保险领域有关的审慎监管则由审慎监管局负责。[2]

1. 法国金融市场监管局

2003 年颁布的《法国金融安全法》将其国内原有的证券监管机构的证券交易委员会、金融市场委员会以及金融管理纪律委员会合并为一个全新的独立监管机构——金融市场监管局(AMF),该监管机构负责对法国金融证券市场进行全面的监管。[3] 2010 年《法国银行与金融调控法》扩大了金融市场监管局的监管范围,将场外市场交易的金融衍生品以及相关的金融工具、

[1] See Michael Taylor, *Twin Peaks: A Regulatory Structure for the New Century*, Center for the Study of Financial Innovation, London, December 1995.

[2] 参见[法]安娜·多米尼克·梅维尔:《法国金融法》,姜影译,法律出版社 2014 年版,第 20 页。

[3] 参见[法]安娜·多米尼克·梅维尔:《法国金融法》,姜影译,法律出版社 2014 年版,第 20 页。

信用评级机构等纳入其监管范围。数字货币本质上也是一种金融衍生品，对此，PACTE 法案扩大了金融市场监管局的监管职能，将数字货币领域的部分监管纳入其职能范围，并将具体监管职责纳入《法国货币与金融法》第六卷的规定中。

金融市场监管局是一个独立的具有法人资格的行政机关，有独立的财政预算和人员编制，其主要负责对法国证券市场进行一般性的监管，其下设理事会、处罚委员会和一些专门委员会等。金融市场监管局主要通过制定一般性规则（一般性规则由法国经济部令状公布后具有规范效力），行使监督管理权以及处罚权等来实现自己的监管职能。

金融市场监管局内部实行"控审分离"的原则，即对于违反金融市场一般规则的行为，由理事会提出惩罚方案，交由处罚委员会执行，以此保证金融程序的公正。具体而言，对于在其监管领域内发现的违法行为，由理事会对其进行具体审查后，决定是否对其启动处罚程序。如果决定启动处罚程序时，应向处罚委员会提交控告书，由处罚委员会依据"对审原则"进行判定，作出独立公正的裁定。

金融市场监管局在监管过程中还可以针对金融市场上的内幕交易、操纵市场等不法行为进行处罚。为了加大对于金融市场不法行为的处罚力度，《法国银行与金融调控法》中将处罚委员会的最高罚款金额增加为原来的10倍，其中纪律处罚的罚款额最高可达到1500万欧元，行政处罚的罚款额最高则可达到1亿欧元。[1]

金融市场监管局基于其自身的公权力属性，在国家干预与市场监管之间进行平衡。在数字货币领域，主要对于数字货币的相关市场交易行为以及数字货币专业人员的义务进行限制和监管。

2. 法国审慎监管局

设立之初的审慎监管局（ACP），是撤销法国国内原有的银行业和保险业

---

〔1〕 参见［法］安娜·多米尼克·梅维尔：《法国金融法》，姜影译，法律出版社2014年版，第73页。

的监管机构后，在银行业和保险业设立统一的审慎监管机构。2013 年奥朗德总统上任后，为了防范金融危机的再次来临，开始启动银行业的改革，并于 2013 年颁布了《法国银行业务分离与加强监管法案》，该法案扩大了原有的审慎监管局的职责，规定在原有的审慎监管局内部增设一个危机处理机构——"银行危机理事会"[1]，自此审慎监管局更名为：审慎监管与危机解决局（ACPR），即本部分所讨论的监管主体——审慎监管局。

在法国，审慎监管局是一个不具备法人资格的独立的行政机关，其在实现职能过程中，其不当行为引起的经济赔偿由国家承担，其拥有独立自主的管理权和资金预算，其资金主要来自处于其监管下的企业上缴的税费。[2]

审慎监管局主要由理事会和处罚委员会组成，成员主要是由专业人士和公权力机构代表组成，其中理事会还可设立全体大会、专门委员会等，理事会下设两个分理事会，分别负责对银行业和保险业的监管。因其与法国中央银行联系紧密，因此审慎监管局主席由法国中央银行行长担任。此外，理事会中还积极纳入了金融、法律、银行、保险等领域的资深人士，通过各行业的专业人士的努力，以期更好地实现金融稳定。审慎监管局的处罚委员会的人员组成范围比较广泛，不仅包含来自最高行政法院的成员，还包括审慎监管局中的业界资深人士等。

审慎监管局因其自身的监管职责与法国中央银行不可完全分割，其在一定程度上隶属于中央银行。一方面，在其财政预算不足时，可以由中央银行补足；另一方面，审慎监管局也可以利用中央银行的经济金融方面的专业数据，对金融市场带来的风险进行评估，以便更好地应对紧急危机或重大风险。

审慎监管主要是针对银行和金融专业机构的业务活动中所面临的日益严重的金融风险所采取的预防措施的总称，其主要目的是保障专业机构的客

---

〔1〕 参见［法］安娜·多米尼克·梅维尔：《法国金融法》，姜影译，法律出版社 2014 年版，第 73 页。

〔2〕 参见姜影：《后危机时代法国金融监管改革新架构及其启示》，载《现代管理科学》2014 年第 4 期。

户安全和整个银行以及金融体系的良好运作，进而保障经济的平衡。[1]

现在的法国审慎监管局的监管范围非常广泛，不仅包含信贷机构、投资公司、支付机构、保险机构，也将执行 PACTE 法案赋予其的新职能，对数字货币服务提供商、代币发行人进行审慎监管。

（二）法国数字货币法律监管主体的监管权限

1. 审慎监管局的监管权限

法国审慎监管局，除承担了对银行和保险业的核准审批权和监督权之外，PACTE 法案规定了其在数字货币的监管上一些新的职能。对于审慎监管局来说，作为外部的独立监管机构，其在数字货币法律监管方面主要是进行事前的审慎监管预防而非事后处罚权的行使。数字货币交易风险大、价格波动幅度大、交易速度快，因此，事前的审慎调查与监管预防远比事后处罚更为有效。关于对数字货币的审慎监管，PACTE 法案[2]赋予了其如下几方面权限：

（1）准入监管

根据 PACTE 法案第 86 条修改的《法国货币与金融法》第 L. 54 – 10 – 3 条[3]第 3 款的规定，在数字货币服务提供商向金融市场监管局申请注册时，审慎监管局有义务对申请注册的数字货币服务商的组织架构、数字货币交易程序、内部管控系统等方面是否符合数字货币的法律规定进行审核，并将其审核意见告知金融市场监管局。通过金融市场监管局与审慎监管局的协调配合，更好地对数字货币服务提供商进行准入监管。

（2）业务监管

首先，根据 PACTE 法案第 85 条修改的《法国货币与金融法》第 L. 312 – 23 条和第 L. 561 – 36 – 1 条[4]的规定，审慎监管局有权对于受监管的数字

---

〔1〕 参见[法]安娜·多米尼克·梅维尔：《法国金融法》，姜影译，法律出版社 2014 年版，第 35 页。

〔2〕 笔者已将 PACTE 法案与数字货币相关法律规定的译文附于附录中。

〔3〕 L. 54 – 10 – 3 du Code Monétaire et Financier，译文见附录。

〔4〕 L. 312 – 23 et L. 561 – 36 – 1 du Code Monétaire et Financier.

货币服务商所制定的业务活动方式以及业务流程进行监督，如信息披露义务、服务商的自律规则是否符合法律规定等。其次，为了保障数字货币服务提供商不受阻碍地享受存储和支付账户服务，审慎监管局有义务监督银行等信贷机构制定客观、公平、无歧视性的账户准入规则。此外，审慎监管局可以监督被监管者是否遵守消费者保护法的规定，是否保障了数字货币投资者的知情权，订立合同的方式和程序是否符合消费者保护法的规定，立法虽未赋予审慎监管局制定行政规范性文件的权力，但其可以向金融市场监管局提出其关于保护数字货币消费者的行业规章的建议。

(3)事后审查

根据PACTE法案第86条修改的《法国货币与金融法》第561－36条[1]的规定，对于在审慎监管局监管领域下发现的数字货币服务提供商涉及的不正当竞争等违法行为或者洗钱、恐怖主义等犯罪活动，其有义务及时向反不正当竞争的相关监管机构或检察机关报告并积极配合提供帮助。其还享有对于受监管者的调查权和介入权以及行政处罚权，其行政处罚权主要为罚款，罚款数额最高可达1亿欧元。[2]

(4)退出监管

根据PACTE法案第86条修改的《法国货币与金融法》第L.54－10－3条[3]第4款的规定，对于使用不正当的手段进行注册或者经注册批准后违反其应遵守的法定义务、发布虚假声明或未按约定提供相应保证的数字货币服务商，审慎监管局可以基于其理事会的决议注销该服务提供商，注销后的数字货币服务商不得继续提供相关服务。

2. 金融市场监管局的监管权限

作为外部监管主体之一，金融市场监管局在数字货币的许可审查、规则制定等方面承担监管责任。PACTE法案赋予金融市场监管局在数字货币领

---

〔1〕 L.312－23 et L.561－36－1 du Code Monétaire et Financier.

〔2〕 参见［法］安娜·多米尼克·梅维尔：《法国金融法》，姜影译，法律出版社2014年版。

〔3〕 L.54－10－3 du Code Monétaire et Financier，译文见附录。

域的监管权限，主要分为以下几类：

(1)许可权

根据PACTE法案第85条修改的《法国货币与金融法》第L.552-5条及第L.552-6条[1]的规定，金融市场监管局有权对于申请代币发行许可的代币发行人进行相关材料的审查，并向符合条件的代币发行人发放代币发行许可证。对于申请注册的数字货币服务提供商，依据审慎监管局的批准意见进行审查，对于符合条件的服务提供商予以注册。

(2)监管权

第一，调查权。根据PACTE法案修改的《法国货币与金融法》第L.561-3条[2]的规定，对于向公众公开发行代币的行为或者进行数字货币交易的行为，金融市场监管局对此享有监管权和调查权，旨在保护数字货币投资者免受内幕交易、市场操纵和过高倍数杠杆交易等造成的损失。

第二，监督权。根据PACTE法案修改的《法国货币与金融法》第L.54-10-4条[3]的规定，监管被授权从事数字货币服务者、数字资产管理者、数字货币交易平台运营商以及从事数字货币投资咨询服务的人对于法律所规定的法定义务的遵守情况。

第三，发布强制令的权力。根据PACTE法案修改的《法国货币与金融法》第L.621-15条[4]的规定，对于公开发行代币的人或数字服务提供商未遵守相关法律规定，违规操作或进行内幕交易等行为，金融市场监管局在听取其陈述申辩后，有发布强制令要求其停止上述违法违规行为的权力。

(3)规章制定权

金融市场监管局有制定《法国金融市场监管局一般规则》[5]的权力，根

[1] L.552-5 et L.552-6 du Code Monétaire et Financier.

[2] L.561-3 du Code Monétaire et Financier.

[3] L.54-10-3 du Code Monétaire et Financier.

[4] L.621-15 du Code Monétaire et Financier.

[5] 法语为 Règlement générale。

据 PACTE 法案修改的《货币与金融法》第 L. 621 - 7 条[1]的规定，对于数字货币服务商和代币发行人的职业道德以及适用于数字货币交易中的交易具体规则，为第三方管理数字货币资产的服务商的执业条件等均由《金融市场监管局一般规则》具体规定。

(4)处罚权

根据 PACTE 法案修改的《法国货币与金融法》第 L. 621 - 7 条[2]的规定，金融市场监管局可以对未遵守相关法律法规的数字货币服务商以及代币发行人作出行政处罚的决定，行政处罚的的种类主要包括罚金、暂停进行部分或全部业务、暂时或永久撤销颁发的许可证，[3]并在全国范围公开的报纸、媒体上予以公示。

此外，为了更好地发挥金融市场监管局和审慎监管局的监管职责，法国还设立了在两机构之间的协调运作机构[4]，进一步加强两大机构的监管合作，避免监管"死角"的出现。

(三)对法国数字货币法律监管主体的评价

目前世界上允许进行数字货币交易的国家主要是通过数字货币交易平台来实现交易的，交易平台主要为客户提供数字货币交易、数字货币与法定货币的交易等服务。如此前在我国国内出现的比特币交易平台——火币网就充当了上述角色，但交易平台大都没有严格的外部监管主体，在这种监管的半真空状态下，将会引发一系列风险：第一，在没有外部监管主体的监管下，交易机构未设置独立投资资金专有账户，投资者在进行交易时只能直接将资金转入平台交易机构的账户或者交易机构人员的个人账户，而客户资金与交易平台自有资金却并未作有效隔离。交易平台可能会通过数据造假，私自挪用数字货币去进行其他投资以非法获利。第二，交易平台为了获取更多

[1] L. 621 - 7 du Code Monétaire et Financier.
[2] L. 621 - 7 du Code Monétaire et Financier.
[3] [法]安娜·多米尼克·梅维尔：《法国金融法》，姜影译，法律出版社 2014 年版，第 76 页。
[4] 法语为 Pôle Commun de AMF-ACP。

利益，在没有外部监管的情况下，肆意加大数字货币的杠杆交易倍数，导致数字货币波动性过大。一旦币值出现巨大波动，普通投资者可能会面临血本无归的风险，而平台却可以风险自负的原则不承担赔偿责任。在此种情况下，客户的基本利益难以保障。第三，没有外部监管主体的监督，对于平台交易机构的准入条件、法定义务等缺乏明确规定，交易机构也不会对数字货币的投资者的身份进行严格的识别和进行实名制登记，仅是依靠平台自己的内部章程进行交易，为洗钱、毒品交易、恐怖主义等犯罪活动提供了便利。第四，没有外部独立监管主体对网络安全标准、反洗钱机制以及强制信息披露等方面提出明确的监管要求，仅凭交易机构的行业守则以及交易人员的道德自律，数字货币交易风险巨大。

此外，我国对于虚拟货币的政策并不明朗，使得虚拟货币交易平台转而投向海外业务。仅仅只靠提示风险的通知规定并未阻止国内投资者的投资热潮。在没有国内监管保障的前提下，国内的投资者将面临取证难、维权难的多重风险。因此，明确数字货币法律监管主体，设立独立的外部监管机构至关重要。

法国在 PACTE 法案中明确了数字货币的独立法律监管主体，并将其纳入《法国货币与金融法》的规定中。考虑到数字货币自身所具有的特性，法国确定数字货币监管主体时，并未设置全新的监管机构，而是赋予了其国内原有的两大外部监管机构新的监管职能，使其通过制定一般规则、作出许可以及作出惩罚决定等措施来实现监管目的。

法国在数字货币方面设立的外部监管主体，由金融市场监管局和审慎监管局共同负责。金融市场监管局在数字货币服务商和代币发行人的注册、许可证发放等方面与审慎监管局协同审核，此外金融市场监管局和审慎监管局均有一定的处罚权，对于未遵守法定义务的数字货币服务商以及代币发行人具有行政处罚权。通过审慎监管局的事前监管与事后审查，以及金融市场监管局对于数字货币服务商的资格审查，共同监管法国数字货币领域。法国关于数字货币的独立监管主体的选择与权限的设置，为我国在数字货币的法律监管方面提供了新的思路。

三、法国数字货币法律监管客体的分析

对于数字货币交易来说,法律的真空会导致数字货币发行交易适用规定的不明确,数字货币交易平台、投资者对于适用何种法律也存在不确定性。而对于普通投资者来说,其很难将有价值的重大投资项目与潜在的欺诈项目区分开来,也很难获得可靠的信息来评估所欲投资的项目及数字货币服务提供商的质量。而对于公共当局来说,在没有明确的法律监管规则的情况下,很难规范数字货币交易市场,保护真正有价值的数字货币项目,以吸引来法国投资的投资者。因此法国 PACTE 法案在明确数字货币范围的基础上,进一步确定了数字货币法律监管客体。

(一)法国数字货币法律监管客体的构成

法国 PACTE 法案修改了《法国货币与金融法》中原有的金融服务提供商的范围,将其扩大为服务提供商与代币发行人,并增加了服务提供商的服务范围,扩大后的服务提供商包含了数字货币的服务提供商。因此,法国数字货币法律监管的被监管对象或称监管客体,主要由数字货币服务提供商与代币发行人构成。数字货币服务提供商主要指各种为数字货币提供不同服务的企业平台,而代币发行人主要是指以首次代币发行(ICO)等方式进行公开融资,发行代币的企业平台。

根据 PACTE 法案第 86 条修改的《法国货币与金融法》第 L. 54 - 10 - 1 条[1]的规定,法国将数字货币和发行的代币统称为数字资产,并规定数字资产为所有以数字形式呈现的,但没有央行或外部公共权力机构作为担保,无法作为法定货币进行使用的数字货币。数字货币可以作为支付手段进行支付,也可以电子数据方式进行转让、储存或交换,提供数字货币("数字资产")相关服务的服务提供商被称为数字货币服务提供商。

---

〔1〕 L. 54 - 10 - 1 du Code Monétaire et Financier,译文见附录。

1. 数字货币服务商的服务范围和准入条件

PACTE法案对数字货币服务提供商的服务范围进行了限定,并将其纳入《法国货币与金融法》第五卷中,以专章形式规定了数字货币服务提供商的服务范围和资格条件。根据PACTE法案第86条修改的《法国货币与金融法》在第L.54-10-1条和第L.54-10-2条[1]中对数字货币服务商提供的服务范围进行了限定。

根据第L.54-10-2条的规定,数字货币服务提供商可以提供如下服务:

(1)买卖服务,包括向投资者提供的法定货币与数字货币之间的等价兑换服务以及用法定货币进行数字货币的买卖或置换等交易。

(2)经纪服务,包括充当不同数字货币置换的中间平台,提供不同数字货币之间的交易服务。通过数字货币服务提供商这一中介的服务,投资者可以直接使用一种数字货币与另一种数字货币进行等价置换,而无须通过法定货币进行转换。

(3)第三方平台服务,为第三方发行的数字货币提供数字资产存储、托管、投资服务以及为投资者提供第三方数字资产交易记录查询等服务。

(4)交易平台服务,设立交易平台,为投资者提供数字货币交易平台的一系列衍生服务,包括向有购买意向的投资者提供专业咨询;为数字货币交易提供价值担保;为投资者进行数字货币代理投资、转账汇款、数字资产管理等。

而数字货币服务提供商在提供服务之前,首先需要向金融市场监管局申请注册,注册需具备如下条件:

首先,根据PACTE法案第86条修改的《法国货币与金融法》第L.54-10-3条[2]的规定,对于管理人员来说,其需具备管理数字货币相关业务所需的声誉和必要的能力;此外,如果某自然人直接或间接持有某一数字货币

[1] L.54-10-1 du Code Monétaire et Financier,译文见附录。

[2] L.54-10-1 du Code Monétaire et Financier,译文见附录。

服务提供商25%以上的财产或表决权,或以任何其他方式可以对数字货币服务提供商行使控制权的(如其表决权事实上可以决定一公司股东大会所作的决议,或者实际上拥有任命或解除一公司的管理机关、领导机关多数成员的职务的权力)[1],该自然人除应具备必要的声誉和能力外,还应确保能够对服务提供商进行合理和审慎的管理。

其次,根据PACTE法案第86条修改的《法国货币与金融法》第L.54-10-5条[2]的规定,对于数字货币服务提供商来说,需确保其已经建立的组织架构、程序和内部控制系统符合相关法律的规定,且必须确保向客户提供的交易信息清晰、准确且无误导性,包括促销广告信息,提示客户与数字货币相关风险的信息以及数字货币定价政策等相关信息。

根据PACTE法案第86条修改的《法国货币与金融法》第L.54-10-4条[3]的规定,对于未向金融市场监管局申请注册的数字货币服务提供商,禁止其进行以下服务:(1)法定货币与数字货币之间的买卖与兑换服务;(2)为第三方数字货币提供数字资产管理、存储等服务;(3)未注册的数字货币服务商不得使用与已注册数字货币服务商相同或相似的名称、商号、广告或任何其他足以引起投资者混淆的方式。

2.代币发行人的准入条件

法国将公开发行的代币规定为一种数字资产,以数字形式出现,代表一种或多种权利,可通过共享的电子记录设备直接或间接识别其所有者的方法来登记、保存或转让[4]。代币发行的目的是使公众以某种形式认购代币,从而达到筹集资金的作用。为公众所熟知的首次代币发行(ICO),[5]是代

---

[1] Art L.233-3 du Code de commerce. (Version consolidée au 15 novembre 2019).

[2] L.54-10-5 du Code Monétaire et Financier.

[3] L.54-10-4 du Code Monétaire et Financier.

[4] Code monétaire et financier (version consolidée au 16 novembre 2019) Art L. 552-2. "Au sens du présent chapitre, constitue un jeton tout bien incorporel représentant, sous forme numérique, un ou plusieurs droits pouvant être émis, inscrits, conservés ou transférés au moyen d'un dispositif d'enregistrement électronique partagé permettant d'identifier, directement ou indirectement, le propriétaire dudit bien."

[5] ICO(Initial coin offering).

币发行的一种融资方法,投资者将比特币或其他的主流数字货币支付给代币发行者,以获得代币发行者最初基于区块链技术生成的其他加密数字代币,并通过发行的加密数字代币的增值获利。[1] 当代币发行后,投资者可以通过代币的市值上涨而取得高额收益,但需要注意的是,根据 PACTE 法案第 85 条修改的《法国货币与金融法》第 L. 552 - 3 条第 2 款[2]规定,以个人自有账户向有限数量的人发行代币,并不能认定为向公众发行代币的行为。本部分中所称代币发行人是指公开发行代币的代币发行人。

根据 PACTE 法案第 85 条修改的《法国货币与金融法》第 L. 552 - 4 条[3]的规定,代币发行人在公开发行代币之前,需向金融市场监管局申请代币发行许可证。根据新法案修改后的《法国货币与金融法》第 L. 552 - 5 条[4]的规定,金融市场监管局发放许可证前需审查公开代币发行人是否符合以下准入条件:

首先,拟公开发行代币的发行人是否提供了必要的担保,提供担保的形式是否为法律所允许的担保形式,担保的金额是否符合《法国金融市场监管局一般规则》的具体规定;其次,由于发行的代币去中心化和匿名性的特征,极易逃脱主权国家的监管,因此,法国将拟在其国内发行代币的发行人限定为在法国设立或登记的法人;最后,符合条件的拟发行代币的发行人应在申请许可前,向金融市场监管局提供所要求提供的全部信息,并保证所提供的信息真实无误。

对于未达到准入条件无法获得发行许可证而违法发行代币的,以及通过提供虚假担保获得许可证的代币发行人,根据 PACTE 法案第 85 条修改的《法国货币与金融法》第 L. 552 - 6 条的规定,需承担相应的法律责任,金融市场监管局可作出暂时或永久不授予许可证的决定。

---

[1] 参见邓建鹏、孙朋磊:《区块链国际监管与合规应对》,机械工业出版社 2017 年版,第 17 页。
[2] L. 552 - 3 du Code Monétaire et Financier.
[3] L. 552 - 4 du Code Monétaire et Financier.
[4] L. 552 - 4 du Code Monétaire et Financier.

（二）法国数字货币法律监管客体的法定义务

1. 数字货币服务提供商的法定义务

数字货币服务提供商为数字货币提供的服务因数字货币业务类型的不同，所具有的风险也各不相同。因此，针对提供不同类型服务的数字货币服务提供商，PACTE 法案也规定了不同的法定义务，以保证数字货币的交易和资金安全。

根据 PACTE 法案第 86 条修改的《法国货币与金融法》第 L. 54 - 10 - 5 条第 2 款的规定[1]，从事为投资者提供第三方数字货币的资产管理和数字资产查询服务的服务商需履行如下义务：第一，与投资者之间应签订协议，协议中应载明双方具体的权利和义务；第二，针对提供的各项服务制定相应的管理政策，并制定合理有序的服务流程，确保投资者可随时访问和查看其数字资产；第三，建立资金分隔机制，将代表客户持有的数字资产与平台服务商自有资产分开保管；第四，需代表客户使用其数字资产的加密密钥，需经客户授权。

根据 PACTE 法案第 86 条修改的《法国货币与金融法》第 L. 54 - 10 - 5 条第 3 款[2]的规定，经批准从事以法定货币买卖数字资产和从事不同数字资产交易的服务提供商应履行以下法定义务：首先，需制定客观的、非歧视性的商业政策；其次，确定并公开数字资产的定价或以可确定数字资产定价的方式，每日进行数字货币交易金额和交易数量的公开；最后，以接收订单时显示的价格执行客户的订单，禁止任意报价，禁止过高的杠杆交易。

根据 PACTE 法案第 86 条修改的《法国货币与金融法》第 L. 54 - 10 - 5 条第 4 款[3]的规定，经批准进行数字货币交易平台运营服务的服务商需履行以下义务：首先，需使用本国语言即法语制定平台运营规则，在某些特殊情形下才可以使用另一指定语言；其次，服务提供商需向运营平台投入一定数

[1] L. 54 - 10 - 5 du Code Monétaire et Financier，译文见附录。

[2] L. 54 - 10 - 5 du Code Monétaire et Financier，译文见附录。

[3] L. 54 - 10 - 5 du Code Monétaire et Financier，译文见附录。

量的自有资金,其数额由《金融市场监管局一般规则》具体规定;最后,平台需根据金融市场监管局的规定进行日常管理,并需公开在平台上完成的订单和交易记录。

2. 代币发行人的法定义务

对于代币发行人,其公开发行代币之前需履行相应的强制信息披露的义务。代币发行人的信息披露义务主要分为两类:对金融监管机构的披露义务和对公众客户的披露义务。

根据PACTE法案第85条修改的《法国货币与金融法》第L. 552－4条第2款和第3款[1]的规定,金融监管机构的披露义务主要有:发行人申请许可证前,需向金融市场监管局提供拟发行代币所需披露的信息,发行人应保证其披露的有关信息的真实性、准确性、清晰性,披露的信息不含有诱导性的内容,且需使用本国语言(如使用其他语言则要求附有法语摘要),向金融监管机构披露的信息须满足《法国金融市场监管局一般规则》的具体规定。

发行人向公众披露的信息主要包括拟发行代币的项目信息、金额、风险提示等,其提供的信息披露材料旨在向公众披露关于拟发行的项目、发行人的背景,以及让公众清晰地了解公开发行的风险。[2]

PACTE法案第85条修改的《法国货币与金融法》第L. 552－7条[3]还特别规定了,公开代币发行人向公众的持续披露义务。公开代币发行人需逐年向公众披露有关其所筹集资金的使用情况。代币发行人需保证其提供的信息的真实性和准确性,对于未履行法定披露义务而由此造成公众损失的发行人,需承担相应的法律责任。

(三)对法国数字货币法律监管客体的评价

法国的数字货币的法律监管客体主要是针对数字货币交易,储存平台以及专门提供数字货币交易、服务、投资的第三方平台企业以及首次公开发行

[1] L. 54－10－5 du Code Monétaire et Financier,译文见附录。
[2] L. 54－10－5 du Code Monétaire et Financier,译文见附录。
[3] L. 54－10－5 du Code Monétaire et Financier,译文见附录。

代币的代币发行人,而对于数字货币和公开发行的代币等产品本身的监管,法国现行法律还未有较为详尽的规定。

金融科技的监管客体区别于传统金融的监管对象之处主要在于,对金融科技的监管更侧重于防范潜在的金融风险,而传统的金融监管则主要是侧重对行为的监管。数字货币作为一种新兴的金融科技产物,法国在对其法律监管客体的规定中,对其所需承担的法定义务更加侧重于风险的防范。

自比特币出现以后,许多早期进行比特币交易的人一夜暴富。许多投机分子看到了数字货币的巨大的前景,利用所谓的“数字代币”炮制出一大批披着“数字货币”“区块链”外衣的传销币。比如,我国曾经出现的“暗黑币”“五行币”“乐太坊”等,其基本规律均是在境内或境外注册空壳公司,通过投资慈善、理财、赚钱游戏等为切入点,通过微信、QQ 群等形式大力推广所谓“数字货币”的价值和高回报率,通过“支付报名费”“拉人升级”“团队形成社区”等方式吸收会员资金,并从直接或间接开发的在线和离线会员中计算收益,[1]这种传销币最终会因无下线加入,会员不能将数字货币兑换为现金,资金链断裂而案发。对此,中国人民银行虽然发出公告向公众提示风险,但对于普通的投资者来说,区块链技术具有一定的专业深度,其并不能够准确识别出真伪。

因此,为了金融环境的稳定发展,需要明确数字货币的法律监管客体,以保护普通数字货币消费者的合法权益,防范其被不法分子利用,进行传销和集资诈骗等犯罪活动。法国对于数字货币监管客体的规定,除明确了数字货币监管客体的构成,更加侧重于对数字货币平台企业的准入条件和法定义务的规定,以明确具体的规定从源头防范数字货币市场的混乱发展,并与打着数字货币旗号行非法集资诈骗等活动的非法经营者区分开来,提高数字货币准入门槛的同时将有价值的数字货币项目平台纳入政府的“白名单”,以政府公信力促进其更好地发展。

---

[1] 参见 2019 年度十大传销币,https://www.sohu.com/a/302397105_100126268。

四、法国数字货币的法律监管措施

数字货币所表现出的匿名性、去中心化的特性,决定了对其的监管模式不能一味地照搬传统金融产品的监管模式。当前数字货币在多数国家和地区仍然处于监管真空的状态,因此很容易被犯罪分子利用来进行非法集资、洗钱等犯罪活动,数字货币的流通交易速度也非常快,犯罪分子利用数字货币平台交易,使洗钱成为可能。数字货币犯罪呈现成本低、追踪难、跨国界的特点,所涉及的犯罪风险也呈现多样化。此外,数字货币的交易多是通过匿名完成的,这为执法人员在追踪数字货币犯罪时带来较大困难。目前许多国家对于数字代币的发行缺乏有效的法律监管,其甚至不需要发行代币的融资企业提供相应的资格证明文件,代币发行人通过设立虚假或并无实际意义的数字货币发行融资项目,以“币换币”的方式避开监管,利用科技金融、数字金融等所谓的金融创新来迷惑投资者,混淆理财投资的概念,短时间内吸收大量的公众投资,[1]达到非法集资的目的。

数字货币去中心化、匿名性的特性消解了传统中心金融机构的监管,提高交易效率的同时增大了交易的风险。对此,PACTE 法案中除确定数字货币监管主体和客体以外,还针对数字货币的特性对监管措施作了更为谨慎的规定,主要包括对数字货币服务商的信息审查、相应的处罚规定以及对消费者的保护等。

(一)信息审查

对数字货币的信息审查包括事前的准入信息审查,提供服务过程中持续的信息审查以及对服务商及代币发行人退出市场前的信息审查。

1. 信息审查必要性

传统金融投资行业中,投资者在进行重大投资前可以通过委托传统金融中介机构通过尽职调查等手段对要投资的项目或公司进行审查,以作出是否

---

〔1〕 参见陈纯柱、李昭霖:《数字货币犯罪风险的防范与应对》,载《重庆社会科学》2019 年第 10 期。

投资的决定。[1] 但随着金融科技的不断发展,新型的数字货币去中心化特性消解了传统的金融中介机构的作用,投资人只能依据所投资的平台或公司提供的信息进行投资决定。没有外部独立监管机构的存在,加大了数字货币交易及代币发行的风险。

普通投资者进行数字货币投资时一般会面临两类风险:一是数字货币本身存在的投机风险;二是不受监管的数字货币交易平台带来的风险。[2] 如果投资者购买的某数字货币在技术上并不具备数字货币的特征,仅仅是以数字货币为名的非法集资行为,对于普通投资者来说其所面临的风险更大。科技驱动的金融服务无论在交易效率、交易量、交易模式上都远远超过传统的金融模式,这也导致了监管者和被监管者之间信息不对称加剧,使金融风险快速传播,更易导致系统性风险[3]的发生。

因此,法国在数字货币监管法律中加强了对信息的审查,希望以此消除由于信息不对称而带来的数字货币交易风险、金融系统性风险等问题。

2. 信息审查的方式

为了保护数字货币投资者的合法权益,法国对于拟在其境内开展业务的数字货币服务提供商以及代币发行人实行严格的信息审查,主要包括:

根据 PACTE 法案第 85 条修改的《法国货币与金融法》第 L. 552 - 5 条[4]和第 L. 552 - 6 条的规定,需要在法国提供服务的数字货币服务商,向金融市场监管局申请注册时,由金融市场监管局结合审慎监管局给出的审批意见,审查其是否具备准予注册的相关条件,是否可以准予注册。对于已注册的服务提供商,其名单由金融市场监管局公开,供投资者参考。对于未注册的数字货币服务商,禁止其从事不同数字货币之间的交易以及数字货币与

[1] *Financial regulation in the Bitcoin Era*, Stanford Journal of Law, Business & Finance, February 2018.

[2] 参见温信祥、陈曦:《如何监管数字货币》,载《中国金融》2017 年第 17 期。

[3] 系统性风险通常指金融市场和金融机构对发生的经济冲击产生恐慌,从而引起金融市场连锁反应,或金融机构"多米诺骨牌式"的崩溃,通常伴随金融市场价格的急剧波动。

[4] L. 552 - 5 du Code Monétaire et Financier.

法定货币之间的交易服务。此外，根据 PACTE 法案第 86 条修改的《法国货币与金融法》第 L. 54 – 10 – 5 条[1]第 1 款的规定，对于在法国设立的提供一项或多项服务的数字货币服务提供商，还可以向金融市场监管局申请授权，得到授权的提供商需保证始终履行以下义务：具备足够安全的内部控制系统和健全的信息系统，拥有利益冲突管理体系以及需投保职业责任保险或留存一定比例的自有资金，其金额应符合《法国金融市场监管局一般规则》具体规定。

金融市场监管局需审查数字货币服务提供商拟向客户提供的信息是否清晰、准确、无误导性，包括但不限于广告信息、向客户提示风险的信息、数字货币的价格信息，此外还需审查是否建立客户投诉维权管理渠道，对客户维权是否可以有效处理等。金融市场监管局还可以应服务商的申请或基于审慎监管局的决议注销该服务商，或者对已注册的服务商未履行所应遵守的条件或后续授权的补充条件时，金融市场监管局也可基于其职权主动撤销对服务商的授权，被撤销或注销后的服务商不得再提供数字货币的相关服务。

对于拟在法国进行公开代币发行的发行人，其在公开发行代币之前，可以向金融市场监管局申请许可证，许可证申请并非强制性规定，但是对于获得许可证的代币发行人，金融市场监管局会将其列入“白名单”，并在全国范围内进行公开。申请许可证时需提供关于发行人和发行项目的真实信息并提供相应的资金担保，由金融市场监管局审查其是否具备发行资格。此外，根据 PACTE 法案第 86 条修改的《法国货币与金融法》第 L. 312 – 23 条[2]对于已获得许可证的代币发行人，将获得银行或信贷机构的非歧视性的支付账户，也可以获得专业投资基金公司的投资等。

根据 PACTE 法案第 86 条修改的《法国货币与金融法》第 L. 54 – 10 – 5 条[3]第 8 款的规定，金融市场监管局对于取得许可证的代币发行人还需进

〔1〕 L. 54 – 10 – 5 du Code Monétaire et Financier.

〔2〕 L. 312 – 23 du Code Monétaire et Financier，译文见附录。

〔3〕 L. 312 – 23 du Code Monétaire et Financier，译文见附录。

行持续性的信息审查。对于发现公开发行的代币项目与其提供的信息文件不符或者没有继续履行必要保证的代币发行人,金融市场监管局可以根据情节严重性,采取强制停止其现有发行业务、暂时或永久撤销其许可证等措施。

此外,根据 PACTE 法案第 86 条修改的《法国货币与金融法》第 L. 631 - 1 条[1]的规定,金融市场监管局和负责维护金融系统安全的主管部门,在信息系统安全领域中执行各自的任务时,可以就各自监管职责范围互相传达信息,以更好地防范系统性风险的发生。

(二)处罚手段

PACTE 法案赋予了数字货币监管机构广泛的行政处罚权,也对构成犯罪的刑事处罚进行了规定,对于数字货币的违法行为采取了更为严厉而全面的处罚措施,以保障金融市场可以平稳运行。

1. 行政处罚

金融市场监管局作为独立的行政机关,享有广泛的行政处罚权。根据 PACTE 法案第 86 条修改的《法国货币与金融法》第 L. 561 - 2 条[2]的规定,经理事会提出控告,处罚委员会经过对审程序(抗辩程序)后,[3]可以作出以下行政处罚决定:第一,对于取得代币发行许可证的代币发行人未在许可的交易限额范围内公开发行代币的行为,可以进行警告、谴责、罚款等,具有直接或个人责任的管理负责人需承担连带责任;第二,对于未按规定履行其专业义务的管理者或其他担任领导职务的人可以对其处以警告、训斥、暂时或永久性撤销其职业资格、暂时或永久禁止其从事全部或部分业务等处罚;第三,对于未遵守数字货币交易平台规则的行为予以警告、暂时或永久停止其业务等处罚。

此外,根据 PACTE 法案第 86 条修改的《法国货币与金融法》第 L. 561 -

[1] L. 631 - 1 du Code Monétaire et Financier,译文见附录。

[2] L. 561 - 2 du Code Monétaire et Financier,译文见附录。

[3] 参见[法]安娜·多米尼克·梅维尔:《法国金融法》,姜影译,法律出版社 2014 年版,第 75 页。

36－1 条[1]的规定,对于未履行法定的反洗钱、反恐等信息披露义务的数字货币服务提供商,审慎监管局可以对其进行警告、遣责、禁止业务进行、解除主要负责人职务,以及部分或全部撤销已经审批或许可的事项等处罚措施。作出上述处罚决定的同时还可将罚款作为上述处罚措施的附加措施或替代措施,但罚款金额不得超过 1 亿欧元。对于受监管客体的违法行为已经构成刑事犯罪的,审慎监管局仍可以行使其权力,即行政处罚可以与刑事处罚合并适用。[2]

对于任何违反法律规定、专业规范进行内幕交易、市场操纵和非法披露内幕消息的自然人或法人,为保护投资者的合法权益,金融市场监管局可以采取强制停止其现有业务的紧急措施。对于获得许可证的代币发行人在境内或境外从事虚假消息宣传等违法行为的,金融市场监管局有权对其作出警告、纪律处分、暂时或永久禁止执行部分或全部的业务等处罚决定。对于负有个人责任或直接责任的管理人可以禁止其管理职务,必要时还可撤销其从业资格。金融市场监管局还可以根据违法行为的严重性以及因违法行为取得的收益,对上述自然人或法人处 1 亿欧元以下或所获非法收益的 10 倍以下的罚金,作为替代性处罚或者合并处罚。

此外,根据 PACTE 法案第 85 条修改的《法国货币与金融法》第 L. 312－23 条[3]第 2 款的规定,为数字货币服务商提供支付账户服务的信贷机构,其制定的准入规则应是客观的、非歧视性的,法案规定信贷机构作出拒绝向数字货币服务商提供准入服务的决定时,应将拒绝理由上报审慎监管局和金融市场监管局,并且规定了数字货币服务商对此的救济手段,以保护在法国的数字货币服务商获得平等无歧视的权利。

2. 刑事处罚

对于严重违反相关法律而构成犯罪的数字货币服务商和代币发行人,对

[1] L. 561－36－1 du Code Monétaire et Financier,译文见附录。

[2] 参见[法]安娜·多米尼克·梅维尔:《法国金融法》,姜影译,法律出版社 2014 年版,第 59 页。

[3] L. 312－23 du Code Monétaire et Financier.

其犯罪行为进行了刑事规定。根据PACTE法案第86条修改的《法国货币与金融法》第L.572－23条至第L.572－27条[1]的规定，主要包括：

对于向金融市场监管局披露虚假信息的数字货币服务商，以自己的名义从事自我交易等禁止性命令的；以任何方式拒绝或阻碍金融市场监管局行使监管职能；传播不准确的或具有误导性的信息；未得到授权的服务商使用公司名称、广告或任何使公众混淆的信息造成严重后果的，对其处以监禁和罚金，监禁期限及罚金数额由《法国货币与金融法》根据行为的严重性具体规定。

对于传播不准确或具有误导性的信息的代币发行人，使用足以使投资者混淆的公司名称、广告名称等方式造成严重后果的，同样可以处以监禁和罚款。

（三）消费者保护和跨境监管的探索

1. 消费者保护措施

法国数字货币的监管法律在促进创新的同时，也考虑到对数字货币消费者（包括数字货币投资者和认购代币的公众）的保护。数字货币的匿名性特征虽然在一定程度上保护了消费者的个人隐私信息，但正因为其匿名性特性会被不法分子利用进行犯罪活动，进而损害数字货币消费者的个人利益。数字货币去中心化的交易方式虽然高效便利，但其交易流程是基于不透明的算法程序，普通消费者对于交易过程一无所知，信息的严重不对称导致对于消费者的合法权益的保护很难实现。

对此，法国通过PACTE法案的颁布，对《法国货币与金融法》以及《法国消费者保护法》中条款进行了相关修改[2]，补充了对数字货币消费者的相应保护措施，主要包括：

第一，根据修改后的《法国货币与金融法》第L.341－14条的规定，对于从事数字资产服务、公开代币发行的营销人员需要取得法国经济部的批准，

[1] L.572－23—L.572－27 du Code Monétaire et Financier，译文见附录。

[2] 法条译文见附录。

对于与消费者签订的数字货币及发行的公开代币的交易合同需采用书面形式,以书面合同以外的形式签订的需取得消费者的同意。

第二,修改后的《法国货币与金融法》第 L. 341 – 16 条的规定,数字货币消费者有 48 小时的冷静期,即在 48 小时内消费者可以行使其撤回权,且冷静期结束后消费者的沉默不视为其当然同意。

第三,修改后的《法国消费者法》第 L. 222 – 16 – 1 条和第 L. 222 – 16 – 2 条的规定,禁止以直接或间接的方式向普通公众(非专业客户)推送电子广告,禁止任何通过调查问卷迂回地要求消费者提供更多信息。禁止与未获得批准的广告公司或赞助商合作开展关于数字资产服务、向公众发行代币等宣传活动,以保护普通消费者的合法权益。

2. 跨境监管的探索

数字货币的强匿名性与跨国流动性使得跨境数字货币交易纠纷案件时有发生。由于目前各国对数字货币的态度不同,监管方式也不同。与传统金融行业不同,可以轻易跨国流动的数字货币使在世界范围内建立一个统一的数字货币法律监管框架在现阶段及未来一段时间内几乎不可能。此外,数字货币是互联网金融的产物,仍然处于不断发展的阶段,各国政府对此一直处在摸索和探讨过程中,相关政策法规也极不稳定,这也造成了数字货币案件的判决结果在司法领域的不确定性。

由于各国政策的不同,目前数字货币服务业务设立主要包含以下两种:在外国注册或设立,其经营和管理人员是本国人员,其业务主要面向本国公众;或者,在本国注册或设立,但其业务面向外国公众。无论是上述的哪种经营方式,所引发的数字货币纠纷案件,如数字货币盗窃、交易欺诈侵权等案件中的侵权地、管辖地的确定均存在较大争议。

鉴于此,PACTE 法案仅允许在其境内注册或设立的法人进行公开发行代币的活动,以此来取得主动管辖权。此外,法国也正在积极探索在国际层面上对数字货币进行监管。在国际层面上,法国授予金融市场监管局对外金融监管权,探索与欧盟以及其他非欧盟国家缔结合作条约,以期对跨境数字货币交易、代币发行进行更好的监管。

综上所述,笔者认为数字货币在现阶段因其匿名性、去中心化,可以逃脱中央监管等特点,不具有法定货币的地位。在纳入法律监管时,需要注意与法定货币的不同之处,不应简单地复制法定货币的监管措施。法国在数字货币法律监管措施上,采取了有别于普通货币的监管措施,更加注重事前信息的审查,同时对于数字货币交易的违法行为加大处罚力度以保障数字货币市场的秩序。此外,法国对数字货币金融领域存在信息严重不对称的现象,以及如何保护消费者的合法权益进行了相应的规定。

美国法学家霍姆斯曾说过:"法律的生命不在于逻辑,法律的生命在于经验。"数字货币法律法规文本上的不断完善,仅是促进数字货币行业更好发展的基础保障。[1] 对于法国所构建的这样一个全新的数字货币法律监管体系究竟会带给法国怎样的挑战和机遇,仍需在实践中观察。但不能否认的是,法国出台的新法案为法国成为欧洲的数字货币及区块链产业中心甚至是金融中心增加了有力的保障。法国还将在税收、保险等方面将数字货币纳入监管,对数字货币征税、鼓励用数字货币进行投保等。法国财政部计划下一步向欧盟建议,建立统一的数字加密资产监管框架,以一个既可以保护投资者又能促进创新的法律监管框架来解决在这一新兴领域所遇到的问题。

五、法国数字货币法律监管制度对中国的启示

自党的十九大以来我国大力倡导发展区块链产业,根据中国信息通信研究院发布的《区块链白皮书(2019)》[2],截至 2019 年 5 月,全国已有 30 多个省市发布了区块链政策指导文件以发展区块链产业布局,并建立了 20 多个区块链工业园区。与此同时,对于以区块链为底层技术而产生的数字货

〔1〕 参见邓建鹏、孙朋磊:《区块链国际监管与合规应对》,机械工业出版社 2017 年版,第 267 页。

〔2〕 中国信息通信研究院:《区块链白皮书(2019)》,载 https://www.useit.com.cn/thread-25305-1-1.html。

币,因其与生俱来的匿名性、去中心化的特征,极大地挑战了中心化法定货币的权威,我国对其采取了极为谨慎的态度,对数字货币的相关政策并不友好。

任何事物的发展都有其两面性,虽然数字货币的出现伴随着高度的风险性,但是应该正确认识到以比特币为代表的数字货币在全球支付的便利化、降低汇款成本、提高交易效率以及促进金融创新等方面具有重要意义。[1]正如国际货币基金组织的一名官员所说的,过度监管可能会扼杀创新,对于数字货币的法律监管规定需要考虑滥用数字货币和强力处置风险之间的平衡。[2]

全面审视法国的数字货币法律监管制度,可以看出,因其现有的适用于一般投资者和服务提供商的法律框架并不足以满足数字货币初创企业的创业需求,因此法国并未简单地将现有的法律法规直接适用于数字货币服务提供商,而是在其基础上,根据数字货币的特征制定了更为特殊和谨慎的法律监管制度。正因如此,法国以金融市场监管局和审慎监管局为主要监管主体,对数字货币服务提供商及代币发行人适用更为审慎的监管标准,而非只是在现有法规中作出除外规定。法国的数字货币法律监管制度较好地将审慎监管、投资者保护,以及鼓励创新结合在一起,对于维护金融市场稳定发展以及投资者交易安全等有较大参考意义。[3]

目前我国数字货币监管面临着现有法律法规滞后、监管主体不明确、监管执行不到位、数字货币平台管理混乱等一系列问题。综合对法国数字货币法律监管制度的分析,笔者对我国数字货币法律监管有以下几方面的思考。

(一)健全数字货币法律监管制度

区块链技术的出现使交易主体可以基于系统进行自动交易,而无须依赖其他交易参与方。然而,即使数字货币交易的算法趋于完美,归根结底,其仍

〔1〕 参见牛馨雨:《美国纽约州比特币牌照制度研究》,载《金融法苑》2016 年第 1 期。

〔2〕 参见何东、哈伯梅尔、罗斯·莱科:《虚拟货币及其扩展》,载《金融监管研究》2016 年第 4 期。

〔3〕 Les prestataires de service sur actifs numériques, sur https://hashtagavocats.com/les-prestataires-de-service-sur-actifs-numeriques, 11 novembre, 2019.

是由人设计、执行和使用的算法;虽然其通过客观的代码来表达,但主观因素在所难免。基于区块链技术的数字货币交易,虽然也遵从网络本身实施的标准,但是完全的自治仍是不现实的,自治有其内在的制约因素,所以对其进行法律监管是必要的,只是在制定监管规则时不能完全照搬传统监管模式,需要同时考虑创新、秩序以及权益保护等方面。

对于数字货币的法律监管,法国并未采取单独立法的模式,而是通过颁布新法案(法案具有同等法律效力)的形式确立了数字货币监管的法律制度,新法案修改了现有的《法国货币与金融法》《法国消费者法》等法典,将法案内容纳入其中,同时法案也规定了授权金融市场监管局制定数字货币具体规则的权力,对数字货币监管过程中出现的具体措施进行补充规定。

在我国,限于数字货币现有体量的限制,在未来可以预测的数年内,数字货币几乎不可能对中国现有的货币政策以及外汇管制相关政策产生巨大冲击,且《民法典》已经将网络虚拟财产纳入规定中,未来也可能会对网络虚拟财产进行进一步的法律规定。[1] 鉴于此,笔者认为国内可以逐步放宽对于数字货币的政策,以谨慎的法律规定来进行监管。综观国际,大多数国家对于数字货币的监管多是采取对数字货币交易预防、惩罚等监管形式,而非完全的禁止。

因此,对于我国未来的数字货币法律方面的监管,可以参考法国数字货币法律监管体系,首先确定数字货币法律监管具体制度(如对数字货币的监管主体、监管客体的确定,法律属性的明确以及对消费者的保护等),并将其纳入现有的金融相关法律法规框架中,同时可以授予金融科技创新集中的较大城市(如上海、深圳等)制定具体的监管规则的权力,对数字货币进行更为有力的法律监管。

(二)明确数字货币法律属性

近年来,关于数字货币的相关交易,以央行为代表的金融监管机构虽然

〔1〕 参见邓建鹏、孙朋磊:《区块链国际监管与合规应对》,机械工业出版社 2017 年版,第 224 页。

陆续颁布了关于数字货币交易的禁令、风险提示等，但实践中关于数字货币纠纷的案件却层出不穷。要实现数字货币行业的健康发展，笔者认为，“堵不如疏”，建立有效的法律监管机制，明确数字货币法律属性，方能更好地维护金融稳定发展。

从前文分析可以看出，数字货币具有货币的部分属性，但同时可以被视为一种网络虚拟财产。近年来，随着数字货币不断发展，数字货币的范围并非仅是虚拟商品可以概括的。法国 PACTE 法案并未赋予数字货币以法定货币的地位，但将数字货币以及发行的代币统一为数字资产进行监管，数字资产可以进行投资、转让、交易等，并可以作为支付手段，属于一种特殊的虚拟财产。数字货币是互联网金融发展过程中某一阶段的产物，将数字货币定义为一种虚拟财产进而进行相关监管规定，不仅与《民法典》中规定的对网络虚拟财产保护相符，也与未来的金融发展方向相契合。相关立法机构应给予数字货币及发行的代币一个清晰的法律定性，并以此逐渐构建出完整清晰的法律监管框架，从而制定出数字货币法律监管制度，更好地促进区块链行业的健康发展。

因此，参考法国的做法，结合我国关于虚拟网络财产的概念，我国可以将数字货币定性为一种虚拟财产，并将其纳入法律监管。

(三)确定数字货币监管主体

从近年的全球的监管政策可知，越来越多的国家以合规经营而非绝对禁止的态度对区块链领域进行风险管控，我国一方面出台各种文件鼓励积极发展区块链技术，另一方面又对境内开设虚拟货币交易平台及发行 ICO 项目采取极为谨慎的态度。我国的监管机构希望进行一种“无币区块链”的纯技术创新，但作为公共分布式账本(区块链技术)，币(英语也称通证〔1〕)是链上的一种标识，其与区块链共存，有链无币的监管模式并不利于区块链行业的长远发展。〔2〕

〔1〕 英语为 token.

〔2〕 参见[法]安娜·多米尼克·梅维尔:《法国金融法》，姜影译，法律出版社 2014 年版，第 247 页。

中国在区块链领域具有很大的优势,如果能够在防范区块链相关金融风险方面出台明确的法律监管制度,确定监管主体,将数字货币纳入监管与规范的道路,就能在规范监管过程中采取主动,掌握话语权,避免国内企业在未来的国际市场上遇到壁垒。[1]

对此,法国为我国在确定数字货币监管主体时提供了一种思路,即赋予现有的外部金融监管机构以新的监管职能而无须重新设立专门的独立监管机构。此外还可以引入独立的第三方资金托管机构,以及审计、法律等第三方服务机构以保证投资者的资金和交易安全。

(四)明确数字货币监管措施

从法国数字货币监管措施来看,对于数字货币交易平台和代币发行人需建立准入许可管理制度。对于数字货币交易平台企业进行严格仔细审核,而不能以网络运营平台备案制为标准。此外,在对数字货币进行准确定性的基础上,将其纳入法律监管的体系中,并针对数字货币交易的去中心化、匿名性等特征,建立专门的事前披露机制,以及保证金制度等,以确保数字货币投资者的合法权益得到充分保障。

总体来看,对于我国的数字货币法律监管措施可以参考法国的做法,即加强信息的审查,注重保护投资者的合法利益以及对数字货币采取更为严格的处罚手段。

目前,中国人民银行也在积极推进法定数字货币的研究,2020 年 5 月开始央行的法定数字货币已经开始在深圳、苏州等四地开始试点测试。[2] 现有的传统的支付体系层次繁多且成本较高,尤其是在跨国支付时金融服务费用耗费巨大。第三方支付机构属于传统中心化模式,个人无法完全控制自己

---

〔1〕 参见邓建鹏、孙朋磊:《区块链国际监管与合规应对》,机械工业出版社 2017 年版,第 287 页。

〔2〕《央行数字货币下月试点测试》,载 https://baijiahao.baidu.com/s?id=166519878272842731 0&wfr=spider&for=pc。

的数据,用户数据很容易被滥用并且容易成为被攻击的目标。[1] 如果可以通过区块链技术的加密支付创造出一种全新的、不依赖中心、用户自主可控的隐私保护的支付新模式,将更加有利于安全支付。现代社会是一个高度发达的信用社会,信用可以与一切挂钩,鉴于以比特币为代表的去中心化的数字货币缺少央行信用的担保,其价值波动较大,极为不稳定,中国人民银行致力于推出一种具有自身价值体系的"可转让的数字资产",此种数字资产能够部分实现现金的流动并具有一定的匿名性。未来,以国家信用支撑并被纳入法律监管的数字货币将更加适应现代社会的经济发展,进一步完善数字货币领域的相关监管与立法,将更有利于金融科技的发展。

〔1〕 参见姚前:《加密货币是央行数字货币研发方向之一》,载 https://news.qq.com/omn/20191117/20191117A02ZSV00.html。

第二章　英国公司减资制度中的债权人保护规则研究

我国现行《公司法》中有关公司减资的规定并不完善，关于公司减资的规定没有专门的章节，相关条款散落在其他制度规定之间，未能形成一个完整的减资制度体系。其中，《英国公司法》第 177 条将通知债权人作为公司减资的必要环节，但对于未通知债权人的减资效力如何，被侵权债权人如何救济并未做出规定。英国公司法发展较早，如今已形成了一套系统完整的法律体系，其公司减资制度的重要的特色之一便是对债权人的保护。以债权人保护为视角对英国公司减资制度进行分析，并找出其中对我国相关制度的启示，是本部分研究的目的所在。文章主体部分将从债权人保护的角度对英国公司减资制度进行研究。在违规减资情况下，高级管理人员所要承担何种法律责任？股东在何种情况下需要承担补充赔偿责任？减资过程中未被通知的债权人有何救济措施？都是本章所要研究的问题。

第一节　英国公司减资制度的基础理论

一、英国公司减资制度的类型及特点

（一）英国公司减资制度的类型

从理论上看，根据股权是否在市场上进行流通，英国公司可分为私人公司和公众公司（public company）两种类型，2006 年《英国公司法》对这两种公

司的类别重新进行了强调。[1] 私人公司是指股份不对外发售的公司,是英国公司的基本类型和主要组成部分。公众公司是指可以向社会大众发行股份的公司。二者在资本规模和运行模式方面均存在较大差异。在2006年《英国公司法》实施前,无论是私人公司还是公众公司,想要实现公司减资必须经由法院确认(confirmed by the court),这不但与授权资本制追求的灵活务实相悖,还降低了公司运行的效率,受到部分学者的抨击。2006年《英国公司法》对公司减资的法定环节进行重新规制,针对两种不同类型公司的特点和实际,规定了两种不同的减资模式。即增加了偿债能力声明(solvency statement)方式,可供私人公司进行选择。[2] 由此,现行2006年《英国公司法》下的英国公司减资存在两种并行的制度,私人公司可以选择通过法院确认程序进行减资,也可以选择发表偿债能力声明作为替代,而公众公司的减资依然以法院确认为必经程序。[3]

(二)英国公司减资制度的特点

英国虽然是传统的判例法国家,但其公司法的制定法化具有较长的历史。自19世纪以来,英国公司法的制定法不断发展,先后出现了1844年《英国股份制公司法》(Joint Stock Companies Act 1844)和1855年《英国有限责任法》(The Limited Liability Act 1855)。而后,1856年《英国股份制公司法》(Joint Stock Companies Act 1856)将前两项法案合并替代,并被普遍认为是英国第一部现代公司法,[4]至2006年《英国公司法》诞生又经历多次改革。现如今,制定法已成为现代英国公司法中地位最高的法律渊源。[5] 而2006

---

[1] 2006年《英国公司法》增设了第一章"总体性规定介绍"(general introductory provisions)部分,对公司、公司法规、和几种常见公司类型进行了专门的解释,其中第4条对私人公司和公众公司进行定义。

[2] 2006年《英国公司法》将公司减资(reduction of share capital)的规定设置在第17部分第10章(Part 17 Chapter 10),其中新增仅适用于私人公司的偿债能力声明规则,笔者将在后文中进行详细阐释。

[3] Companies Act 2006, s. 641.

[4] Susan Mclaughlin, *Unlocking Company Law*, 2nd edition, Routledge, 2013, p. 13.

[5] Susan Mclaughlin, *Unlocking Company Law*, 2nd edition, Routledge, 2013, p. 10.

年《英国公司法》是自1862年《英国公司法》以来最为重要的改革。[1] 2006年《英国公司法》在立法价值取向、具体规则等方面进行了较大调整,使现行公司减资制度凸显出传统与现代交织、保守与灵活并存的特点。

1. 公众公司和私人公司的二元程序制度

如前所述,2006年《英国公司法》在公司减资制度中最大的改变之一便是增设了私人公司的偿债能力声明制度。在此之前,英国公司减资制度最大的特点是以法院确认作为必要条件。被2006年《英国公司法》所替代的1985年《英国公司法》中关于公司资本的规定仅有一个部分(part),共8章(chapter),有关公司减资制度的规定仅有一章,共涉及法条7条。[2] 其中未对公司类别进行区分,仅提供一条公司减资的路径,即有公司章程授权,作出特别决议,向法院申请,经法院确认后才能够完成减资过程。这种规定的优势在于对债权人提供了极大的保护。公司向法院提出申请后,由法院对债权人名单进行审核,在有权对公司减资提出异议的所有债权人同意公司减资,或者这些债权人的债权或请求权已经得到履行、确定或保证的情况下才能由法院颁布确认减资的法令。[3] 2006年《英国公司法》中,对公司资本的规定调整至第十七部分,整体内容扩大至11章,其中公司减资位于第十章,共涉及法条13条。[4] 同时,在第十部分又细分为"导言"(Introductory)"私人公司:偿债能力声明所支持的资本减少"(Private Companies: Reduction of Capital Supported by Solvency Statement)、"经法院确认的资本减少"(Reduction of Capital Confirmed by the Court)、"公众公司将资本减少至低于授权最低数额"(Public Company Reducing Capital below Authorised Minimum)和"资本减少的效力"(Effect of Reduction of Capital)5个板块。对比前后变化可以发现,现行公司法最为突出的特点便是增设了偿债能力声明

〔1〕 Susan Mclaughlin, *Unlocking Company Law*, 2nd edition, Routledge, 2013, p. 22.

〔2〕 Companies Act 1985, s. 135 – s. 141.

〔3〕 See Companies Act 1985, s. 136 – s. 137.

〔4〕 See Companies Act 2006, s. 641 – s. 653.

制度,同时明确了偿债能力声明专属于私人公司适用的属性,将原有的一元法院确认减资制度调整为以公司性质为标准的二元减资程序并行制度,充分考虑了私人公司的运行实际,在确保债权人利益得到保证的基础上为私人公司提供了更为高效的选择。

2. 减资过程中的便捷变更登记规则

除具有特色的二元减资程序外,2006 年《英国公司法》还考虑到了公众公司在减资过程中可能出现的性质变化问题,增设了在减资过程中对公司进行变更登记的便捷程序。

2006 年《英国公司法》第 763 条规定,公众公司资本的最低法定数额(the authorised minimum)的名义价值(nominal value)为 50,000 英镑或法定的等值欧元。[1] 因此,当公众公司的资本低于本条规定时,应变更登记为私人公司。2006 年《英国公司法》第 97 条对公众公司转化为私人公司的变更登记进行了规定。根据规定,公众公司意图转化为私人公司需经股东会特殊决议,公司将通过的特殊决议提交给登记机关进行登记方可以完成变更手续。[2] 如此一来,如果一家公众公司意图进行减资,并且减资后的公司资本数额低于公众公司的最低要求时,该公司就需要经过两项特殊决议:一是公司减资决议,二是公司性质变更决议,并需完成两次变更登记手续,这不仅增加了公司的运营成本,还增加了公司登记管理部门的负担。因此,2006 年《英国公司法》在公司减资章节为因减资而需要对公司性质进行变更登记的公众公司提供了简便手续。根据规定,如果公司减资决议已经得到法院的确认,法院可以在确认指令中越过第 97 条的规定,授权该公司可直接变更登记为私人公司。公司将法院指令的副本以及根据法院法令变更的公司名称通知和公司章程副本提交至登记机关,即可完成变更登记。该项措施为众多需要减资的公众公司提供了便利,大大地提高了市场运行效率。

---

〔1〕 See Companies Act 2006, s. 763.

〔2〕 See Companies Act 2006, s. 97.

3. 高管人员对瑕疵减资负有刑事责任

世界各国对于公司法律责任的立法存在两种模式：一种是将法律责任分散规定于具体的法律规范中，多出现在英美法系国家；另一种是设专门章节对法律责任集中规定，多见于大陆法系国家。[1] 根据多名学者的研究可以发现，各国对于违规减资的公司、公司高级管理人员和股东基本没有进行刑事责任的规制。[2] 如在日本、德国、法国三国中，仅有法国规定了违法减资罪（最新立法已经删除），且刑事责任的主体仅有公司董事，涉及的行为较为单一。[3]

英国在新一轮的公司法改革中对于违规减资的公司和公司高管都进行了较为细致的刑事责任规定。1985 年《英国公司法》中关于公司减资的规定主要涉及减资需要完成的程序和实体要件、法院确认规则以及减资后的登记规则，并没有对公司高管以及股东的责任进行规定。2006 年《英国公司法》中新增第 643 条、第 644 条以及第 647 条对通过偿债能力声明进行公司减资和对通过法院确认进行公司减资中公司高管的失职行为进行了刑事责任的规定。其中，第 643 条和第 644 条是针对通过偿债能力声明程序进行减资的公司和失职高管规定的刑事责任。第 643 条规定，如果公司董事在没有合理理由支持其表述意见的情况下而做出偿债能力声明并且该声明被提交至登记人员（registrar）时，对此失职的公司高管将构成犯罪。对于该项犯罪，将处以不超过 2 年的监禁或罚金，或两项并罚。[4] 第 644 条规定，如果公司向登记人员提供未通知债权人或不符合本法规定的偿债能力声明，公司以及失职

---

〔1〕 参见毛亚敏：《公司法比较研究》，中国法制出版社 2001 年版，第 358 页。

〔2〕 参见张钦润：《公司债权人保护问题研究》，中国政法大学 2011 年博士学位论文，第 131 页；毛亚敏：《公司法比较研究》，中国法制出版社 2001 年版；周林彬、余斌：《我国"减法"改革中公司减资制度的完善》，载《中山大学学报（社会科学版）》2015 年第 5 期。

〔3〕 《法国商法典》规定，董事或董事长在下列情形下故意减少资本，将处 6 万法郎罚金：不遵守股东平等原则的；没有在股东大会召开 45 日前将减资草案送交审计员的；减资决定没有在商业和公司登记簿上和法定公告报纸上公告的。

〔4〕 See Companies Act 2006, s. 643(4) & (5).

的高管都将构成犯罪，对涉及犯罪的公司和人员将处以罚金。[1] 第647条是针对通过法院确认程序进行减资的公司失职高管进行的刑事责任规制。根据规定，若公司高管在申报债权人名单的过程中对于有权提出异议的债权人的名称或者债权或请求权的性质或数额作出虚假陈述的，或对虚假陈述进行隐瞒和牵连的，属于犯罪行为，将处以罚金。[2]

与民事责任相比，刑事责任是来自公权力的制裁，除财产方面的处罚外，还会增加高管人员个人的犯罪记录，可能对其未来就业和生活造成影响。与行政责任相比，刑事责任的处罚力度更大，能够强调该项违法行为的严重性，对后续想做出类似行为的高管做出警示。对公司高管在减资程序中的失职行为进行刑事处罚体现了英国法对于资金安全的重视，从事前对公司及高级管理人员进行威慑，为有权对公司减资提出异议的债权人提供更大的保障。

二、英国公司减资制度的价值取向

任何立法都有其特定的价值取向。[3] 常见立法价值有安全价值、公平价值和效率价值等。各国由于法律制度和社会文化的不同，其立法价值会倾向于不同的侧重点。授权资本制的目的是给投资人和公司提供更加便利的条件，但由于其注册资本未能全部落实，削弱了对债权人利益的保护，[4]因此，英国通过司法判例确认了多项补充原则对授权资本制进行完善，加强对债权人的保护，法院确认的公司减资制度便是其中之一。现代社会不断向前发展，越来越多的人选择以公司的方式参与到商业活动中来，随着企业数量的增加和市场经济的扩大，原有为保护市场安全和股东利益而设置的规则显得冗杂，已经不能适应现代企业小型精简的发展模式。为此，又通过2006年

[1] See Companies Act 2006, s.644(7)-(9).

[2] See Companies Act 2006, s.647.

[3] 参见冯果：《现代公司资本制度比较研究》，武汉大学出版社2000年版，第16页。

[4] 参见冯果：《现代公司资本制度比较研究》，武汉大学出版社2000年版，第21页。

《英国公司法》推出了一系列注重私人公司效率的举措，其中，为私人公司减资提供替代性的偿债能力声明模式便是重要的一环。通过最近一次调整，英国公司法在减资方面充分体现出了安全、公平、效率全面关注的价值取向。

（一）安全：保护债权人的资金安全

在英国公司制度设立初期，股东被要求就其债务承担无限责任，这体现了英国公司法对于债权人资金安全的重视与保护。[1] 对于市场交易而言，资金是市场交易的首要工具，也是市场交易的目的和实现手段。作为现代企业融资的两大手段之一，债权融资与股权融资存在着天然的不同，债权人与公司形成的是债权债务关系，其关心的是到期债务能否被足额偿还。有限责任制度下则更需要强调对于债权人的保护，因股东仅需以其出资承担有限责任，债权人的债权可能得不到偿还，公司以其注册资本为通行证向债权人借款，公司资本便承担着债务偿还的信用担保功能。如果公司任意减资，例如，将股本返还给股东，则会使承担债权偿付责任的资本减少。[2] 为此，资本维持原则应运而生。罗素勋爵（Lord Russell）在罗伯特·艾伦·希尔等诉新南威尔士州永久托管公司等案[3]中确定了资本维持原则的重要内容，即除经过授权的减资程序外，未经清算的公司不得以向股东返还资本的方式进行利润返还（payment）。该项原则已经被内化为2006年《英国公司法》第617条的具体规则。[4] 在该项规则下，英国公司的减资程序受到严格的限制。首先，公司章程必须对减资进行授权；其次，公司董事要在章程的授权下进行特殊决议。在外部程序上，该项决议必须经过法院同意才能作为有效决议，并经登记机关登记生效。[5] 对公司减资进行公权力的确认，能够使不必要的、不符合规定的，以及对债务清偿造成影响的减资行为受到限制，能够保证公

〔1〕 参见张钦润：《公司债权人保护问题研究》，中国政法大学2011年博士学位论文，第131页。

〔2〕 See Jonathan Rickford, *Reforming Capital Report of the Interdisciplinary Group on Capital Maintenance*, European Business Law Review, Vol. 15, Issue 4, 2004, p. 923.

〔3〕 See Robert Alan Hill and others v. The Permanent Trustee Company of New South Wales, Limited, and others (New South Wales) [1930] UKPC 81 (29 July 1930).

〔4〕 Susan Mclaughlin, *Unlocking Company Law*, 2nd edition, Routledge, 2013, p. 184.

〔5〕 See Companies Act 1985, s. 135 – s. 136.

司即使在减资后仍有清偿全部债务的能力,其配套的债权人救济制度也为债权人提供了相应的保障。可以看出,英国公司法在公司减资方面体现出了重视安全价值的倾向。

(二)公平:股东和债权人的利益平衡

有限责任制度产生后,股东只需要以其出资为限承担责任,这就把其未能承担的责任部分转移给了债权人。英国公司法的核心是,公司利用有限责任必须要付出代价,如果公司不正当地使用了资本,将直接侵害债权人的利益,因此应当限制公司使用资本,以维护债权人的利益。[1] 但随着公司制度的不断发展,公司的所有权与经营权高度分离,股东只承担出资义务,公司的经营决策越来越依靠高级管理人员,这就导致了部分公司高管可能利用公司制度对股东权益进行侵害。基于此,英国公司法在公司减资环节设计出了部分制度,在保护债权人的同时,探寻对股东权益保护的平衡。2006 年《英国公司法》对股东类别进行区分。第 641 条规定,公司减资必须经由公司章程的授权。而股东类别权的变动以公司章程的变动为依托,因此,不同类别股东对公司减资是否有异议权在不同案例中引起讨论。[2] 同时,无论是在依据偿债能力声明进行的公司减资还是经法院确认的公司减资,都有须经股东同意的条款对股东权利进行保障。《英国公司法》对公司减资的规定做到了多个主体的利益平衡。

(三)效率:降低公司成本、提高经济效率

公司法设立的目的,除规范公司的运行管理,更重要的是为公司在市场经济中进行盈利提供服务。随着市场经济的发展,公司数量增加,新增公司呈现着小而精的特点。而在经营过程中,难免出现公司实际资产与注册资本差异较大,部分股利需要返还的情况。由于私人公司的股权不对外开放,其规模较公众公司小,对社会公众的影响也较小,对于私人公司进行减资是否

---

〔1〕 参见葛伟军:《英国公司法原理与判例》,中国法制出版社 2007 年版,第 97 页。

〔2〕 参见林少伟:《英国现代公司法》,中国法制出版社 2015 年版,第 615 页。

需要经过法院确认程序引起了法学家的讨论。[1] 法院确认程序耗时长，需要公司提供的文件多、人力/财力成本高，意图减资的公司可能本身已经难以支撑，经由完整的法院确认程序进行减资对于该公司来说消耗较大，最终可能是低效高耗的行为。因此，2006 年《英国公司法》新增的针对私人公司的偿债能力声明程序大大提高了私人公司在减资环节的运行效率，降低其经营管理成本，经过十余年的实践，已取得了初步成效。例如，在碧提艾公司诉瑟夸那艾斯艾公司及其股东案（BTI 2014 LLC v. Sequana S. A. & Ors）中，法官认为 2006 年《英国公司法》实施后，瑟夸那艾斯艾公司采用偿债能力声明的方式进行减资符合法律规定，瑟夸那艾斯艾公司已经完成了法定减资程序，因此减资行为有效。[2] 这表明了新公司法实施后，法院对于私人公司选择偿债能力声明模式进行减资的支持与认可态度。英国公司法的二元减资程序已经全面得到适用。

第二节　英国公司减资制度中的债权人保护规则

2006 年《英国公司法》自 2007 年 1 月起至 2009 年 10 月分八次全部生效，其取代了 1985 年《英国公司法》，成为现行英国法院裁判公司法案件最主要的法律渊源。[3] 经过对相关案例的检索可以发现，在 2006 年《英国公司法》生效后，私人公司和公众公司均按照其中规定的减资规则进行减资。[4] 2006 年《英国公司法》对公司减资既有新增规定，也有对传统规定的继承，但无论是新增或保留条款，都体现了英国公司法在公司减资环节对债权人的保护倾向和精良设计，笔者将分别对不同减资方式中英国公司法如何对债权人

〔1〕 参见林少伟：《英国现代公司法》，中国法制出版社 2015 年版，第 615 页。
〔2〕 See BTI 2014 LLC v. Sequana S. A. & Ors [2016] EWHC 1686 (Ch) (11 July 2016).
〔3〕 See BTI 2014 LLC v. Sequana S. A. & Ors [2016] EWHC 1686 (Ch) (11 July 2016).
〔4〕 See BTI 2014 LLC v. Sequana S. A. & Ors [2016] EWHC 1686 (Ch) (11 July 2016).

提供保护进行分析。

一、以偿债能力声明为依据的公司减资制度

偿债能力声明制度起源于美国的偿付能力测试制度。美国公司法对于公司减资要求公司进行偿付能力测试,[1]根据其原理,真正能够为债权人提供担保的是公司的偿债能力而非其资本数额,[2]如果能够通过一定的方式证明公司具有足够的偿债能力,则不需要对公司减资进行过多干涉。

而在普通法中,经过法院确认是公司减资的传统规则。长期以来,由于法院确认程序过于烦琐复杂,消耗成本较高,英国公司法领域的专家学者对此进行了广泛讨论。公司法审议小组提出可以以公司类型为依据,为私人公司减资提供替代性机制,即对于私人公司而言,由于其规模较公众公司小,经营面不广,可以通过由董事出具公司的偿债能力声明来证明其偿债能力,替代法院确认的步骤。[3] 该项建议最终被立法会采纳,并正式成为2006年《英国公司法》中的新增条款。2006年《英国公司法》在公司减资部分新增了"私人公司:偿债能力声明所支持的资本减少"板块,共包含三项法律条款,分别为第642条、第643条和第644条,三项法律条款分别从偿债能力声明的提出程序、偿债能力声明的内容以及偿债能力声明的登记程序三个方面进行规定。

(一)偿债能力声明的内容

2006年《英国公司法》第643条对偿债能力声明的内容进行规定。根据规定,偿债能力声明应由公司董事作出。公司的所有董事均应形成意见,表明自声明作出之日起,没有理由可以发现公司当时不能偿还债务。同时,如自声明之日起12个月内有开始公司清算的意图,则公司在清算开始后12个

[1] See Charles C. Callahan, *Statutory Protection of Creditors in Reduction of Capital Stock*, Faculty Scholarship Series, 1936, Paper 4420. p. 225.

[2] John Armour, *Legal Capital: An Outdated Concept? Centre for Business Research*, University of Cambridge Working Paper No. 320, 2006. p. 3.

[3] 参见葛伟军:《英国公司法原理与判例》,中国法制出版社2007年版,第106页。

月内能够全额偿还债务，或在其他任何情况下，公司能够在自声明之日起1年内偿还其债务。偿债能力声明为要式文书，必须按照规定的格式作出，同时应当包含声明制作日期以及公司全部董事的姓名及名称。[1]

（二）以偿债能力声明为依据的公司减资程序

除偿债能力声明的内容外，“私人公司：偿债能力声明所支持的资本减少”板块还对以偿债能力声明为依据的公司减资程序进行了两方面的规定，一是对公司决议程序进行规定，二是对决议和声明形成后的登记程序进行规定。

2006年《英国公司法》第642条对依据偿债能力声明作出的公司减资决议进行了程序规制。根据艾伦诉西非金礁有限公司案[2]和南方铸造有限公司诉舍洛案[3]确立的规则，经股东会特殊决议可以改变公司章程，因此，公司减资须经股东会进行特殊决议。按照第643条作出的偿债能力声明必须由公司董事在公司减资决议通过之日起不超过15日作出，同时，减资决议和偿债能力声明须按照第644条的规定进行登记。

公司减资决议必须经过有权机关登记方能生效。2006年《英国公司法》第644条对减资决议形成后的登记程序进行了规定。在减资决议通过后的15日内，公司必须向登记人员提供三项文件，这三项文件是公司减资决议生效的必要文件，分别是减资决议副本、偿债能力声明副本以及一份资本陈述（statement of capital）。资本陈述的内容必须包括公司资本总额、股份总数、每股股份金额以及在登记之日每股股份上视为已缴付的金额。登记人员必须在收到前述文件的情况下进行登记，减资决议经登记方能生效。此外，公司还应在减资决议通过后的15日内向登记机关提供一份董事陈述，但该项陈述并不是减资决议生效的必要文件，公司未向登记机关提供该文件不会影响减资决议的生效。同时，第644条第6款a项还指出，第644条第1款中规

---

[1] See Companies Act 2006, s. 643(1) - (3).

[2] See Allen v. Gold Reefs of West Africa Ltd. [1900] 1 Ch 656 (Court of Appeal).

[3] See Southern Foundries (1926) Ltd. v. Shirlaw [1940] AC 701.

定的,公司应在减资决议通过后的15日内向登记机关提供文件的时间要求也不是减资决议生效的必要条件,未能在指定时间内提供指定文件的,不会影响到决议的效力。[1]

二、以偿债能力声明为依据的减资制度中的债权人保护规则

与法院确认程序相比,偿债能力声明对债权人的保护能力较弱,该项制度为平衡公司和债权人利益提出,旨在提高市场效率,为私人公司减去繁杂手续。但是,英国公司法追求安全价值的出发点并没有变,在为公司提供便利的同时,也设计了相应的制度来维护债权人的利益。

(一)公司高管在制定偿债能力声明环节的责任

2006年《英国公司法》在偿债能力环节对失职高管进行了刑事责任的规制以对债权人进行保护。其中第643条第4款规定,如果公司董事在没有合理依据的情况下就作出偿债能力声明,并将该声明提交给登记机关,则该行为构成犯罪。[2] 第5款规定,根据不同地区的具体规则,对于前述犯罪行为可通过两种程序定罪:一是通过公诉程序定罪,经公诉程序审判并定罪的,处以2年以下监禁或罚金,或二者并罚。二是通过建议程序定罪。属英格兰和威尔士地区管辖的,处12个月以下监禁或不超过法定最高刑罚的罚金,或二者并罚。属苏格兰或北爱尔兰地区管辖的,处6个月以下监禁或不超过法定最高刑罚的罚金,或二者并罚。[3]

刑事责任较行政责任、民事责任而言威慑力更大,监禁等限制自由刑比罚金等剥夺财产刑对被告人的处罚更为严苛。英国公司法对作出偿债能力声明的过程中负有责任的公司高管在刑事责任方面进行规制,警告公司高管要依据实际情况对公司的偿债能力进行评估,一方面能够对弄虚作假的情况进行一定程度的限制,另一方面能够激励公司高管尽到勤勉和注意义务,维

[1] See Companies Act 2006, s.644.

[2] See Companies Act 2006, s.644.

[3] See Companies Act 2006, s.644.

护公司权益的同时充分考虑到债权人的权益,确保偿债能力声明体现出公司真实的偿债能力。

(二)公司高管在减资决议登记环节的责任

除偿债能力声明的内容应当真实外,英国公司法在偿债能力声明是否对全部有权成员公布进行关注。2006 年《英国公司法》第 644 条第 7 款、第 8 款和第 9 款规定,应对未向有权成员提供偿债能力声明的公司和失职高管进行处罚。[1] 该项罪名具有双重犯罪主体。根据上述规定,若公司进行减资登记时向有权机关提交的偿债能力声明不符合本法第 642 条第 2 款和第 3 款的规定,即未通过书面形式或者会议形式向有权债权人提供,则该公司和失职高管都将构成犯罪。对于该项犯罪,将通过公诉程序或简易程序对被告人定罪并处以罚金。

与在作出偿债能力声明环节中对失职高管进行规制相比,本项规定在减资决议提交过程中或减资程序完成后再次对偿债能力声明的效力进行审核。本项规定与第 643 条第 4 款和第 5 款的规定相辅相成,二者共同构成了以偿债能力声明为依据的公司减资过程中对债权人保护的规则。第 643 条第 4 款和第 5 款对偿债能力声明在内容方面进行保证,第 644 条第 7 款、第 8 款和第 9 款则是对偿债能力声明在形式方面作出保证。两项责任制度相结合,从理论上看,能够确保偿债能力声明充分体现意图减资公司的真实偿债能力,也能够确保意图减资公司将偿债能力声明出示给全部的有权债权人。在立法目的上看,2006 年《英国公司法》希望通过该两条责任规定使偿债能力声明对债权人的保护达到和法院确认同样的效果。

(三)对以偿债能力声明为依据的减资制度中债权人保护规则的评价

经由上述分析可以发现,在以偿债能力声明为依据的公司减资制度中,2006 年《英国公司法》只在减资程序中对公司高管的失职责任进行规定,在一定程度上来看,能够对侵犯债权人利益的行为起到事前预防作用。但从整

---

〔1〕 See Companies Act 2006, s. 644.

体上看,此种规定存在两大问题。

一是仅对公司和公司高管进行了刑事责任的规定,未对未按规定进行减资的减资效力以及公司对债权人应承担的民事责任进行规定。在这种情况下,如果公司提供了虚假的偿债能力声明,仅是公司高级管理人员被处以监禁或罚金,公司无须就违规减资对债权人承担民事责任。在公司资产不足以偿付债权或不足以偿付全部债权人债权时,债权人的债权或请求权依旧无法实现。

二是该部分仅对公司减资过程中的违规情况进行规制,未对公司减资完成后发现的遗漏债权人提供救济途径。减资决议登记生效后,股东将不再对催缴或认缴的股份中超过根据记载着股本变动情况的资本陈述而计算出的未支付数额的部分负有支付义务。[1] 这意味着,如果公司减资后的资本总额不足以偿付债权,或实际资产亦不足以偿还,债权人将会面临债权得不到偿付的后果。2006 年《英国公司法》对法院确认的减资程序中遗漏的债权人设立了救济规则,当违规减资发生时,即使减资生效,股东依旧需要在自己承担的范围内对债权进行偿付。不同于法院确认的减资程序,依据偿债能力声明作出的减资并未对遗漏债权人设置救济手段,因此,对选择以偿债能力声明进行减资的私人公司的债权人而言,依旧存在债权得不到偿付的风险。

三、经法院确认的公司减资制度

法院确认是普通法传统中公司减资必经的程序。虽然 2006 年《英国公司法》新增了偿债能力声明的替代方式,但法院确认规则依旧得到保留。公众公司的减资仍需得到法院确认法令才可进行登记,而私人公司也可以自行选择通过偿债能力声明抑或通过法院确认程序进行减资。

(一)法院确认法令的作出

根据罗素诉北部银行发展有限公司案(Russell v. Northern Bank

〔1〕 Companies Act 2006, s. 641(4).

Development Corpn Ltd.)的判决结果,公司资本的变动须经股东决议。[1] 选择通过法院确认形式进行减资的公司同样需要作出符合公司法规定的特殊决议。[2] 2006年《英国公司法》第645条规定,在意图减资公司通过减资决议后,可以向法院申请下达确认减资的法令。[3] 如果已经拟定的减资决议涉及到股东未缴付资本的责任减轻或者向股东偿付已缴资本的情况,则一般应适用第646条的规定通知有异议权的债权人并赋予其行使异议权的权利。但是,如果法院认为无须进行以上步骤也可以颁布确认减资法令的,也可不对上述条款进行适用。

在法院适用2006年《英国公司法》第646条的情况下,对意图减资公司享有到期债权或请求权,并且能够证明如果公司进行减资将无法偿还债务的债权人,有权对该减资事项提出异议。[4] 法院应制定有权提出异议的债权人名单。一般情况下,公司减资必须经过所有在名单上的有权债权人的同意,法院方可作出确认法令。但是,在名单上的债权人提出的异议并不一定会使公司减资的程序中止。当公司通过法院指定的方式对偿付异议债权人的债权或请求权提供保证时,法院可以在该债权人持有异议的情况下作出减资确认法令。[5]

法院可以对确认减资的法令附以条件。[6] 作出确认减资法令的同时,法院可以命令公司公布(公司提供的或法院指导的)减少资本的原因,或者法院认为能够帮助公众了解适当信息的其他资料,以及导致公司减资的原因。[7]

如果法院认为根据公司的情况确实需要或应当减资,可以颁布确认减资的法令,并指示公司必须在法令规定的期限内(自法令颁布之日起或颁布后

---

〔1〕 Russell v. Northern Bank Development Corpn Ltd [1992] 1 WLR 588 (House of Lords).

〔2〕 Companies Act 2006, s. 281.

〔3〕 Companies Act 2006, s. 645.

〔4〕 对于2006年《英国公司法》第646条的具体适用内容,将在本章第四节部分详细阐释。

〔5〕 See Companies Act 2006, s. 648(2).

〔6〕 See Companies Act 2006, s. 648(1).

〔7〕 See Companies Act 2006, s. 648(3). Re Antwerp Waterworks Co. Ltd. (1931) W. N. 186. Re Lucania Temperance Briliard Halls(London) Ltd. (1966) Ch. 98, (1965) 3 All E. R. 879.

的任何指定时间起），在公司名称中加入“并且减资”（and reduced）的字样。如果确认法令被颁布，在法令指定的期间结束前，上述字样会一直被视为公司名称的一部分。[1]

（二）法院确认法令和资本陈述的登记

当法院确认法令被作出后，公司需要将确认法令和一份经法院批准的资本陈述副本一并提交至登记机关进行登记，[2]但这里可能出现一个复杂的情况。前文提及，2006年《英国公司法》对于私人公司和公众公司作出了区分性的规定，其中二者注册资本较为不同。因此，当公众公司提出减资确认的请求，而法院颁布确认法令进行同意后，就可能出现公司已经发行股本的名义价值低于最低授权金额（authorised minimum）的情况。此时，登记人员将面临两种选择，如果法院指令登记机关无须变更公司性质直接进行登记，则登记机关应遵守法院指令；如果法院没有进行该项指令，则登记人员应首先将公司性质变更登记为私人公司，再进行减资事项的登记。[3]

2006年《英国公司法》第651条为在该情形下需要对公司性质进行变更的公司提供了变更登记的快捷程序。一种是通过法院指令进行变更。在通常情况下，公司如果想对性质进行变更登记，需要通过2006年《英国公司法》第97条规定的特殊决议。而如果公司减资决议已经得到法院的确认，法院可以在确认指令中越过第97条的规定，授权该公司可直接变更登记为私人公司。如果法院决定发出此种指令，则应在指令中明确与变更登记有关的公司名称和公司章程的变化。在公司向登记机关申请变更登记时，应提交法院确认法令的副本以及根据法院法令变更的公司名称通知和公司章程副本。登记机关收到公司的申请以及相应文件后，应当签发公司进行变更登记后登记情况的证明，证明应当载明，该证明是因公司进行变更登记而被签发，并载明签发日期。证明签发后，公司即基于此变更为私人公司，同时，公司名称和

〔1〕 See Companies Act 2006, s.648(4).

〔2〕 See Companies Act 2006, s.649(1).

〔3〕 See Companies Act 2006, s.650.

章程的变更即时生效。

回到公司在申请登记时应提交的文件。除法院确认法令外,还需要提交一份经法院批准的资本陈述的副本。2006 年《英国公司法》第 649 条第 2 款对资本陈述的内容进行了规定,资本陈述的内容必须包括公司资本总额、股份总数、每股股份金额以及在登记之日每股股份上视为已缴付的金额。在上述文件被提交后,登记人员应对公司减资进行登记。以法院确认为依据的公司减资,一般在法院确认法令和资本陈述被登记机关登记之日起方为生效。但如果该项减资构成 2006 年《英国公司法》第 26 部分(安排和重组)中法院认可的和解或安排的一部分时,则减资决议生效的时间有二:一是公司向登记机关提供法院确认法令和资本陈述之时,二是法院指令登记机关登记确认法令和资本陈述之时。[1] 登记完成后,登记人员对上述登记承担证明责任,并须出具登记证明以对被登记的法令和资本陈述必须以法院指定的方式进行公布。登记证明必须载有登记人员的签名或公章,并对下列事实进行证明:公司减资遵守了 2006 年对公司减资的规定,以及公司资本与资本陈述中体现的数额相一致。

四、经法院确认的公司减资制度中的债权人保护规则

与依据偿债能力声明进行减资过程中债权人的保护机制相比,通过法院确认进行减资的方式为债权人的保护制定了一套完整有效的制度,这不仅是因为通过法院确认的减资具有更加悠久的历史,通过实践的探索对债权人保护体系进行完善,更是因为在公司减资这一意定行为中加入了公权力的确认,使外部债权人获得更为有力的保障。

(一)债权人异议权

债权人可以对已向法院申请确认法令的公司减资决议提出异议。2006 年《英国公司法》第 645 条第 2 款和第 4 款对有权债权人可以提出异议的情

---

〔1〕 Companies Act 2006, s. 649(3).

形作出规定。出现下列两种情形时,有权债权人可以对公司减资决议提出异议:一是已经拟定的减资决议涉及股东未缴付资本的责任减轻或者向股东偿付已缴资本的情况;二是法院认为应当开启有权债权人异议程序的情况。[1] 2006 年《英国公司法》第 646 条对有权债权人的资格及债权人异议程序进行了规定。根据第 646 条第 1 款的规定,有权对公司减资提出异议的债权人需要具有以下两种资格,即必须在法院确定的日期享有债权或请求权,同时要能够证明如果公司进行减资,将存在无法偿还到期债务的可能。当债权人满足上述条件后,其有权对公司减资提出异议。基于此,法院应该制作有权提出异议的债权人名单。名单应该由公司提供。[2] 在制作债权人名单时,法院应该在尽可能不要求任何债权人提出申请的情况下,确定债权人的姓名或名称,以及他们债权或请求权的性质或数额。同时可以发布公告指定一个日期或者期间,在该日期或期间内,未被记载于名单的债权人可以申请记载,不符合资格的债权人将被排除于名单之外。

出现在最终确定的债权人名单上的债权人有权对公司的减资决议提出异议,但这不代表该异议一定会对公司的减资决议造成影响。如果公司能够对债权人提出的债权或请求权提供经法院同意的偿付保证,该债权人的异议将不会影响公司减资程序的进行。当公司提供依照法院指令的形式确定的保证金后,即使有权债权人以存在到期债权或请求权为由对公司减资提出异议,法院仍可以驳回该异议并继续对公司减资程序进行确认。

(二)制定债权人名单时失职高管的责任

有权债权人的异议权来自于法院制定的债权人名单。而名单来源于拟减资公司。也就是说,如果公司高管在提供债权人名单时有意或无意漏掉了部分债权人,而这些债权人在法院的公告期内也未注意到公司拟进行减资的公告时,公司即可能越过这些债权人进行减资。经过减资的公司资本可能不

[1] See Companies Act 2006, s. 649(3).

[2] See Len Sealy and Sarah Worthington, *Cases and Materials in Company Law*, Oxford University Press, 2013.

足以偿还上述遗漏债权人的债权或请求权,导致债权人的利益受到损害。

为此,2006年《英国公司法》通过在债权人名单制作环节设立刑事责任的方式对失职高管进行规制。其中,第647条专门为对债权人名单有失职行为的高管设立了罪名。根据规定,如果公司高级管理人员故意或过失隐瞒有权对公司减资提出异议的债权人或对债权人的债权或请求权的性质或数额进行虚假陈述的,或者与上述隐瞒或虚假陈述有牵连的,属于犯罪行为。构成该项犯罪的,将经公诉程序或简易程序进行审判并定罪,被定罪者将被处以罚金。[1] 也就是说,公司高管人员对债权人名单的来源具有如实申报的义务,如果公司高级管理人员在此环节故意或过失地对债权人进行遗漏,或未如实申报债权人的债权或请求权的性质或数额,将承担刑事责任。此项规定在公司申报环节对债权人的权益进行了保障。

(三)减资完成后遗漏债权人的救济规则

除上述两项在"经法院确认的资本减少"板块对债权人进行保护的规定外,2006年《英国公司法》还在新增的"资本减少的效力"板块对经法院确认的公司减资程序的遗漏债权人提供了专门的救济途径。该项救济体现在第653条。根据规定,当有权对公司减资提出异议的债权人未被告知公司向法院申请的减资程序,或者其债权或请求权的性质和效力未被计入债权人名单,且减资完成后,公司资本不足以清偿其债权或请求权的数额时,可以向法院申请判令公司所有股东承担补充赔偿责任。[2] 自公司减资决议登记生效之日起,出现债权人索偿的情形时,所有公司股东对清偿债权或请求权承担补充赔偿责任,每名股东承担的数额不高于如果公司在减资生效之日前已经开始清算时其所要承担清偿责任的数额。[3] 如果公司已经开始清算程序,在债权人提供了其债权或请求权的性质和效力未被计入债权人名单,且减资

〔1〕 See Len Sealy and Sarah Worthington, *Cases and Materials in Company Law*, Oxford University Press, 2013.

〔2〕 Companies Act 2006, s. 653.

〔3〕 Companies Act 2006, s. 653.

完成后,公司资本不足以清偿其债权或请求权的数额的证据,并向法院申请要求公司进行清偿时,法院可以制作偿债人员名单并判令公司股东承担债务清偿责任。

(四)对经法院确认的公司减资制度中债权人保护规则的评价

与依据偿债能力声明进行公司减资的程序相比,经法院确认进行公司减资的程序中对债权人提供保护的措施更为完善,并有形成体系化的趋势。

从时间逻辑上看,经法院确认的公司减资在减资决议作出后的每一个环节都为债权人提供了保护规则。首先,在公司向法院提交减资决议并提供债权人名单前,2006年《英国公司法》通过对公司高管进行刑事责任规制的方式,对公司高管的注意义务进行强调。通过失职入刑的方式倒逼公司高管在制定债权人名单时充分、真实地提供债权人信息以及债权人享有债权和请求权的性质和数额,确保在法院开始审核前债权人的权益即得到申报。其次,在减资决议提交至法院后,法院为债权人设置公示期,供债权人进行补充申报。如果在前一环节中,债权人的名称被隐瞒,或其债权或请求权被虚假陈述,除提供名单来源的公司高管需承担刑事责任外,债权人仍可在公告期间对其享有的债权或请求权进行申报,如认为公司减资将影响其债权或请求权的实现,也可对减资行为提出异议。再次,如果提出的异议未影响公司减资程序的进行,法院也将要求公司对债权人的债权或请求权提供全额或确定数额的担保,这也是对减资环节中的债权人提供了二次保护。最后,即使债权人未出现在有权提出异议的债权人名单上,也未在公示期内提出异议,在公司减资完成后,其仍有机会通过遗漏债权人申请的方式对其债权和请求权进行救济。由上可见,2006年《英国公司法》在减资申请前、减资申请中和减资完成后三个环节对债权人的债权和请求权提供了完整的保护链条。

从责任形式上看,2006年《英国公司法》在经法院确认的公司减资部分从刑事责任和民事责任两方面对违规减资的公司高管和股东进行规制。在刑事责任方面,如果公司高管在债权人名单提供环节有所隐瞒或进行虚假陈述,其将为自己的失职行为承担刑事责任。在民事责任方面,如果公司通过不当手段未将债权人信息申报即进行减资，股东需要对未能清偿的债权或请求权承担补充赔偿责任。与依据偿债能力声明进行公司减资的环节相比，经法院确认进行的公司减资除了对失职高管进行刑事处罚外，还规定了股东对于遗漏债权人的民事赔偿责任。违规减资的公司股东对遗漏债权人承担赔偿责任，从形式上看，体现了英国公司法对于债权人的保护取向，完善了公司对债权人的资金安全保障义务。从实质上看，即使公司已完成减资，债权人的债权或请求权仍然能够得到清偿，获得实质保护。

经法院确认的公司减资制度在每个环节，从不同侧面为债权人提供了充分、灵活的保护，使债权人的权益处于更加安全的环境之中，有利于市场安全和长期的经济发展。

第三节　我国公司减资制度中债权人保护的现状及问题

公司减资并非我国学界的关注热点。但是，自 2013 年《公司法》修正案取消公司法定最低注册资本制并将实缴登记制改为认缴登记制以来，司法实践当中出现了多起利用认缴资本制恶意增资并违规减资导致债权人到期债务不能得到清偿的案例。自此，部分学者开始对我国立法当中公司减资部分的缺失进行讨论。我国当前在公司减资部分的立法并不完善，致使司法实践中法院判决无法可依，只能类推适用其他相关法律及司法解释的情况时有发生。分析我国立法和司法实践的现状，找出其中的问题所在，是成功预防公司通过违规减资对债权人权益造成侵害，并为债权人提供有效保护措施的关键。

一、我国公司减资制度的立法现状及存在的问题

（一）我国公司减资制度的立法现状

当前，我国公司法的法律渊源主要有《公司法》以及五部公司法解释。

经查阅，其中涉及公司减资的法律规定共有11条，分别出现在《公司法》、《最高人民法院关于适用〈中华人民共和国公司法〉若干问题的规定（二）》（以下简称《公司法解释（二）》）和《最高人民法院关于适用〈中华人民共和国公司法〉若干问题的规定（三）》（以下简称《公司法解释（三）》）当中。其中，《公司法》中的条款为第37条、第43条、第46条、第66条、第103条、第142条、第177条、第179条以及第204条，《公司法解释（二）》中的条款为第5条，《公司法解释（三）》中的条款为第17条。笔者从法条规定的内容出发，对相关法条进行了梳理，如表1所示：

表1　我国公司法及其司法解释中有关公司减资的规定

法律条文名称	所属章节	法律条文主题	涉及公司减资的内容性质	具体内容
《公司法》第37条	第二章 有限责任公司的设立和组织机构	股东会职权	有权作出减资决议的主体	股东会
《公司法》第43条		股东会的议事方式和表决程序	减资决议的程序要件	须经代表三分之二以上表决权的股东通过决议
《公司法》第46条		董事会职权	有权制定公司减资方案的主体	董事会
《公司法》第66条		国有独资公司股东权的行使	国有独资公司中有权作出减资决议的主体	国有资产监督管理机构
《公司法》第103条	第四章 股份有限公司的设立和组织机构	股东表决权	与第43条相同，也规定了减资决议的程序要件	须经代表三分之二以上表决权的股东通过决议，但是侧重强调减资决议区别于普通决议的仅需过半数的表决权

续表

法律条文名称	所属章节	法律条文主题	涉及公司减资的内容性质	具体内容
《公司法》第 142 条	第五章 股份有限公司的股份发行和转让	本公司股份的收购	公司减资的实现方式之一	公司收购本公司股份
《公司法》第 177 条	第九章 公司合并、分立、增资、减资	公司减资	公司减资需要提交的文件	资产负债表及财产清单
		公司减资	减资必经程序	公司应当自作出减资决议之日起十日内通知债权人,并于三十日内在报纸上公告
		公司减资	债权人的求偿权	债权人自接到通知书之日起三十日内,未接到通知书的自公告之日起四十五日内,有权要求公司清偿债务或者提供相应的担保
《公司法》第 179 条		公司变更的登记	公司减资的生效要件	依法向公司登记机关办理变更登记
《公司法》第 204 条	第十二章 法律责任	公司合并、分立、减少注册资本或者进行清算的违法责任	减资未通知债权人时公司需承担的行政责任	由公司登记机关责令改正,对公司处以一万元以上十万元以下的罚款
《公司法解释(二)》第 5 条	人民法院审理解散公司诉讼案件的指导意见		以减资方式使公司存续	解散公司诉讼案件中,当事人协商同意由公司或者股东收购股份,或者以减资等方式使公司存续,且不违反法律、行政法规强制性规定的,人民法院应予支持

续表

法律条文名称	所属章节	法律条文主题	涉及公司减资的内容性质	具体内容
《公司法解释(三)》第17条	有限责任公司的股东未履行出资义务或者抽逃全部出资的处理方式		以减资登记方式对未缴出资进行处理	股东未履行出资义务或者抽逃全部出资,经催告未缴纳或者未返还被解除股东资格的,请求确认该解除行为无效的,法院不予支持

(二)我国公司减资制度立法存在的问题

1.关于公司减资制度的立法不成体系、逻辑混乱

经过对我国有关公司减资的立法总结可以发现,在立法数量上,我国公司相关法律中与公司减资有关的条款总数与2006年《英国公司法》基本相当。但是,2006年《英国公司法》中关于公司减资的部分单独成章,并且从公司减资前、减资过程中、减资完成后的实体和程序要件以及各方须承担的责任等方面进行了完整的规定。我国公司法并未对公司减资进行体系化规定,上述有关公司减资的条款中,仅有《公司法》第177条[1]是专门针对公司减资进行规定的条款,其他条款均为对公司其他事项进行规定的法律规范,公司减资仅作为关联项出现在其中。正是由于没有专门化、体系化的立法规定,上述条款对公司减资在不同方面的规范十分混乱。有的涉及公司减资决议的制定主体,有的涉及实现减资的方式,有的是在相关案件中建议以减资的方式进行处理。在以公司减资作为主体进行考察时,研究者难免发觉逻辑不清,难以观其全貌。例如公司减资的实现方式,仅在《公司法》第142条有所提及,而该条是对公司可以回购股份的条件作出限制,通过反推的方法推

〔1〕《公司法》第177条规定:"公司需要减少注册资本时,必须编制资产负债表及财产清单。公司应当自作出减少注册资本决议之日起十日内通知债权人,并于三十日内在报纸上公告。债权人自接到通知书之日起三十日内,未接到通知书的自公告之日起四十五日内,有权要求公司清偿债务或者提供相应的担保。"

断出股份回购可以作为减资的方式之一。我国《公司法》中关于公司减资的内容体系化弱、逻辑性差，是债权人利益在公司违规减资时难以得到保护的重要原因。

2. 对公司减资实体条件审查力度小、程序规范不严

综观我国公司法中对于公司减资的规定可以发现，我国公司减资不受公司性质影响，有限责任公司和股份有限公司进行减资时的必要文件和必经程序相同。细观上述法律条文可以发现，有关规定存在诸多漏洞。首先，在实体条件上，公司减资后是否还有清偿全部债务的能力？在2006年《英国公司法》中，规定了两种方式让公司证明其偿债能力。我国《公司法》中并未要求公司对其偿债能力进行声明，也未要求公司提供相应的债权人名单，而仅规定公司应通知债权人并进行公告。接到通知的债权人，或未接到通知但是仍处于公告期内的债权人可以要求公司提供担保。公司是否通知债权人仅靠自我监督，没有对失职人员进行法律规制，难以避免部分公司跳过通知债权人的环节。其次，我国《公司法》第177条要求公司减资须编制资产负债表及财产清单，但并未规定在编制资产负债表及财产清单时，如果相关人员对相关数据进行隐瞒或虚假陈述将承担何种责任，部分公司有对真实资产状况进行隐瞒而进行违规减资的可能。最后，我国《公司法》第179条仅规定公司进行减资后应进行变更登记，这与2006年《英国公司法》的规定刚好相反。英国公司减资的决议需经登记方能生效，而我国法律并未规定公司减资决议经登记生效。那么当减资决议被公司股东会作出并对公司章程进行修改后，公司减资是否生效？未经登记的减资决议和减资事实是否能够对抗外部债权人？这些问题均未在我国立法当中得到明确，至少从目前的立法看来，公司减资决议的生效缺少国家机关的监督。

3. 对违规减资处罚力度小、未规定违法人员责任

根据上文可以看出，当前我国公司减资存在内部程序为主，外部程序为辅的特点。法律规定的外部程序仅有通知债权人并公告，但对于公司未通知债权人或未进行公告的情形，仅在行政责任层面进行处罚，处罚的主体也仅

限于公司,处罚的形式为1万元以上10万元以下的罚款。上述规定存在以下问题:第一,公司减资决议由股东会作出,董事会制定具体方案并实施,仅对公司进行处罚难以对违规减资的股东和公司高管起到威慑作用,因对公司的处罚形式仅体现为财产处罚,股东及董事会难以感受到相关责任,仍有作出违规减资行为的可能。第二,对公司的罚款数额为1万元以上10万元以下的半确定数额,而未采用依据减资数额或遗漏债权数额的部分比例设置罚款,导致罚款金额较少,公司违规减资得到的利益较大,公司需承担的责任难以与违规减资得到的利益抗衡,易引发公司持投机心理进行违规减资的行为。

4. 对债权人的保护规则缺失

细数我国公司减资的相关立法规定,对债权人进行保护的规则仅有《公司法》第177条规定的债权人求偿权以及第204条规定的公司未通知债权人的行政责任。上文已对公司的行政责任进行分析,从整体上来看,该项行政责任主体规定单一,处罚金额较少,难以对违规减资行为进行遏制。此外,《公司法》第177条规定的求偿权为法定期间,即债权人自接到公司通知之日起30日内或未接到公司通知的,自公告之日起45日内,求偿期间设置较短且不灵活。因公司隐瞒债权人进行减资的风险较大,且债权人有在短时间内未能注意到公司减资公告的可能,仅在公司作出决议后这一时间点为债权人设置求偿权,难以从根本上保护债权人的合法权益。如债权人错失这一时点的求偿权,则后续只能通过诉讼方式对债权进行请求。然而我国相关立法中并未规定违规减资公司高管和股东应对债权人承担的责任,也未规定遗漏债权人应有的救济途径。因此,在实践当中,违规减资的遗漏债权人难以得到专门的有效保护。

二、我国公司减资制度的司法实践及存在的问题

(一)司法实践中有关公司减资纠纷的裁判分析

上文对我国目前公司减资的立法现状进行了总结和分析,根据分析结果

可以发现,我国当前的相关立法中并未对公司违规减资后应承担的民事或刑事责任进行规定,也未对因公司违规减资而受到侵害的债权人的救济途径进行规定。因此,笔者通过对相关案例的检索,试图探寻我国当前司法实践当中对此类问题的裁判依据。

经过在“中国裁判文书网”和“北大法宝”等网站以“公司减资”和“债权人”为关键词进行检索,笔者发现检索结果显示的案例中,争议焦点主要集中在公司违规减资是否有效以及减资后股东是否对债权人未清偿债权承担赔偿责任。为了更直观地看出当前司法实践中公司减资案件存在的问题,笔者列举三件典型案例作为参考:

案例一:北京忠国富强股权投资基金管理有限公司(以下简称北京忠国公司)等与深圳市美磁科技有限公司(以下简称深圳美磁公司)股东损害公司债权人利益责任纠纷案。原审原告深圳美磁公司为原审第三人上海摩登电子科技有限公司(以下简称上海摩登公司)的债权人并经过诉讼已进入执行程序,执行过程中经法院查实上海摩登公司无可执行财产而暂缓执行,后发现上海摩登公司在债权进入执行阶段后减资并已变更工商登记。深圳美磁公司认为上海摩登公司在明知债权人存在的情况下对工商登记部门作出对外债务为0元的虚假陈述而违规减资,故起诉上海摩登公司股东北京忠国公司、仝某某等人,要求其承担补充赔偿责任。一审法院认为上海摩登公司的违法减资行为降低了公司的偿债能力,使深圳美磁公司的债权无法得到清偿,损害其合法权益,依照《公司法》第177条、《民事诉讼法》第144条之规定,判决被告人上海摩登公司股东北京忠国公司、仝某某等人在各自减资范围内对深圳美磁公司的债权连带承担补充赔偿责任。原审被告仝某某提起上诉,二审法院驳回上诉,维持原判。[1]

案例二:中储国际控股集团有限公司(以下简称中储国际控股公司)、山

[1] 《北京忠国富强股权投资基金管理有限公司等与深圳市美磁科技有限公司股东损害公司债权人利益责任纠纷二审案件二审民事判决书》,载中国裁判文书网,http://wenshu.court.gov.cn/website/wenshu/181107ANFZ0BXSK4/index.html?docId=1a9c1cce654b4d0aa62fab0200bf7b02。

西煤炭运销集团曲阳煤炭物流有限公司(以下简称曲阳煤炭物流公司)公司减资纠纷案。原审原告曲阳煤炭物流公司是案外人中储国投实业公司的债权人,并于中储国投实业公司股东会作出减资决议前已向法院起诉主张债权。中储国投实业公司在明知有未清偿债务的情况下,既未通知曲阳煤炭物流公司,也未对欠付债务进行清偿或提供担保,也没有在减资时编制资产负债表和财产清单,即决议进行减资,致使不能清偿债务,故曲阳煤炭物流公司起诉中储国投实业公司的减资股东中储国际控股公司,要求其承担补充赔偿责任。一审法院认为,上海昊阁公司(中储国投实业公司在作出减资决议后通过新的公司章程,变更公司名称为上海昊阁公司并于次日进行了工商变更登记)未按法定程序通知已知债权人、未对其债务进行清偿或者提供担保的情况下就进行了减资,减少了公司的责任财产,严重影响了公司的偿债能力,使公司无力清偿减资前产生的巨额债务,所产生的后果与股东未履行或未全面履行出资义务及抽逃出资产生的法律后果并无不同。依照《公司法解释(三)》第13条第2款、第14条第2款的规定,中储国际控股公司应在减资范围内对上海昊阁公司不能清偿的债务承担补充赔偿责任。中储国际控股公司提起上诉,二审法院驳回上诉,维持原判。[1]

案例三:昆山吉山千叶模塑工业有限公司(以下简称吉山公司)与沈某某、张某某等公司减资纠纷案。案外人宁波京谷光通信设备有限公司(以下简称京谷光公司)为案外人日谷公司对原告吉山公司的债务担保人,日谷公司到期未能清偿债务,吉山公司将日谷公司与京谷光公司起诉至某法院,某法院判决日谷公司应支付债务,京谷光公司对日谷公司的债务承担连带责任。案件进入执行阶段。原告认为,案外人京谷光公司在与原告签订付款计划书后未通知原告便进行减资并变更工商登记,影响了原告作为债权人的利益,故起诉被告京谷光公司股东沈某某、张某某等人,要求其承担赔偿责任。

---

〔1〕《中储国际控股集团有限公司、山西煤炭运销集团曲阳煤炭物流有限公司公司减资纠纷二审民事判决书》,载中国裁判文书网,http://wenshu.court.gov.cn/website/wenshu/181107ANFZ0BXSK4/index.html? docId=711552c8d666475881e1aa0101149c52。

法院认为,京谷光公司对已知债权人未进行直接、合理、有效的通知,而仅在报纸上进行减资公告,其通知程序存在瑕疵,使原告未能及时行使相应权利,故京谷光公司减资不产生对抗原告的效力。依照《公司法》第28条第1款、第177条第2款,《民事诉讼法》第144条之规定判决被告沈某某、张某某等人在瑕疵出资范围内对京谷光公司的债务承担赔偿责任。[1]

根据上述案例可以发现,当前我国有关公司减资的案件争议焦点集中在未通知债权人的减资是否有效以及减资成功后股东是否需要对未清偿债务承担责任两方面。而对于样本案件的裁判依据,在公司做法方面,适用了《公司法》第177条的规定,认定公司未通知债权人的行为违法。对于公司应如何承担责任方面,由于没有可以直接适用的规定,绝大部分法官采用了类推适用诸如抽逃出资、瑕疵出资以及出资不实的法律规定进行裁判。但从结果来看,遗漏债权人胜诉比例较大,提起诉讼的债权人获得股东赔偿的概率较高。

(二)司法实践中对公司减资纠纷的裁判存在的问题

1.无直接法律依据,类推适用其他规定

从上述三件典型案例可以看出,案件起因均为被告公司未通知债权人即进行减资,致使债权人的债权不能得到清偿。在争议焦点方面,法官多未选择公司减资是否有效这一措辞,而是选择减资后的股东是否应该对公司的债务未能清偿部分承担责任。在裁判依据方面,案例一选择了直接适用《公司法》第177条的规定,然而第177条只是说明公司减资的必要程序,法院可以据此判定公司减资违法,但本条并未规定股东是否应为公司债务承担责任,也就是说,该案的判决是法官依据法理作出的,并未有直接法律依据。案例二选择了《公司法解释(三)》第13条关于股东瑕疵出资的规定和第14条关于股东抽逃出资的规定,认为公司在未通知债权人的情况下进行减资与瑕疵

〔1〕《昆山吉山千叶模塑工业有限公司与沈逸宗、张永学等公司减资纠纷一审民事判决书》,载中国裁判文书网,http://wenshu.court.gov.cn/website/wenshu/181107ANFZ0BXSK4/index.html?docId=22f11f8bd7ff49c8b3b0fbbbfd17e117。

出资和抽逃出资并无不同,因此类推上述两法条进行适用。案例三选择了适用《公司法》第28条和第177条的规定,试图论证公司未经法定程序减资的行为应视为未足额缴纳出资。可以看出,在没有直接关于公司违规减资后债权人的债权由谁承担清偿责任的规定时,部分法官选择间接法律依据加法理并行,而其他法官选择了类推适用有关瑕疵出资、抽逃出资中股东赔偿责任的规定。

在上述三件案例中,案情与争议焦点基本相同,判决股东承担的责任相同,法律依据却大相径庭,形成了实质上的同案不同判。同案不同判现象的存在会导致后续同类案件的裁判法官无法根据之前的典型案例进行合理裁判,过多利用自由裁量权。对于债权人而言,由于案件裁判依据不同,其他未进行起诉的遗漏债权人也无法预估自己的案件将会依据何种案由和法律规定进行裁判,债权人在诉讼材料准备和举证方面存在困难。

2. 未释明减资效力

本部分检索案例的关键词为"公司减资"和"债权人"。纵观检索结果,多数债权人只以股东作为被告,要求其承担补充赔偿责任,仅有少数债权人要求确认公司减资无效。然而我国《公司法》中并未明确规定公司减资究竟何时生效。但有学者认为,从我国2013年对公司法中的资本制度进行的一系列改革来看,公司注册资本由法定事项变为"章定事项",同时随着我国下放权力的改革模式看来,我国公司减资应是从公司作出减资决议之日起生效,通知债权人仅为对抗要件而非生效要件,[1]正因如此,在相关案件中,法官均未对公司未通知债权人减资是否生效进行裁判。而从逻辑和法理的角度来看,《公司法》中应对公司减资何时生效,通知债权人是否为生效要件进行明确规定。如果公司减资未经通知债权人即可生效,那么在公司法未对债权人救济进行具体规定时,股东就无须对债权人承担赔偿责任。如果公司减资须债权人同意方能生效,又与我国公司法改革趋势相悖。因此,公司减资

---

〔1〕 丁辉:《认缴登记制下公司减资制度研究》,载《河北法学》2017年第6期。

决议的生效时间是我国公司法必须明确的问题，只有将该点明确，后续对债权人保护规则的制定才能顺利开展。

3. 责任承担主体单一

根据我国《公司法》规定，公司减资决议由董事会制定方案，编制资产负债表及财产清单，经由股东会对减资方案进行表决，通知并公告债权人，处理债务后进行变更登记。由上述步骤可以看出，虽然公司减资决议由股东作出，但是经股东会2/3以上表决权作出的决议，属于公司行为。公司具有独立的法人人格，应对其作出的行为以公司财产承担法律责任。同时，制定公司减资方案以及后续通知债权人的步骤均由公司高管作出，公司减资决议作出后，高管以及相关责任人员是否依法通知债权人并处理债务不属于股东必须知悉的范围，如果公司高管以及相关责任人员未通知债权人或者未进行资产负债表和财产清单的编制，应属于其失职行为。也就是说，公司作出减资决议是公司行为，通知债权人及制定相关文件是公司高管及相关责任人员的职责，股东从法理上来看无须为上述两项行为造成的违法后果承担法律责任。然而，当前我国对于债权人请求股东对公司减资后不能清偿的债务承担补充赔偿责任均持支持态度，同时未规定公司、公司高管以及相关责任人员应承担何种民事责任或刑事责任，此种责任分配是否合理值得深思。

第四节 英国公司减资制度中的债权人保护规则对我国的启示

经过近200年的发展，英国公司法已经成为一项自成体系、运行良好的独特法律制度。而2006年《英国公司法》更是将之前仅有100余条的1985年《英国公司法》发展至1300余条，并对章节进行了扩充，对制度进行了完善。纵观英国公司减资制度中的债权人保护规则，当前英国公司法能够做到交易安全优先，债权人保护得当的情况下对股东利益进行平衡，基本上形成了一套制度完整又高效便捷的减资体系。

我国在公司减资这一环节仍存在法律漏洞和制度空白,亟须有关部门进行完善。不少学者提出了自己的制度建议,但多是从德国法角度或美国法角度出发,从英国法角度进行建议的研究较少。通过对英国公司减资制度的研究,笔者结合我国的整体法律框架,以我国立法和司法实际为落脚点,试图从英国公司减资制度的角度为我国公司减资制度的完善提供参考。

一、我国公司减资制度的完善路径

(一)我国公司减资制度完善的总体思想

对一项法律制度进行完善一般存在两种路径:一是重新构建一个新的法律制度,二是在原有制度的基础上进行细化和完善。综观我国现行《公司法》全文可以发现,其中分类较为粗糙,没有对某一问题进行专门的细致化规定的模式。同时,根据前文提到的抽逃出资和瑕疵减资的规定可以发现,近年来,我国对于类似制度的完善都是选择了出台司法解释的方式予以补充,而非对公司法进行整体修订。也有学者认为,我国目前的公司减资制度并非一项单独制度,而是与其他制度构成了一个完整的体系,不宜单独进行制度变革。[1] 因此,我国公司减资制度在短期内并不具有拆解重构的条件,应该在现有制度基础上进行查漏补缺,在当前公司法体系下合理地新增或微调原有规定,以优化公司减资中债权人的保护措施。

借鉴国外经验对我国的相关制度进行完善,本质上是一种淡化的法律移植。而在进行法律移植的过程中,处理好外国法律与“本土资源”的关系十分重要。[2] 因此,在对英国公司减资制度进行研究后,要结合我国的社会经济现状、现行法律体系和司法实践状况,提出在我国当前环境下真正具有必要性和可行性的制度建议。

---

〔1〕 参见刘玉妹:《认缴资本制视野下公司减资制度的构建》,载《法律适用》2016年第7期。

〔2〕 参见何勤华:《法的移植与法的本土化》,载《中国法学》2002年第3期。

（二）我国公司减资制度完善的具体思路

英国公司减资制度是英国公司法整体中的一部分，其各项规则诞生自英国特定的文化背景，蕴含着其独特的制度设计，不能够将某一具体规则与整体制度割裂开来，其制度的良好运行是整个法律体系化构建的结果。因此，在探寻英国公司减资制度对我国公司减资制度的启示时，不能直接将某一制度或规则直接移植，而是应该用整体的眼光进行审视，抽象出其中可以参考的一般原理，在我国现有制度的基础上进行重建。

2006年《英国公司法》中设立两种不同公司减资制度的原因在于，法院确认制度虽然能够保护债权人的利益，但程序过于繁冗，且不适应市场经济的发展。英国在保留法院确认制度传统的同时为适应变化而新增为私人公司设置的偿债能力声明制度。因此，偿债能力声明制度是为了平衡法院确认制度而补充设置的，其出现有特定的制度和时代背景，其设置也有独特的配套系统。法院确认环节耗费人力、财力，这一点早已被英国学者和相关从业人员指出并得以补正，但英国公司减资制度还是发挥着良好的功效，可以发现，使得英国公司减资制度发挥出对债权人保护作用的并非法院确认本身，而是这一制度中蕴含的各项规则。

经过对英国公司减资制度中债权人保护规则的提炼和优势分析，可以发现偿债能力声明制度中对债权人的保护规则主要体现在公司高管的刑事责任方面，法院确认制度中对债权人的保护规则主要体现在债权人异议权、失职高管的刑事责任以及遗漏债权人救济规则三个方面，同时，法院确认制度下的信息公示规则也是对债权人保护的重要组成部分。因此，结合本部分第三章中剖析的我国当前公司法的立法规定和司法实践，并将英国公司减资制度中的债权人保护规则进行提炼，笔者认为我国具体可从强化信息公示制度、对违规减资公司的失职高管进行规制以及增设违规减资时遗漏债权人救济规则三个方面对公司减资制度进行完善。

二、强化信息公示制度

(一)强化信息公示制度的必要性与可行性

2013年《公司法》修正案取消了实缴资本的规定,设立了认缴登记制,并将公司实缴资本数额和实缴期限由法定事项改为公司章程规定事项,这就导致了公司认缴资本和实收资本的公示存在时间差。[1] 同时,从法理上来看,新《公司法》修订后,公司减资决议自公司章程修改之日起生效。这就导致公司可能虚增资本,并在虚增资本后以虚高资本作为信用在市场中从事交易行为,在交易行为发生后,跳过通知债权人环节进行减资变更登记,利用空白时间差对债权人利益进行侵害。

2006年《英国公司法》中对经法院确认减资的公司在公示方面有所规定,要求公司在将材料提交至法院后,必须在法令规定的期限内在公司名称中加入"并且减资"的字样。如果确认法令被颁布,在法令指定的期间结束前,上述字样会一直被视为公司名称的一部分。我国《公司法》第177条规定公司作出减资决议后需通知债权人并在报纸上进行公告。但随着信息时代的到来,报纸已经不是受众最广的传播媒介,债权人可能较少阅读报纸从而遗漏了公司减资的公告。我国《公司登记管理条例》第56条和第58条对公司应进行公示的内容和平台进行了规定,法定公示的内容为公司登记、备案信息以及公司年报,法定平台为国家企业信用信息公示系统,由此看来,我国现行制度中存在公司在互联网平台进行信息公示的基础。因此,立法机关可以在《公司法》第177条中增加"国家企业信用信息公示系统"作为企业减资决议作出后的公示平台。

(二)公司减资公示制度的具体规则

笔者注意到,我国《市场主体登记管理条例实施细则》中并没有对企业应在国家企业信用信息公示系统中公示的内容进行专门规范。在网络信息

〔1〕 参见罗培新:《论资本制度变革背景下股东出资法律制度之完善》,载《法学评论》2016年第4期。

媒介日益发展的今天，加强对企业在法定网络平台上公示的规定有助于交易安全和经济发展。因此，立法机关可以在《公司登记管理条例实施细则》增加一章“企业信用信息公示”对企业应进行公示的内容、时间、平台等问题进行细化规定，其中对于公司减资可规定如下：

一是在公司作出减资决议后，必须在包括国家企业信用信息公示系统在内的企业信息公示系统的页面上进行不少于45日的信息公示，公示的内容包括减资决议、为公司减资而编制的资产负债表和财产清单。

二是在公司将材料提交至工商登记机关审核的期间规定不少于45日，在45日的审核期内，于国家企业信用信息公示系统及其他企业信息公示系统的页面中，在公司名称后加上“减资审核期”标识。

在债权人公示期和工商登记期间对公司状态进行标示，能够有效地提醒减资前已享有完整债权的债权人注意权利申报，同时能够有效提醒减资审核期内新增的意向债权人注意关注该公司偿付能力的变化，谨慎开展交易，从事前对债权人利益作出预防性保护。

三、规定违规减资公司失职高管的法律责任

（一）对失职高管进行规制的必要性与可行性

从我国《公司法》相关规定来看，制定公司减资方案、编制资产负债表和财产清单及通知债权人和公告均为公司高管及相关负责人的职责，而司法实践中有关债权人对公司减资提出的异议均源自公司未对债权人进行通知即对工商登记机关隐瞒真实债权债务情况并进行减资登记。公司股东对制定的减资决议有形式审核义务，但如果公司高管在制作的减资方案中即有失职行为，如对现有部分债务进行隐瞒，或在通知债权人环节故意或因过失未直接通知到债权人，由此产生的公司减资后瑕疵行为，仅由公司股东承担赔偿责任并不合适。

2006年《英国公司法》在依据偿债能力声明进行减资的环节中，对未按照公司实际偿债能力提供债能力声明的公司董事规定了刑事责任。在经过

法院确认的公司减资环节中,对提供债权人名单时故意或过失隐瞒债权人名称或对债权性质和数额进行虚假陈述的公司高管也进行了刑事责任的规制。虽然我国公司减资的环节与英国不尽相同,但可以看出,在英国公司法中,由于上述两个公司外部程序均由公司高管作出,由公司高管承担刑事责任更符合行为与责任主体相统一的原则,也能够充分对有权作出影响债权人利益行为的主体进行制约。因此,我国公司法中也可加入对于公司高管及相关责任人员在减资行为中对失职责任承担的规定。

(二)失职高管法律责任的具体规则

我国《刑法》第158条和第159条规定了与公司资本有关的罪名。但在公司法认缴制改革后,为避免虚假出资罪、虚报注册资本罪与抽逃出资罪(以下简称"两虚一逃")的滥用,全国人大常委会出台了对"两虚一逃"的司法解释,意味着"两虚一逃"的罪名依然保留,但仅适用于实行实缴登记制的公司,不适用于实行认缴登记制的公司。[1] 同时,也有学者认为我国关于公司资本犯罪的规定存在犯罪主体设定错位,罪名设置不科学、不合理等问题。[2] 同时,经笔者在中国裁判文书网的查阅,近年来,我国对于"两虚一逃"的罪名适用大多在非法集资案件中,由此看来,我国对于在公司资本方面的违规行为适用刑法并不积极,对违规减资的失职高管提出刑事责任不符合现行法的体系性,也没有充分的法理支持。结合我国的立法和司法实践,可以在我国《公司法》第六章公司董事、监事、高级管理人员的资格和义务中比照现有公司高管的任职资格禁止和责任,增加对公司减资中失职高管的规定。如在公司减资时制作减资方案、编制资产负债表以及通知债权人环节具有失职行为的高管,在遗漏债权人对债权追偿之日起3年内,不得担任公司的董事、监事、高级管理人员,同时可以在《公司法》第十二章中增设单独条款对失职高管处以一定数额的罚款,并在相关平台对其失职行为进行公示,

---

〔1〕 参见刘俊海:《关于工商登记制度改革的认识误区及辨析》,载《法律适用》2014年第11期。

〔2〕 王彦明:《公司资本犯罪刑法规制的有限性及其抗制——兼论刑法与公司法关系之协调》,载《吉林大学学报(社会科学版)》2003年第6期。

以此形成威慑，同时为股东依据《公司法》第 149 ~ 152 条对失职高管追究责任提供法律依据。

四、增设遗漏债权人的救济规则

（一）设立遗漏债权人救济规则的必要性与可行性

无论是强化信息公示制度还是对违规减资公司的失职高管进行规制，都是在事前对债权人的权益进行预防性保护。而公司减资决议作出并完成工商变更登记后，债权人的权益真正受到侵害时将如何进行保护，才是需要解决的实质性问题。同时，由于强化信息公示制度和对违规减资公司的失职高管进行规制对债权人来说都是间接性的救济措施，想要寻求对债权人保护的底线，还需增设直接救济规则。当前我国的相关案例中存在着没有直接法律条款作为依据，法官对不同条款进行间接适用或类推适用的方式进行断案，造成同案不同判的现象，使债权人的权益处于或然状态。因此，我国亟须设立专门对违规减资公司的债权人进行救济的规则。

2006 年《英国公司法》中对在通知债权人的环节被遗漏的债权人规定了具体的救济措施，即对于被遗漏债权人的债权，股东应对公司不能清偿的部分承担补充赔偿责任。根据本部分第三节的研究可以发现，我国《公司法》及相关司法解释中没有对于违规减资公司的债权人救济进行直接规定的法律条款，在司法实践中遇到相关案件时，法官会选择其他法条进行类推适用，但判决结果大都为违规减资的股东需要对遗漏债权人的债权承担赔偿责任。由此看来，2006 年《英国公司法》中的相关规定与我国当前司法实践中的处理方式具有一致性，说明我国公司法在保护债权人方面的价值取向与英国法的该项规定相类似。从法理和现存制度上看，对遗漏债权人提出股东的补充赔偿责任在我国存在可行性。

（二）遗漏债权人救济制度的具体规则

从制度化的角度来看，应在我国《公司法》中增设股东对于违规减资公司不能清偿部分的债务承担补充赔偿责任的规定，让法官在相关案件中有可以直接适用的法律依据,也和事前对债权人权益进行预防性保护的两条措施相结合,构成对债权人进行事前事后整体性保护的制度体系。但从我国的立法和司法实践来看,近年来,公司法对于非根本性的制度问题都采用司法解释的方式进行规制,同时,法官在审理与债权人有关的公司违规减资案件时,较多选择类推适用股东瑕疵出资或抽逃出资的规定,而上述规定也是以司法解释的形式出现。由此看来,专门在《公司法》中设立公司减资的规范制度并非最有可能的实现方式,在《公司法解释》中增加公司违规减资时股东对债权人具有赔偿责任的条款更为可能。因此,参照《公司法解释(三)》中关于股东瑕疵出资的规则模式,可在下一部公司法解释中增加一条:"公司未通知债权人、提交虚假资产负债表和财产清单或有其他违反《公司法》规定行为而进行减资的,公司债权人请求股东在违规减资金额本息范围内对公司债务不能清偿的部分承担补充赔偿责任的,人民法院应予支持。"以此作为违规减资遗漏债权人救济的具体规则。

第五节 结　论

英国公司法具有长久的历史,其树立的现代公司法治制度更是成为许多国家公司立法的模板。经过200多年的完善,现行2006年《英国公司法》在公司减资方面已经建立了一套完整的制度体系,其为不同性质的公司提供可供选择的减资途径,兼顾各方利益,体现了安全、公平、高效的价值取向。笔者以债权人保护的角度出发,对英国公司减资制度进行分析,发现其通过设置债权人同意的必经环节、对失职人员的责任规制以及遗漏债权人的救济制度,做到了对债权人的全方位利益保护。

当前我国公司减资在立法方面存在着规定不成体系、实体和程序条件审核不严、对违规减资处罚力度小以及对债权人保护规则缺失等问题,在司法实践中存在无直接法律依据、同案不同判、减资效力不明和责任承担主体单一等现象。经过比较研究可以发现,英国公司法中的相关规定对于我国公司减资的立法和司法现状的改善具有较大的参考作用。

但经验不能盲目适用,简单的拿来主义可能不仅不会改变现状,还会造成新的问题。因此,法律制度的完善需要从我国的实际出发,结合我国现有制度土壤,选择比较具有实用性的制度规则,结合我国的现实特点进行改良。据此,笔者通过对我国公司减资中债权人保护存在的问题进行分析,结合我国立法和司法实际,认为我国可以从完善公示制度、设置失职高管责任和增设遗漏债权人救济规则三个方面对债权人保护体系进行构建,以对债权人提供最为高效的保护。

第三章　德国反垄断民事损害赔偿诉讼制度研究

在我国《反垄断法》出台以前,大量学者集中讨论研究的问题停留在反垄断立法层面,对于《反垄断法》的实施包括反垄断民事损害赔偿诉讼制度的研究较少。反垄断民事损害赔偿与一般民法中的损害赔偿之间究竟是何种关系,当事人应当依据《反垄断法》还是民法的相关规定主张垄断行为造成的损害赔偿,在我国立法与司法实践中一直不甚明晰。2008 年我国《反垄断法》出台之后,学者对反垄断民事损害赔偿诉讼制度的关注开始增多。但是由于《反垄断法》的实施效果并不理想,最高人民法院在 2012 年颁布并于 2020 年修正了《关于审理因垄断行为引发的民事纠纷案件应用法律若干问题的规定》(以下简称《垄断司法解释》),确定了我国反垄断民事损害赔偿诉讼的基本制度,部分国内学者开始思考如何构建符合我国国情的反垄断民事损害赔偿诉讼制度。2020 年 1 月 2 日,国家市场监管总局发布了《〈反垄断法〉修订草案(公开征求意见稿)》(以下简称征求意见稿),意味着我国《反垄断法》出台 12 年来的首次大修在立法程序上迎来了关键节点,其中引入了对互联网领域垄断行为的规制条款等,符合当下经济特点,契合现实执法需求,可谓意义重大。然而综观征求意见稿,并未涉及反垄断民事损害赔偿诉讼制度的相关规定,行政执法和司法审查之间的衔接问题等仍是反垄断法实施的一个制度缺口。如何解决制度难题,往往需要通过考察域外国家和地区的经验,以便总结与借鉴。而与其他法域相比,我国反垄断法律体系和欧盟竞争法较为接近。我国已有不少学者对欧盟反垄断民事损害赔偿诉讼制度进行了诸多的考察与研究,其中也不乏对德国反垄断民事损害赔偿诉讼制度个别规则的探析，但是具体关于德国反垄断民事损害赔偿诉讼制度的系统研究属凤毛麟角，尤其是对最新的《德国反对限制竞争法》第九修正案仍有待进一步深入研究。因此，本部分接下来将以德国反垄断民事损害赔偿诉讼制度作为研究对象，以期为我国相关制度建设提供积极的借鉴。

第一节　德国反垄断民事损害赔偿诉讼制度法理基础

一、反垄断民事损害赔偿诉讼制度的特殊属性

（一）反垄断民事损害赔偿诉讼之目的特殊性

反垄断法上承担民事责任的方式主要有两种，一是停止侵害，二是损害赔偿。其中民事损害赔偿涉及的问题较典型，也更复杂。由于反垄断法属于经济法，因此反垄断民事损害赔偿实质上是经济法上的民事责任，从而必然与传统民法中的侵权损害赔偿存在差异。反垄断法保护的利益是公共利益，从而决定了其实施制度的反垄断民事损害赔偿诉讼的目标主要在于维护竞争秩序。[1] 不同的目标对反垄断民事损害赔偿诉讼的制度设计有不同的要求，因此，有必要厘清反垄断法中民事损害赔偿诉讼的目标设定。[2]

传统民事诉讼重在保护民事主体的私人利益，虽然目的也包含对整个私权利益的维护，但仅仅是达到维护私法秩序的整体效果，对于维护社会公共利益关系并不大。[3] 相对而言，由于反垄断法保护的主要是公益，所以反垄断民事损害赔偿诉讼具有目的的双重性，即不仅要对民事主体的私人利益进行救济与保护，同时还需要关注消费者利益以及社会公共利益，其最主要的价值目标是维护市场的公平竞争机制。

《德国民法典》第 249 条规定：“损害赔偿，应当恢复损害事故未发生下

〔1〕 参见刘水林：《反垄断私人诉讼的协商制模式选择》，载《法学》2016 年第 6 期。
〔2〕 参见李志刚、徐式媛：《反垄断法上的民事赔偿责任》，载《人民司法》2011 年第 7 期。
〔3〕 参见万宗瓒：《论反垄断民事诉讼中集团诉讼制度之构建》，载《求索》2014 年第 3 期。

应有之状况。”[1]由此可知,德国传统民法上的损害赔偿制度所遵循的原则是填补损害原则,即赔偿受害人所受损害,使之恢复到有如损害事故未曾发生时之应有状态。[2] 但反垄断民事损害赔偿诉讼作为反垄断法实施的一种方式,其目的应当与反垄断法的立法目的相统一。鉴于反垄断法的立法目的是预防和制止垄断行为,保护市场公平竞争,以提高经济运行效率,因此反垄断民事损害赔偿诉讼与传统民法上的损害赔偿诉讼在目的上存在明显差异,即反垄断民事损害赔偿诉讼的首要目的在于通过阻吓来预防垄断违法行为的发生。[3] 阻吓,换言之,是指通过威慑的力量来阻止垄断行为人实施垄断行为。然而,一方面,由于反垄断民事诉讼本身专业性很强,原告一般缺少足够的资金和精力,往往很难胜诉,导致违法垄断行为得不到打击,违法行为人得不到制裁;另一方面,即使原告胜诉,如果在反垄断民事损害赔偿诉讼中仍然照搬民法上的损害填平原则,即便是全部赔偿了受害人的损失,违法行为人也并不会丧失任何利益,甚至仍然能够通过其违法垄断行为获取丰厚的利润。结合以上两方面考虑可得知,如果反垄断民事损害赔偿诉讼只以对受害人的救济为主要目标,既不能达到阻吓效果,也不能有效维护市场原有的正常竞争秩序,从而不能实现反垄断法的目的。

基于反垄断法的最终目的是实现消费者利益的提升,维护社会整体利益,促进有效、有序和公正的市场竞争,故在反垄断法中对因垄断行为提起的民事损害赔偿诉讼制度作出特别规定有其必要性,在相关制度构建与规则设计中应当对此予以重视,以便鼓励受害人提起民事损害赔偿诉讼,保护私益的同时也维护社会整体利益。

(二)反垄断民事损害赔偿诉讼之功能特殊性

在传统民法上,民事责任的功能主要有二,即预防和复原,但并不是各种

[1] BGB, §249.

[2] 参见曾世雄:《损害赔偿原理》,中国政法大学出版社2001年版,第25~28页。

[3] 参见戴宾、兰磊:《反垄断法民事救济制度比较研究》,法律出版社2010年版,第93页。

民事责任承担方式都同时具有该功能。[1] 损害赔偿是以存在损害行为为前提条件,因此,损害赔偿诉讼制度从原理上来讲并不具备预防的功能。[2] 如上文所述,反垄断法自身的经济法属性加上民事责任的私法性质,使反垄断法上的民事损害赔偿诉讼的目的呈现双重性的特点,目的的特殊性让反垄断民事损害赔偿诉讼制度的设计与普通民法上的民事损害赔偿诉讼制度不同,从而使反垄断民事损害赔偿诉讼制度的功能也存在差别。从各国和地区的反垄断民事损害赔偿诉讼制度的立法和司法实践来看,反垄断法民事损害赔偿诉讼制度的功能特殊性主要表现为以下三类:

1. 补偿功能

民事损害赔偿诉讼的基本功能之一就是补偿功能,反垄断民事损害赔偿诉讼当然也具备该基本功能,使受害人可以通过诉讼获得救济。限制竞争行为一方面会危害正常的市场竞争秩序,另一方面还会损害相关市场的竞争者和消费者的经济利益。反垄断执法机构对反垄断法的执行主要从社会公共利益出发,查处垄断行为,所以对一些受害人的私益保护还不够到位,无法对案件中的每个受害人的损失都进行救济和补偿。一般来说,受害人提起反垄断民事损害赔偿诉讼的基本动力是请求垄断行为人赔偿损失金额,以弥补自己因为相关垄断行为造成的损失。

2. 威慑功能

威慑是传统刑法理论上的一个重要概念,有效的威慑,是通过心理因素的作用来影响、制约和改变人们的思想、感情与行为,能达到"不战而屈人之兵"的效果。[3] 如今在司法领域,威慑效果已不再局限于刑法上的刑罚,在民法和行政法等其他法律部门也有同样具有可以产生威慑作用的制裁措施,比如行政罚款、惩罚性赔偿等。在反垄断法领域,由于垄断行为的危害大并且影响广泛,所以有很多国家在反垄断法民事损害赔偿诉讼制度上都设计了

〔1〕 参见戴宾、兰磊:《反垄断法民事救济制度比较研究》,法律出版社2010年版,第93页。
〔2〕 参见戴宾、兰磊:《反垄断法民事救济制度比较研究》,法律出版社2010年版,第93页。
〔3〕 参见黄年:《论国家执行威慑机制》,载《人民司法》2007年第1期。

相应的责任承担规则,以通过威慑的力量来阻吓垄断行为人实施垄断行为,比如《德国反对限制竞争法》第33a条第4款规定了审判前利息计算规则,即规定利息的赔偿自损害发生之日起计算;《美国克莱顿法》第4条则明确规定了3倍惩罚性损害赔偿制度。尽管基于不同的法律文化背景,各国制定的具体规则不尽相同,但是毫无疑问,巨额损害赔偿金对意图实施违法垄断的行为人会产生一定的威慑效果。

3.惩罚功能

法律的惩罚功能主要是针对违法行为人事后的制裁,是法律强制规定让行为人承担实施违法行为的不利后果。与威慑功能一样,刑事责任基本都有惩罚作用,并且是所有法律责任中最为严厉的一种。相反,依据传统观点,民法作为私法,调整的是平等主体之间的法律关系,目的主要在于填平民事主体之间行为造成的权益侵害,而不在于对加害人的惩罚,所以不应具有惩罚的功能。但随着现代侵权法的发展,侵权法的惩罚功能也日益显现,比如惩罚性赔偿金,其目的在于通过民事赔偿制裁违法者。在反垄断法领域,法律的实施包括行政执法和民事诉讼两种方式,前者主要是采取罚款和没收违法所得的措施,后者则主要是进行民事损害赔偿诉讼。显然,行政处罚具有惩罚的功能,但纵观外国的反垄断立法,还有一些国家在反垄断民事损害赔偿诉讼中规定了多倍损害赔偿,譬如,上文提到的美国3倍惩罚赔偿,即法律规定违法垄断行为人应支付的赔偿金超过了受害人实际遭受的损失,此项制度加重了垄断行为人的赔偿义务,从而使反垄断民事损害赔偿也能具备一定的惩罚功能。

二、德国反垄断民事损害赔偿诉讼制度的历史发展与趋势

(一)立法背景以及《德国反对限制竞争法》的第七次和第九次修正案

随着工业化的发展,自由市场上形成了卡特尔组织,出现了垄断市场、限制竞争的问题,严重影响了经济的发展,损害了广大消费者利益。第二次世界大战结束后,德国寻求利用美国的经验发展新的德国竞争法体系,1957

年，德国颁布了《德国反对限制竞争法》，又被称为《卡特尔法》，联邦政府的立法声明中明确地表示，竞争型经济是经济秩序中最经济同时也是最民主的形式，[1]该法的制定事实上一方面受到新自由主义的监管思想的影响，另一方面也受到美国反垄断立法模式的影响，[2]体现了双重的立法目标。在最初的法案中，反垄断民事损害赔偿请求规定在第35条，对于违反该法的情形，该法旨在保护的对象可以请求提出向侵权者发出禁令和损害赔偿请求（保护性原则）[3]。作为“经济宪法”，《德国反对限制竞争法》是德国社会市场经济体制和竞争政策的集中体现，是德国经济法的核心。[4] 迄今为止，《德国反对限制竞争法》总共经历过1965年、1973年、1976年、1980年、1989年、1998年、2005年、2013年和2017年9次修订，但事实上，民事损害赔偿诉讼在反垄断领域的实施过程中很长时间都未受到重视，直到2005年对《德国反对限制竞争法》第七次修订案进行根本性修订之前，该法中规定民事损害赔偿请求的条款基本上一直保持不变。这是由于在2004年欧盟进行现代化改革之后，赋予成员方基本执法责任，并将这些执法体系连同欧盟委员会编在一个合作以及互负义务的网络中。[5] 为了实施欧盟反垄断民事损害赔偿指令，2017年德国又迎来了最新的第九次修正案，该次修订进一步引入了很多特殊规定。鉴于2005年和2017年的两次修订中关于反垄断民事损害赔偿的规定修改幅度很大，所以本节接下来总结了这两次对《德国反对限制竞争法》关于反垄断民事损害赔偿的重要修订内容，如下：

1.2005年《德国反对限制竞争法》的第七次修订主要变化有：一是扩大

---

〔1〕 Regierungsbugründung zum GWB, in: BTDr 1158 – 2. Wahlperiode-, Anlage 1, s. 21 f. (Hervorhebung durch Verfasser).

〔2〕 Ingo Schmidt, Wettbewerbspolitik und Kartellrecht 6. Auflage, Lucius & Lucius, 1998, s. 162.

〔3〕 Hermann-Josef Bunte, Eugen Langen, Kartellrecht: Kommentar 12. Auflage, Luchterhand Verlag, 2014.

〔4〕 参见王晓晔：《德国〈反对限制竞争法〉的第六次修订》，载《德国研究》（第15卷）2000年第1期。

〔5〕 参见［德］马蒂亚斯·赖曼、莱茵哈德·齐默尔曼：《牛津比较法手册》，高鸿钧等译，北京大学出版社2019年版，第1198页。

提起民事诉讼请求的范围,即对于违反欧盟运行条约(TFEU)第101条和第102条的情形也可提起民事诉讼,从而不再需要根据《德国民法典》第823条第2款提起侵权之诉。[1] 二是扩大原告的起诉资格,不再使用"保护性原则",使得受违法垄断行为影响的市场参与者均有资格起诉,[2]而不再将起诉资格限定在违法行为特别指向的保护对象[3]。三是将协会的起诉资格与《德国反不正当竞争法》中的规定协调一致。[4] 四是限制"传递抗辩",[5]即限制违法行为人以原告已将过高的购买价格传递给其下游购买者而没有遭受损失来进行抗辩。五是简化对损失金额的估算。[6] 六是赔偿的利息从损害发生之日起计算。[7] 七是竞争主管机关的裁决对法院的"后继诉讼"有约束力。[8] 八是民事损害赔偿诉讼请求的诉讼时效在联邦卡特尔局开展调查程序时应中止。[9]

2.2017年《德国反对限制竞争法》的第九次修订主要变化有:一是损害推定原则。即一旦存在卡特尔,根据该修正案则推定其会造成损害。[10] 二是传递抗辩。被告可以基于原告将所有因卡特尔产生的过高价格转移给间接购买者这一事实进行抗辩。被告必须证明直接购买者已经转移了损失,但根据修正案被告可以要求原告进行一些披露,与判例确定的现有传递标准相比,减轻了被告的举证责任。[11] 三是方便间接购买者起诉。修正案还规定了损害传递的推定原则,即推定垄断价格的损害已经转移到间接购买者身

〔1〕 Die 7. GWB-Novelle, §33 Abs. 1 Satz 1, 2005.

〔2〕 Die 7. GWB-Novelle, §33 Abs. 1 Satz 1 u. 3, 2005.

〔3〕 参见王健:《德国竞争法的欧洲化改革——〈反限制竞争法〉第7次修订述评》,载《时代法学》2006年第6期。

〔4〕 Die 7. GWB-Novelle, §33 Abs. 2, 2005.

〔5〕 Die 7. GWB-Novelle, §33 Abs. 3 Satz 2, 2005.

〔6〕 Die 7. GWB-Novelle, §33 Abs. 3 Satz 3, 2005.

〔7〕 Die 7. GWB-Novelle, §33 Abs. 3 Satz 4, 2005.

〔8〕 Die 7. GWB-Novelle, §33 Abs. 4 Satz 1, 2005.

〔9〕 Die 7. GWB-Novelle, §33 Abs. 5, 2005.

〔10〕 Die 9. GWB-Novelle, §33a, 2017.

〔11〕 https://media2. mofo. com/documents/170309 - grundlegende-anderungen-des-deutschen-kartellrechts. pdf.

上，对此间接购买者仅需证明自己已经购买了垄断行为涉及的产品。[1] 四是规定了原、被告双方的披露义务。在反垄断民事损害赔偿诉讼中，原告和被告均可提出要求，使另一方有义务披露内部文件和计算结果。但任何披露请求都必须符合比例原则，并且披露方可以要求就相关费用得到补偿。[2] 五是延长诉讼时效。修正案将反垄断民事诉讼的诉讼时效从 3 年延长至 5 年，最长诉讼时效为 10 年（不知情且从发生损害开始起算）。[3] 六是连带责任。新法为所有垄断行为人对全部损害承担连带责任的原则引入了一些例外。[4] 七是关于和解的效果，受害人与侵权人达成的和解对其他没有和解的侵权人具有约束力，免除已经和解的侵权人的赔偿份额，[5] 有利于促进当事人之间和解。

以上是对德国反垄断民事损害赔偿诉讼制度两次重大改革内容的梳理，关于《德国反对限制竞争法》中反垄断民事诉讼制度的详细规定及分析将在下文中继续深入探讨。

（二）德国反垄断民事损害赔偿诉讼制度的司法实践与趋势

第九修正案生效后，德国已经将欧盟反垄断损害赔偿指令转换为国家法律，总体来看，德国的反垄断私人执法程度已经相对较高。

如上所述，《德国反对限制竞争法》第 33 条对反垄断民事损害赔偿诉讼的制度和规则进行了一些规定，但事实上，从 1957 年立法之初（当时为第 35 条）直到 2005 年第七次修订之前，该条款只是对《德国民法典》一般侵权条款的照搬，并未能顾虑到反垄断案件的特点，导致实践中原告很难胜诉。[6] 另外，该条只适用于违反《德国反对限制竞争法》的垄断行为的情形，对于违反《欧共体条约》第 81 条和第 82 条的垄断行为，受害者却还是只能诉诸《德

---

〔1〕 Die 9. GWB-Novelle, § 33c Abs. 5, 2017.

〔2〕 Die 9. GWB-Novelle, § 33g, 2017.

〔3〕 Die 9. GWB-Novelle, § 33h, 2017.

〔4〕 Die 9. GWB-Novelle, § 33d, 2017.

〔5〕 Die 9. GWB-Novelle, § 33f, 2017.

〔6〕 Die 9. GWB-Novelle, § 33f, 2017.

国民法典》第823条第2款的一般侵权条款，缩小了可能会请求反垄断民事损害赔偿的原告范围，也大大减少了损害赔偿诉讼的数量。

不过随着第七次和第九次修正案的出台，反垄断民事损害赔偿诉讼在反垄断法实施的过程中发挥着越来越重要的作用。根据德国联邦卡特尔局2019年5月公布的《2018年年报》显示，德国反垄断民事损害赔偿诉讼的数量在持续不断地增加。[1] 违反反垄断禁令的公司不仅要面对反垄断机关的罚款，而且还要向提出损害赔偿请求的受到损害的客户或供应商赔偿损失。近年来，在联邦卡特尔局或欧洲委员会裁判之后的反垄断诉讼中，要求损害赔偿的数量显著增加，其中涉及糖、卡车、栏杆、浴室设备、电子现金、粗纸板、清洁剂、显像管、包装、面粉或甜点等领域。就损害赔偿的数量和争议金额而言，请求赔偿涉及的行业领域很广。原告主要来自建筑业、运输业、货运代理业和物流业，也来自食品零售业等其他领域，例如，像手工艺品店或时尚精品店之类的许多小企业也纷纷提起了反垄断损害赔偿诉讼。[2] 根据联邦卡特尔局的评估，多数赔偿金通常是通过庭外和解来执行的，有一部分是通过协商未来某一期间的交货来进行抵销的。因此，量化在此过程中实际支付的赔偿金几乎是不可能实现的。

此外，根据2019年6月19日德国联邦卡特尔局发表的《2017/2018年度工作报告》，在该报告所述期间，联邦卡特尔局收到了约640起新的反垄断民事损害赔偿案件。与前几个时期相比，损害赔偿诉讼数量增长显著，这主要是受欧盟委员会对卡车卡特尔（LKW-Kartell）的裁决（于2017年9月27日裁决，文件编号：COMP/39824）的影响，在卡车卡特尔案件中产生了300多起诉讼有待审理。另外，对铁路和糖业卡特尔的起诉仍在继续，但自2016年以来，对铁路行业的起诉数量一直维持在较低水平。基于追溯效力规则，第九修正案中的许多实体性规定尚未在诉讼程序中发挥影响，所以在实践中仍有待证明。但是实践中已经依据修正案的某些程序性规定（例如《反对限制

---

〔1〕 Bundeskartellamt, Jahresbericht 2018, Mai 2019, s. 15.

〔2〕 Bundeskartellamt, Jahresbericht 2018, Mai 2019, s. 15.

竞争法》第33g条和第89b条中规定的信息披露义务)作出了一些司法裁决。该工作报告表明,反垄断领域的私人实施为联邦卡特尔局能够在监管反垄断执法中合理有效地使用资源做出了重大贡献。

此外值得一提的是,反垄断民事损害赔偿诉讼数量的集中和反垄断损害赔偿主张的进一步专业化,这种现状是由专门从事反垄断损害赔偿的律师事务所进入市场后得以加强促进的。不难预见,随着于2017年在《德国反对限制竞争法》第九修正案中对欧盟理事会和欧洲议会颁布的《违反欧盟及其成员国竞争法的成员国损害赔偿诉讼2014/104/EU指令》的转化实施,进一步改善提出反垄断损害赔偿请求的条件,将会继续深入加强反垄断民事损害赔偿诉讼的执行力度。

在欧洲层面上,欧洲议会通过了欧盟(EU)2019/1号指令(ECNplus指令),以加强成员方的竞争管理机构更有效地执行竞争规则并确保国内市场的平稳运转。联邦政府2019年6月已着手对《德国反对限制竞争法》的第十修正案开展工作,此次计划修订的原因主要就在于强制执行ECNplus指令,ECNplus指令应于2021年2月4日之前转变为国家层面的法律。[1] 2020年1月24日,德国联邦经济事务和能源部提交了《德国反对限制竞争法》第十修正案草案,虽然该草案重点在于加强对数字化市场的监管,但也在反垄断损害赔偿方面作了改善,以确保受害人对参与垄断的公司的赔偿请求得到有效执行。[2]

第二节 德国反垄断民事损害赔偿诉讼制度核心问题

一、反垄断民事损害赔偿诉讼的原告起诉资格

《德国反对限制竞争法》第七次修订以前,该法第33条规定,“违反本法

〔1〕 Bundeskartellamt, Tätigkeitsbericht des Bundeskartellamtes 2017/2018, 19.06.2019, s. VI.

〔2〕 Das Bundesministerium für Wirtschaft und Energie, Referentenentwurf des Bundesministeriums für Wirtschaft und Energie, 24.01.2020, s. 11.

规定或卡特尔当局的处分的当事人,在该规定或该处分意图保护的对象范围内……行为人有故意或者过失的,负有赔偿因该违法行为所造成的损害的义务。"该条反映了反垄断法所要求的原告起诉资格必须符合"保护目的要求",即只有属于被违反的竞争法规则保护范围内的原告才有起诉资格。[1]这种规定直接导致有权请求反垄断民事损害赔偿的原告范围缩小,垄断行为人不被判决赔偿的概率明显扩大。例如,德国美因茨州法院(LG Mainz)在2004年审判一起维生素价格卡特尔诉讼的判决书中遵循了联邦最高法院此前的几次判决,认为原告无权根据《德国反对限制竞争法》第33条请求被告赔偿损失,因为该案涉及的过高索价的影响具有广泛性,并不是专门针对原告的,而反垄断损害赔偿的前提是,原告必须是垄断行为所针对的购买者或者供货商。[2]

但事实上早在2001年,欧洲法院(EuGH)在审理勇气公司诉克雷汉案(Courage v. Crehan)中判决表明,必须允许任何个人就可能限制或扭曲竞争的协议行为对其造成的损失主张损害赔偿。为了避免违反欧盟共同体义务,德国需要对这种保护性标准进行修正。实际上,保护性标准在新法出台以前就曾受到德国部分法院的质疑,例如,2004年4月多特蒙德州法院(LG Dortmund)曾处理过一起维生素价格卡特尔案件,法院最后判决被告向原告赔偿159.591万欧元,该案中法院说理部分表示,原告只要受到违法垄断行为直接和客观的影响,就足以满足损害赔偿诉讼的起诉资格。[3]

2005年联邦政府通过了第七修正案,其中第33条第1款和第3款规定,任何人若故意或者过失地违反本法规定、《欧共体条约》第81条和第82条(现《欧盟运行条约》第101条和第102条)的规定或者联邦卡特尔局决定

〔1〕 Wolfgang Wurmnest, *A New Era for Private Antitrust Litigation in Germany? A Critical Appraisal of the Modernized Law against Restraints of Competition*, 6 German Law Journal, 1173, 1179 (2005).

〔2〕 LG Mainz, Urteil vom 15.01.2004 – 12 HK. O 52/02 Kart..

〔3〕 LG Dortmund, Urteil vom 01.04.2004 – 13 O 55 /02.

的,均有义务向受影响的当事人赔偿因该违法行为造成的损害。[1] 受影响的当事人,是指受到违法垄断行为侵害的竞争者或者其他市场参与者。[2] 因此,从法条来看,仅“受影响者”才有权提起损害赔偿诉讼。但后来根据欧洲法院的判例法,“每个人”(jedermann)都有权要求赔偿因反垄断侵权行为而遭受的损失,即肯定了间接购买者的起诉资格。联邦最高法院也已经在“ORWI 表格印刷有限公司案”(ORWI 案)中采纳了先前的法律,并认为间接购买者也由于反竞争行为而遭受了损害,他们也有权请求损害赔偿。[3] 从这方面来看,即使“受影响”标准继续适用,也有必要考虑每个受害者,这使该标准已经不具有实践意义。[4]

二、反垄断民事损害赔偿诉讼的请求权基础要件

请求权基础(Anspruchsgrundlage)是学习法律的人应当了解、掌握的基本概念和思考方法,它指的是一方当事人有权向另一方当事人有所主张的法律规范。[5] 请求权基础是德国法学教育中的基本方法,因此本部分接下来就以此为思路对德国反垄断民事损害赔偿诉讼制度进行具体研究。

(一)对于垄断行为和过错的认定

承担损害赔偿责任的前提条件是存在违反反垄断法的行为,《反对限制竞争法》第 33a 条第 1 款规定,任何人故意或过失地实施了第 33 条第 1 款所述的侵权行为,都有义务赔偿由此造成的损害。第 33 条第 1 款中则是指违反了《反对限制竞争法》第一部分(第一章至第四百七十一章)或《欧盟运行条约》第 101 条或第 102 条的规定,或者是违反了反垄断机构的指令。对于故意或者过失的认定仍然适用民法的一般原则,同样地,侵权法中的一般规则也适用于举证说明责任。第 33a 条第 1 款中的过错仅与违反相应法规或

---

[1] Die 7. GWB-Novelle, § 33 Abs. 1, Abs. 3, 2005.

[2] Die 7. GWB-Novelle, § 33 Abs. 3, 2005.

[3] BGH, 28.06.2011 – KZR 75/10 (Rn. 23 ff.).

[4] Christian Kersting, Kartellschadensersatzrecht nach der 9. GWB-Novelle, 2017, s.4.

[5] 参见王泽鉴:《民法思维》,北京大学出版社 2009 年版。

命令的行为有关,而不涉及产生的法律后果,从而与损害的产生和造成的范围无关,即行为人无须认识到其行为造成的损害后果。[1]

(二)对于垄断损害的认定

1.损害推定原则

最新修正案第33a条第2款规定了垄断行为的损害推定原则,有利于受到卡特尔影响的直接和间接购买者以及供应商。法条明确规定如下:只要存在卡特尔,即可推定该卡特尔会造成损害。就本款而言,卡特尔是指两个或多个竞争者之间达成的协议或协同行为,以达成调整市场上的竞争行为或影响竞争的目的。此类协议或协同行为主要包括:(1)固定或协调售价或其他条件;(2)分配生产或销售份额;(3)分配市场及客户,包括操纵投标、进出口限制;(4)针对其他竞争者的反竞争措施。该款推定既涉及损害本身的存在,也涉及与反垄断侵权的因果关系,但与垄断行为造成损害的实际数额无关。

这一推定原则,一方面是指推定存在损害,另一方面是指推定损害基于卡特尔。因此也证明了该推定涉及因果关系的推定,[2]并且取代了关于提交初步证据的原则。但新法所规定的推定原则既不能适用于损害赔偿金额的确定(第33a条第3款规定,对于损害数额的评估,适用《民事诉讼法》第287条),也不能推定卡特尔的存在以及卡特尔协议或协同行为的内容。对于后者,受害者可从反垄断机构或欧盟委员会的裁决(根据第33b条该裁决具有约束效力)中获得支持。

此外,法律也没有明确规定损害推定原则是否也适用于价格卡特尔"伞形效应"的问题。通常情况下,当服务商品有替代关系的非卡特尔企业在价格卡特尔的影响下也相应地涨价(在正常的竞争秩序中,这种涨价行为是实

[1] Roth in: Jaeger/Kokott/Pohlmann/Schroeder, Frankfurter Kommentar zum Kartellrecht, 94. Lieferung 08.2019, § 33a GWB, s.1.

[2] Roth in: Jaeger/Kokott/Pohlmann/Schroeder, Frankfurter Kommentar zum Kartellrecht, 94. Lieferung 08.2019, § 33a GWB, s.1.

施不了的)时,就会产生所谓的"伞形效应"。但是,推定原则的适用范围应当限定在典型的事实发生过程中,即可以明显预见某行为一定会导致特定结果发生。实际上,非卡特尔企业只有在由价格卡特尔引起需求量增加的情况下才会提高价格,这反过来意味着卡特尔组织占据了很大的市场份额并且非卡特尔企业提供了替代性的商品或服务。当卡特尔针对的购买者明显改变了消费选择时,非卡特尔企业也将在一段时间后提高定价以追求盈利,但这取决于卡特尔过高定价的幅度以及可以在市场上强制执行过高定价的范围。由此可以推论,"伞形效应"一般情况不属于典型发生的事件过程,而只能在某些特定条件下,尤其是在与市场相关的条件下才发生。[1]

同时,第33a条第2款也有规定,这项损害推定原则是可以被推翻的。这不仅意味着举证责任倒置,而且对因果关系推定的推翻有严格的要求,因为卡特尔成员必须提供相反且完整的证据充分证明发生的任何损害都不基于卡特尔协议或协同行为,实施价格卡特尔的时间越长、范围越广,对没有由此引起的价格上涨的证明责任就越高。对于由卡特尔造成的所有可能的损害类型,都必须提供缺乏因果关系的反证。新法规定的因果关系推定原则涉及卡特尔协议可能造成的所有类型的损害包括:过高定价损害(确切地说,是比假设市场价格更高)、利润损失(由于卡特尔引起价格上涨导致需求下降)、"伞形效应"造成的损害以及竞争对手可能遭受的损害。

2. 损害传递

反垄断损害赔偿的一个特征是涉及损害传递的问题。如果卡特尔过高定价,则直接购买者将首先遭受过高定价的损害,即其所支付的较高价格与较低的正常竞争价格之间的差额。如果仅直接购买者的利润减少,直接购买者在经济上仍然会受到损害。但是实际上直接购买者作为中间商会反过来提高价格,并以此将全部或部分过高定价转嫁给自己的客户,即间接购买者。在这种情况下,过高定价的损害全部或部分转变为由间接购买者承担。损害

〔1〕 Roth in: Jaeger/Kokott/Pohlmann/Schroeder, Frankfurter Kommentar zum Kartellrecht, 94. Lieferung 08. 2019, § 33a GWB, s. 2.

转移的问题会在以下两方面产生。一方面,从被告角度来说,卡特尔成员会反对间接购买者提出损害赔偿要求,抗辩称损害发生在销售链的上一层级。另一方面,从原告角度来说,请求权人必须证明最初发生在销售链较高级别的损害已转移到其身上。

除上述损害推定原则外,新法中另一条有利于受害人提起诉讼的推定就是第 33c 条第 2 款的损害传递推定。该款规定:原则上(dem Grunde nach),同时满足在以下条件应推定过高定价已经转嫁给间接购买者:(1)违法行为人违反本法第 1 条或第 19 条或者《欧盟运行条约》第 101 条或第 102 条;(2)违法行为导致直接购买者也采取过高定价;(3)间接购买者所购买的商品或服务是违法行为的客体,或由违法行为涉及的商品或服务产生,或者包含违法行为的客体。根据法条的表述,该条只能推定发生了损害传递,而损害传递的程度仍需由间接购买者证明。[1] 第 33c 条第 3 款指出,如果被告证明过高定价没有或者没有全部转移给间接购买者,则该项推定不被适用。这表示,如果损害仅有部分转移,不适用上述第 2 款推定原则,但这反过来却恰恰说明有部分损害转移给了间接购买者,从而会对原告更加有利。

(三)垄断损害赔偿金额的计算

反垄断损害赔偿诉讼中的难题不仅限于法律层面,在实践中受害人因垄断行为遭受的损害赔偿金额的计算也十分复杂,因为金额的计算需要对存在垄断行为的实际情况和假设不存在垄断行为的市场条件进行比较分析,[2] 但通常难以计算出所受损害的精确数额。如上所述,损害推定不涉及损害金额的推定,因此,《德国反对限制竞争法》第 33a 条第 3 款规定,对于损害的评估,适用《德国民事诉讼法》第 287 条。对此尤其可参考违法侵权人实施垄断行为获取利润的比例。《德国民事诉讼法》第 287 条规定,如果双方当事人对是否已发生损害以及损害数额有争议,则法院可以根据所有事实情况进行自

〔1〕 Roth in: Jaeger/Kokott/Pohlmann/Schroeder, Frankfurter Kommentar zum Kartellrecht, 94. Lieferung 08. 2019, § 33a GWB, s. 2.

〔2〕 Art. 3 Abs. 2 RL 2014/104/EU.

由裁量。该项条款降低了原告对损害金额的证明标准,对受害人主张反垄断损害赔偿有着积极作用。不过,原告仍然承担证明损害程度的举证责任,首先原告必须陈述事实,在此基础上计算损失,但如果原告不能列出确定数额,法院可根据民诉法第287条进行权衡和评估。专家意见在这中间起了重要作用,根据法院的要求,联邦卡特尔局可以就损害赔偿数额发表意见。[1] 法律关于赔偿计算方法的规定有如下两个方面:

1. 参考侵权人违法所得利润的比例

根据第七修正案的立法解释,本法旨在促进反垄断损害赔偿的执行,因为根据差额法(Differenzmethode)确定假定的市场价格来计算损害数额非常困难。[2] 新法提出了另一种计算方法,上文提到,第33a条第3款第2项表示,确定损害赔偿金额时可以特别(insbesondere)参考违法侵权人实施垄断行为后获得利润的比例。侵权行为人获得的利润一方面取决于销量收入前后之间的差额,另一方面是所提供服务的生产成本与运营成本前后差额,不涉及企业的一般管理费用和其他运营费用,因为即使没有垄断行为,这两种费用照样会产生。受害人在准备提起损害赔偿诉讼时,会为此要求侵权行为人公开披露相关信息。需要注意的是,相应利润必须是侵权人通过实施第33条第1款所述的侵权行为获得的。法律条文措辞清楚地表明,不能用侵权人提供服务获得的总利润作为证据,只能将通过侵权获得的相应比例利润用作证据来估算损害数额。

2. 利息的计算

利息赔偿在损害赔偿金额计算中起着重要作用,第33a条第4款还规定了侵权人支付利息的义务。与关于利息计算的一般法律规定不同,反垄断民事损害赔偿的利息作为金融债务,在反垄断民事损害赔偿诉讼中应从损害发

---

〔1〕 § 90 Abs. 5 Satz 1 GWB.

〔2〕 § 90 Abs. 5 Satz 1 GWB.

生之日开始起算由此造成损害的利息,[1]利率比基准利率高出5%,[2]第33a条第4款同时援引《德国民法典》第289条,明确规定赔偿金不可计算复利。这样规定起算时间的原因在于,在通常情况下,受害人会先等待反垄断机构采取行动,然后在垄断违法行为发生很长时间后才提出损害赔偿请求。为使损害赔偿请求尽可能不会因反垄断机构的行政诉讼时间长短而无效,并且避免诉讼程序的持续时间对侵权人有利,因此法律规定,从损害发生之日起计算利息。另外,该制度设计也旨在加强反垄断民事损害赔偿的威慑性。

在本法修法阶段曾有学者提议德国仿照匈牙利的制度设计,让侵权人承担最小损害赔偿额,该提议的出发点在于,通常情况下的损害至少会占侵权收益的10%。[3] 但立法机关并没有采纳该意见。有学者认为,如果采纳该规定将会大大提高反垄断法中私人执法的效力和效率,并且在竞争法体系方面将是一个优势。[4] 理由是,这种设计的评估规则将在不过度加重被告负担的情况下加强原告的利益,因为侵权收益的10%作为最低损害赔偿额是经过研究确定的垄断收益的下限。最重要的原因是,根据上述损害推定原则,法院必须评估的损害赔偿金应大于零,从而不能以无法估算数值为由驳回诉讼。因此,尽管现在的法律规定已经很大程度降低了原告的证明标准,但实践中原告仍然缺乏足够证据证明损害金额,故迫切需要立法者制定出一定规则。

(四)诉讼时效及中止

最新修正案第33h条规定,对根据《德国反对限制竞争法》第33条第1款和第33a条第1款提出的诉讼请求的一般时效为5年,与指令中的规定一

---

〔1〕 § 33a Abs. 4 GWB.

〔2〕 § 288 Satz 1 BGB.

〔3〕 Gesetz Nr. LVII aus 1996 über unlauteres Marktverhalten und über das Verbot der Wettbewerbsbeschränkung, novelliert durch Gesetz Nr. XIV aus 2009. Vgl. Makatsch/Mir EuZW 2015 7 (8).

〔4〕 Gesetz Nr. LVII aus 1996 über unlauteres Marktverhalten und über das Verbot der Wettbewerbsbeschränkung, novelliert durch Gesetz Nr. XIV aus 2009. Vgl. Makatsch/Mir EuZW 2015 7 (8).

致，而新法修正之前的反垄断损害赔偿诉讼时效参照了《德国民法典》中一般诉讼时效仅为 3 年。时效期间从请求权产生、请求权人知道或者无重大过失应当知道因违反第 33 条致请求权产生的事实、违法行为结束和违法行为人的身份之日起算。权利人是否正确地评估了事实和法律上的所有情况，以及当前其是否知道自己的请求权人地位并不重要。相反，只要从当事人已知事实中可能推断出其依法具有损害赔偿请求权就已足够。[1] 但是当事人对违反第 33 条第 1 款和第 33a 条第 1 款的垄断行为不知情或者无重大过失对本条第 2 款第 2 项所列条件不知情的，有权享有 10 年的诉讼时效，该时效自请求权产生和第 33 条第 1 款规定的违法行为结束之日起算。第 33h 条第 4 款规定，其余根据第 33 条第 1 款规定的违法行为造成损害的情形，诉讼时效为 30 年。30 年诉讼时效从违法行为造成损害的时间开始计算，而不再取决于垄断行为是否终止。

诉讼时效在以下情形应当中止计算：(1)德国卡特尔局对垄断行为开展调查或启动调查程序；(2)欧盟委员会、其他成员方的竞争主管机构，或者具备同等职能的法院对《欧盟运行条约》第 101 条或第 102 条违反第 89e 条第 2 款所指的欧盟另一成员方的竞争法规定的违法行为采取调查行动或相应的调查程序；(3)请求权人已对侵权人提起诉讼，根据第 33g 条要求其提供信息资料或公开证据。在判决或调查程序的决定作出 1 年后，诉讼时效将继续计算。

第三节　德国反垄断民事损害赔偿诉讼制度配套规则

一、损害赔偿义务人的责任分配

《德国反对限制竞争法》第 33d 条第 1 款规定，如果若干人共同实施了第

〔1〕 Gesetz Nr. LVII aus 1996 über unlauteres Marktverhalten und über das Verbot der Wettbewerbsbeschränkung, novelliert durch Gesetz Nr. XIV aus 2009. Vgl. Makatsch/Mir EuZW 2015 7 (8).

33a 条第 1 款规定的违法垄断行为，其将对由此造成的损害承担连带责任。下面将从对外和对内两方面解释连带责任人如何承担损害赔偿责任。

(一)对外关系

第 33d 条第 1 款的第一句即规定了卡特尔成员的连带责任，随后在第二句中规定除第 33a 条第 1 款所述的违法垄断行为外的其他垄断情形适用《德国民法典》第 830 条和第 840 条第 1 款。这两种侵权责任的承担方式带来的结果实质上是相同的，并且事实上在第九修正案出台之前，司法判例中就已经确认了卡特尔成员对外承担连带责任，[1] 在此基础上，第 33d 条第 1 款中的规定未免显得多余。

第 33d 条第 1 款第 2 项确认了《德国民法典》第 830 条第 1 款的可适用性，可以被理解为是立法层面对杜塞尔多夫高级地区法院作出的“浴室配件案”(Badarmaturen Urteil)判决的认可。在该判决中，杜塞尔多夫高级地区法院支持了受害人针对违反反垄断法的机构直接提出的损害赔偿请求，该项判决支持原告损害赔偿请求是基于《德国民法典》第 830 条的共同侵权责任，认定涉案机构是垄断企业实施违法垄断行为的帮助侵权人。[2] 这一判决在文书上受到了保留，因为一方面，该机构缺乏共同侵权人的责任能力；另一方面，其作为社会机构，没有帮助侵权人的法律地位。[3] 《德国反对限制竞争法》在规范共同侵权行为人的责任上还参考了《德国民法典》第 830 条第 2 款(教唆者和帮助者均为共同侵权行为人)，可视为是对这一判例的承认。[4]

(二)对内关系

《德国民法典》第 426 条第 1 款规定，共同侵权责任人“除非另有规定，否

[1] BGHZ 190, 145 = NJW 2012, 928 (Rn. 80); Regierungsbegr. aaO (Fn. 3) s. 57.

[2] OLG Düsseldorf vom 13. 11. 2013 – VI-U (Kart) 11/13 (Badarmaturen)-WuW/E-DE-R 4117 (4127 f.).

[3] Eden WuW 2014, 792 (797 ff.); Hack/dos Santos Gonc¸alves DB 2014, 2581 (2582). Zur Anwendbarkeit von § 830 Abs. 2 BGB bereits zuvor Rottkemper, Deliktische Außenhaftung der Leitungsorganmitglieder rechtsfähiger Körperschaften 1996, s. 187 f. Siehe generell Eden, Persönliche Schadensersatzhaftung von Managern gegenüber Kartellgeschädigten 2013.

[4] Kersting/Preuß WuW 1211285 aaO (Fn. 23) L6.

则应按彼此相同比例承担责任”。《德国反对限制竞争法》第33d条第2款对此有不同的规定:“共同侵权责任人各自的赔偿责任和应支付的赔偿金额的比例取决于具体情况,尤其取决于造成损害的程度。”至于损害程度,该款与《德国民法典》第254条第1款的一般条款相对应。因此部分卡特尔成员可以抗辩,向受害人提供垄断行为涉及的产品或服务的卡特尔造成的损害比其他成员程度更大,所以必须在内部责任分配中承担更大比例的侵权责任。如果垄断损害案件中涉及大量受害者,各受害者和垄断行为人之间形成了诸多平行并列但互相独立的侵权关系,若将损害程度作为内部赔偿责任分配的决定性标准,则损害赔偿责任分配可能会有所差别。这样可能会使争议的协商解决更加困难。[1] 然而,由于欧盟指令旨在促进争议协商一致解决,因此主张放弃制定针对内部赔偿责任分配的特定标准,而是主张提供可以在整个内部关系中统一责任分配的标准。该指令第11条第5款提到了以损害的相对责任作为内部责任分配的标准。虽然将由国家法律来确定标准,但该指令的第37条仍然列举了营业额、市场份额和经营者在卡特尔垄断组织中的作用等考虑因素,这些因素均构成连带赔偿责任的衡量标准,在每个共同侵权责任关系中发挥相同作用。这表明,为了确定第33d条第2款所指的损害程度,还应当参考上述标准。

新法对连带赔偿责任人的内部追偿权的诉讼时效重新作了规定,之前根据一般规则,内部追偿请求权的时效在实施垄断违法行为之日即开始起算,导致在外部关系中受害人提出损害赔偿请求之前,垄断经营者的内部追偿请求权可能已过诉讼时效。[2] 新法第33h条第7款将追偿权时效的起算时间推迟至侵权人对外全部满足受害人的损害赔偿请求之日。

---

〔1〕 Allgemein Erwägungsgrund 48 ff. der RL 2014/104/EU.

〔2〕 Vgl. Kersting/Preuß aaO (Fn. 6) Rn. 133.

二、诉讼中的证据规则

（一）证据公开请求权

在反垄断民事损害赔偿案件中，无论原告还是被告通常都会陷入举证难的困境。受害人往往很难证明其受到损害的金额。新法修订前，间接购买者起诉时，必须承担证明损害已转移到其身上的举证责任，但事实上他们很难掌握证据证明自己的损害。如前所述，修订之后的《德国反对限制竞争法》第33c条第3款规定了损害传递的推定，该项推定在一定程度上减轻了间接购买者的举证责任，但该推定并非在所有情形都能发挥作用，并且容易被被告抗辩推翻。反之，侵权行为人同样也举证困难，他们想证明起诉的直接购买者已经将遭受的损害转移往往很有难度。[1] 对于原告和被告而言，双方都需要提供自己很难获得的信息作为证据。但德国现在的诉讼法没有专门对举证难的状况作出规定。

对此，《德国反对限制竞争法》第33g条通过对欧盟指令第5条及其后各项的转化适用，确立了公开证据和提供信息的请求权。虽然指令仅规定了诉讼过程中的证据公开规则，但德国法律还确定了证据公开和提供信息的实体法上的请求权。请求公开证据和提供信息的相对人可以是拥有证据或可以提供信息的任何人，不局限于受害人和侵权人双方，还包括第三方。需要注意，执法机关不能作为该请求权的相对方，只有在根据《德国反对限制竞争法》第89c条规定的司法程序的情况下才能要求对官方文件进行公开。

请求公开证据和提供信息必须遵守严格的比例原则，[2] 第33g条第3款明确指出要特别考虑以下事项：申请证据公开的可操作性、证据的范围和提交证据的费用支出、与损害赔偿请求以及对此抗辩的重要性、对商业秘密的保护等，请求公开证据的范围不包括举报人的说明和受害人与侵权人和解

---

〔1〕 Bornkamm aaO (Fn. 7) § 33 Rn. 148 f.

〔2〕 参见《德国反对限制竞争法》第33g条第3款。

的信息。[1] 需要公开证据和有关信息的义务人有权要求报销为此支付的必要费用,[2]但如果其故意或严重过失违反了其公开证据或提供信息的义务,则他对请求权人有支付赔偿金的义务。[3]

(二)反垄断机关的行政裁决对法院的效力

目前德国《德国反对限制竞争法》第33b条专门对竞争主管机关裁决的约束力做了规定:如果因违反本法本部分或《欧盟运行条约》第101条或第102条规定的垄断侵权行为而请求赔偿,则卡特尔当局、欧盟委员会、欧盟竞争主管机关或欧盟其他成员方内具有同等职能的法院对该违法侵权行为作出的裁决对德国法院具有约束力。

其实在第九次修订之前,《德国反对限制竞争法》第33(4)条中就对欧盟的竞争主管机关或法院的最终判决具有约束力进行了规定,对比之下最新修正案仅发生了更小的更改:(1)在第九次修订之前,约束力效力涵盖违反了整部《德国反对限制竞争法》规定的违法侵权行为,但修订后第33b条明确约束力效力覆盖范围仅限于违反《反对限制竞争法》第一部分(第一章至第四百七十一章)规定的违法侵权行为。约束力效力产生的法律效果是,法院不再需要在反垄断损害赔偿诉讼中审查是否存在违反反垄断法律规定的违法行为。(2)在实践中,该规定因此成为所谓后继诉讼(follow on-Klagen)的基础,即在随后的民事损害赔偿诉讼中,受害人可以直接援引先前的行政程序中具有约束力的裁判结论。(3)第33b条虽然是基于欧盟2014/104号指令[4]第9条,但其规定的约束力效力又超出了指令中的规定。根据第33b条,竞争主管机关或其他欧盟成员方法院的最终裁决具有约束力,不仅仅能作为欧盟2014/104号指令第9条第2款作为初步证据的基础。(4)第33b

[1] 参见《德国反对限制竞争法》第33g条第3款。

[2] 参见《德国反对限制竞争法》第33g条第7款。

[3] 参见《德国反对限制竞争法》第33g条第8款。

[4] Richtlinie 2014/104/EU des Europäischen Parlaments und des Rates vom 26. 11. 2014 über bestimmte Vorschriften für Schadensersatzklagen nach nationalem Recht wegen Zuwiderhandungen gegen wettbewerbsrechtliche Bestimmungen der Mitgliedstaaten und der Europäischen Union, ABl. EU Nr. L 349 v. 5. 12. 2014, 1, abgedr. in FK, T B IV 1.

条反映了通过欧盟 2014/104 号指令该项规定的考虑因素，即法律确定性，以避免和《欧盟运行条约》第 101 条和第 102 条的适用不一致，从而提高了损害赔偿诉讼在程序上的效率，促进国内企业和消费者的市场运作。

第 33b 条是促进反垄断损害赔偿诉讼的立法总体策略的一部分，简化了私人提起反垄断损害赔偿请求，并且这反过来又可以阻止可能出现的垄断行为，但是，欧盟指令和德国国内的立法者并不希望无限制地鼓励私人提起反垄断民事损害赔偿诉讼，因此如何控制滥诉问题仍值得探讨。

第四节 宽恕政策

一、对中小型企业的宽恕政策

《德国反对限制竞争法》第 33d 条第 3 款的规定赋予了中小型企业得到宽恕政策优待的“特权”。该款规定，如果多家企业违反了本法第 1 条或第 19 条或是《欧盟运行条约》第 101 条或第 102 条，其中属于欧盟委员会建议的[1]关于界定中小型企业的范围的经营者如果满足以下前提条件，那么其承担责任的范围限于其直接和间接购买者或供应商所遭受的损失：(1) 在侵权行为发生期间其在相关市场中的份额始终小于 5%；(2) 承担本条第 1 款规定的连带赔偿责任将会不可挽回地损伤其经济生存能力，并使之失去资产全部价值。对于其他受害人，仅在他们不能从除受宽恕政策优待的举报人以外的其他侵权行为人处获得全部赔偿的情况下，中小型企业才承担损害赔偿义务。根据上述欧盟委员会的建议，中小型企业是指员工人数少于 250 人的公司，且年营业额不超过 5000 万欧元或年度资产负债表总余额不超过 4300 万欧元。其中员工人数少于 50 人且年营业额或年度资产负债表总余额不超

[1] Empfehlung 2003/361/EG der Kommission vom 6. Mai 2003 betreffend die Definition der Kleinstunternehmen sowie der kleinen und mittleren Unternehmen.

过1000万欧元的公司属于小型企业。[1]

因此从法律上来讲,违反反垄断法相关规定的中小型企业仅向其直接和间接购买者或供应商支付赔偿金,而对于其他受害者只需在法定情形承担补充赔偿责任。该项"特权"仅限于受害人根据《德国反对限制竞争法》第33a条第1款主张的民事损害赔偿,而不适用于禁令和排除妨害的救济方式。但从另一个角度来看,德国法律不完全排除中小企业对其直接或间接的客户或供应商以外的其他受害人的赔偿责任,即"当受害人不能从宽恕政策下的举报人以外的其他侵权人处获得全部赔偿时",中小企业将对这些受害人承担补充责任。而欧盟指令仅对得到宽大处理的举报人规定了补充责任,并未对中小企业作出规定。从这一点可看出,德国法律对中小企业的赔偿责任要求比指令中规定的更为严格。

但在实践中的问题是,中小企业满足享受"特权"的上述两个条件的假设几乎不可能实现,尤其是对于"连带赔偿责任将会不可挽回地损伤其经济生存能力并使之失去全部资产价值"的要求。因为一方面,公司资产永远不会因为该公司承担损害赔偿责任而失去其价值。这样的假设毫无意义。[2]如果由于资不抵债导致公司破产仍还存在清算价值,即使这些价值很低或者极低,也不至于使公司资产丧失其全部(jeden)价值。[3] 因此,资不抵债尚不足以满足该条件,而且另一方面,法条规定的这种情形与"对公司经济生存能力造成不可挽回的损害"的要求有何差异也不明确。

二、对举报人的宽恕政策

根据《德国反对限制竞争法》第33e条规定,得到宽恕处理的举报人仅对

〔1〕 https://eur-lex.europa.eu/legal-content/DE/TXT/?qid=1574849003829&uri=CELEX:32003H0361.

〔2〕 Kersting/Preuß WuW 1211285 aaO (Fn. 23) L7; Kersting/Preuß aaO (Fn. 6) Rn. 122; Kersting WuW 2014, 564 (568); so auch Inderst/Thomas, Schadensersatz bei Kartellverstößen 2015 s.417; vgl. Rust NZKart 2015, 502 (510).

〔3〕 Die Nachweise in Fn. 80 sowie European Commission, Information Note: Inability to pay under paragraph 35 of the 2006 Fining Guidelines, SEC (2010) 737/2, Rn. 9.

其直接和间接购买者或供应商承担赔偿责任。其他受害人只有在无法从其他侵权行为人处获得全部赔偿的情况下才有权请求举报人支付赔偿金。在与其他共同侵权行为人的内部责任分配时,举报人也仅以其对自己的直接和间接购买者或供应商的赔偿额为限。举报人受到宽恕处理的情形不适用于对价格卡特尔产生的“伞形效应”下直接或间接购买者或供应商受害人的赔偿责任。

举报人的宽恕政策指的是法律规定参与垄断行为和经营者和自然人因向反垄断主管机构举报垄断行为而免除处罚,之所以设计此项“特权”,是因为该政策对于反垄断法的公共执行非常重要。大量违法垄断行为都是通过举报人揭发的。此外,宽恕政策对于私人执法也有非常重要的间接意义,因为私人执法也同样会依赖于举报人的披露,大量的后继民事损害赔偿诉讼建立在公共执法过程中反垄断机构作出的监管决定基础上。[1] 在实践中,因为宽恕政策会减免举报人大量金额罚款,所以他们从经济上衡量后不太可能放弃申请宽大处理,除非其假设如果没有举报垄断行为,其参与的垄断行为就不会被发现,才有可能会阻却其申请宽恕程序。鉴于卡特尔不是长期稳定的垄断形式,所以往往会通过反垄断主管机构自身采取的调查措施或通过参与垄断行为的举报人申请宽恕而被发现,所以对于潜在举报人会因为后续被起诉赔偿而阻却其进行举报的担忧并不合理。[2] 然而,欧洲法院却仍然认为该担忧具有合理性,并且作为欧盟指令规定举报人宽恕政策的前提。[3]

---

〔1〕 Erwägungsgrund 6, 26 der RL 2014/104/EU.

〔2〕 Böni EWS 2014, 324 (329 f.).

〔3〕 Erwägungsgrund 38 der RL 2014/104/EU.

第五节　《德国反对限制竞争法》第九修正案对我国的启示

一、德国对完善我国反垄断民事损害赔偿诉讼的启示

传统民法制度上的适格当事人应当是双方所争议的实体权利义务关系的主体，即双方分别是争议权利的享受者和义务的承担者。[1] 我国《民事诉讼法》第122条明确规定起诉必须满足的条件之一是“原告是与本案有直接利害关系的公民、法人和其他组织”，这是原告获得起诉资格的基本条件。在反垄断法民事诉讼领域，我国关于原告资格问题尚未有确切标准，司法实践中的裁判也不一致。如上文所提到的“杨某某诉中国电信股份有限公司上海分公司等滥用市场支配地位纠纷案”中，原一审法院以难以认定被告相关网络服务行为与杨某某有直接利害关系，杨某某不是本案适格原告，驳回原告杨某某的全部诉讼请求。[2] 二审法院则认为杨某某与被告提供的网络服务之间“存在一定利害关系”，[3]但也并未直接承认其原告资格。笔者认为，虽然我国反垄断法并未就原告资格作出规定，但《垄断司法解释》第1条提出，本规定所称因垄断行为引发的民事纠纷案件，是指因垄断行为受到损失以及因合同内容、行业协会的章程等违反反垄断法而发生争议的自然人、法人或者非法人组织，向法院提起的民事诉讼案件。从该条可知，我国垄断民事纠纷诉讼可包含侵权和违约两类诉讼，从侵权之债的角度来说，上述案例原告理应属于适格原告。

事实上，反垄断民事诉讼制度最早源于美国，它也是反垄断民事诉讼制

〔1〕 参见张卫平：《民事诉讼法》（第3版），法律出版社2014年版，第119～120页。

〔2〕 参见上海市第一中级人民法院民事判决书，（2013）沪一中民五（知）初字第208号。

〔3〕 参见上海市高级人民法院民事判决书，（2015）沪高民三（知）终字第23号。

度最发达的法域。[1] 美国的反垄断民事诉讼中对原告资格认定长期采取的是直接损害标准——伊利诺斯砖块规则(Illinois Brick Rule)[2],以简化诉讼,避免原告滥诉。但现在美国有20多个州制定了“伊利诺斯砖块规则废除者”法令,允许受到垄断行为损害的消费者提起反垄断民事诉讼。[3] 欧盟成员方认为该标准不利于对间接购买者的救济。早在2005年的《德国反对限制竞争法》修正案中就将“一切受违法垄断行为影响者”作为请求损害赔偿的原告资格认定原则,扩大了反垄断民事诉讼的原告范围,降低了起诉门槛。[4] 关于间接购买者的起诉资格,我国目前尚无明确规定。笔者认为,我国目前在反垄断法相关立法上的重点是鼓励私人诉讼,借鉴德国的“受影响标准”有利于鼓励因垄断行为受损的当事人提起诉讼,从而促进我国《反垄断法》的实施。

二、完善对反垄断民事损害赔偿诉讼的证据规则和证明标准

(一)建立证据公开请求权规则

反垄断损害赔偿案件总会涉及复杂的调查、取证过程,由于案件双方当事人的实力和地位悬殊,原告方需要证明违法垄断行为的存在、垄断行为和损害结果之间的因果关系和损害赔偿金额,这些举证责任实际上对受害人来说过重,在信息获取不对称的社会经济背景下,原告通常很难取得有用的信息进行举证,并且提交的初步证据在没有专业支持和严密论证的前提下,也不易被法院采信。所以笔者认为,只有通过法律制度的完善,减轻原告的证明责任,才能改善原告明显弱势的地位。

我国《垄断司法解释》第7条规定了特殊的举证责任倒置原则,即被诉垄

---

〔1〕 参见钮杨:《论反垄断民事诉讼》,对外经济贸易大学2017年博士学位论文,第57页。

〔2〕 1977年美国联邦最高法院在伊利诺斯州政府诉伊利诺斯砖公司案(Illinois Brick Co. v. Illinois)判决中直接否定了间接购买者的原告资格。

〔3〕 1977年美国联邦最高法院在伊利诺斯州政府诉伊利诺斯砖公司案(Illinois Brick Co. v. Illinois)判决中直接否定了间接购买者的原告资格。

〔4〕 参见时建中:《私人诉讼与我国反垄断法目标的实现》,载《中国发展观察》2006年第6期。

断行为属于《反垄断法》第13条[1]第1款第1项至第5项规定的垄断协议的，被告应对该协议不具有排除、限制竞争的效果承担举证责任。该规定很大程度降低原告的证明责任。国外有不少国家和地区对反垄断民事损害诉讼的证据规则作出了特殊规定，本部分研究的对象德国也不例外。如前所述，德国在最新的《反对限制竞争法》规定了受害人的证据公开请求权，并且可以向掌握违法侵权证据的任何人请求公开证据和提供有关信息，同时对故意不提供证据的被请求权人规定了履行义务。[2] 笔者认为，我国反垄断民事损害赔偿诉讼也可以对此加以合理借鉴，以增加受害人得到救济的可能性。

（二）确定行政决定的证据效力规则

我国反垄断法的实施目前主要是靠行政机关的查处，实践中反垄断执法机关做出的决定是否能在法庭上作为证据提供，我国法律规定并不明确。《垄断司法解释》第2条规定，原告直接向人民法院提起民事诉讼，或者在反垄断执法机构认定构成垄断行为的处理决定发生法律效力后向人民法院提起民事诉讼，并符合法律规定的其他受理条件的，人民法院应当受理。由此可知，原告可借助反垄断公共执法获得的行政认定材料作为证据提交，但事实上没有那么容易，原告能从执法机关处收集的证据十分有限，很难直接从行政机关取得第一手资料，其能够获得的主要来源是信息公开材料，实践中体现出来的基本上只是《行政处罚决定书》而已。另外，根据我国《民事诉讼法》第72条规定，经过法定程序公证证明的法律事实和文书，人民法院应当作为认定事实的根据，但有相反证据足以推翻公证证明的除外。据此可知，反垄断执法机关的公开的处罚决定书作为证据应被推定为真实，有反证除外。但是对间接购买者来说，行政处罚决定书往往记载的事实并不是全部信

[1] 《反垄断法》第17条规定："禁止具有竞争关系的经营者达成下列垄断协议：（一）固定或者变更商品价格；（二）限制商品的生产数量或者销售数量；（三）分割销售市场或者原材料采购市场；（四）限制购买新技术、新设备或者限制开发新技术、新产品；（五）联合抵制交易；（六）国务院反垄断执法机构认定的其他垄断协议。"

[2] 《德国反对限制竞争法》第33g条。

息，消费者仅依据信息公开获取的资料还很难在反垄断损害赔偿诉讼中得到支持，比如上文提到的“田某某诉北京家乐福商业有限公司双井店案”中，法院认为原告田某某举证不足，从而不予支持其诉求。[1]

在目前的《德国反对限制竞争法》第33b条规定了反垄断及竞争主管机关的行政裁决的法律效力。此项规定降低了原告的举证难度，德国司法实践表明，在卡车、铁轨和糖类领域对垄断行为人作出行政决定之后，有不少受害人基于此提起了所谓的后继诉讼，促进私人执法的效果显著。[2] 无疑，反垄断法的公共执法有利于私人提起反垄断民事损害赔偿诉讼，所以立法机关在考虑如何衔接好反垄断行政监管和反垄断民事诉讼之间的关系对于当事人的救济意义重大，往往对原告是否能胜诉至关重要，并且能够提高诉讼效率，节约诉讼成本。

三、完善损害赔偿金额的认定与计算方法

反垄断民事损害赔偿诉讼相对于普通民商事诉讼而言还存在一个难题，就是如何认定损害赔偿金额，这也历来是审判中争议的焦点。《垄断司法解释》第14条规定，被告实施垄断行为，给原告造成损失的，根据原告的诉讼请求和查明的事实，人民法院可以依法判令被告承担停止侵害、赔偿损失等民事责任。根据原告的请求，人民法院可以将原告因调查、制止垄断行为所支付的合理开支计入损失赔偿范围。从法条上也可看出我国反垄断法在损害赔偿的态度上沿袭了民法上的“损失填平”原则。实践中由于对于垄断损害的认定涉及经济学分析，非常复杂且专业化，所以法院判决的赔偿额度通常以受害人实际损失为限。如上文提到的“强生案”中，原告锐邦公司作为被告强生公司的产品经销商，因强生公司实施了固定销售价格、划分市场的纵向垄断协议而遭受巨大经济损失，提出了1400多万元的赔偿请求，包括产品利润损失、高价购货价差、履约保证金、期待利润、库存积压、员工遣散费、经

---

[1] 参见北京市高级人民法院民事判决书，(2016)京民终214号。

[2] 参见北京市高级人民法院民事判决书，(2016)京民终214号。

销活动中的推广费用、商誉损失和达标返利等损失。最后上诉到上海市高级人民法院，二审终审仅判强生公司赔偿原告锐邦公司53万元，关于赔偿金额，法院在判决书中表示，上诉人不能依据合同法规则计算损失赔偿额，即不应按照履行限制最低转手价格协议的可得利润来计算损失，而应当参照相关市场的正常利润计算利润损失。[1] 所以，法院贯彻的还是补偿性原则，根本未涉及惩罚性赔偿。

法院对此的判决在学术界也引发了讨论，即是否应规定对垄断行为人的惩罚性赔偿，学者们也意见不一。笔者认为，垄断行为的危害性大，影响广泛，结合前面对反垄断法立法目的的讨论，可知反垄断民事损害赔偿诉讼同样承继了反垄断的公益属性，它不仅只是为了弥补受害人的损失，更重要的是通过私人实施达到维护社会公共利益的目的。根据已有司法实践可知，法院支持的赔偿数额远远小于垄断行为人的违法所得，很难达到上述目的。[2]《德国反对限制竞争法》新修正案采取了另一种思路，即法院在裁判中可参照违法垄断行为人因实施垄断行为获得的对应比例利润，以此估算赔偿数额。此外，德国法还明确规定，原告可请求被告支付从损害发生之日起的损失利息。[3] 因此，笔者认为，德国这种制度设计无疑能对受害人提起反垄断民事损害赔偿诉讼产生激励作用，同时对垄断行为人起到威慑效果，我国立法者在后续制度完善中可强化对违法者的惩罚性，适当借鉴德国的有益经验。

第六节　结　　论

我国向来以公共执法的方式实施反垄断法，而对私人主体提起反垄断民

〔1〕 参见上海市高级人民法院民事判决书，(2012)沪高民三(知)终字第63号。

〔2〕 参见王海力：《反垄断民事诉讼制度研究》，辽宁大学2016年博士学位论文，第108页。

〔3〕《德国反对限制竞争法》第33a条第4款。

事损害赔偿诉讼没有足够的重视,在规则的设计和制定方面也更加注重实体权利义务规则,而忽视了程序规则。我国《垄断司法解释》涉及对管辖、举证责任、证据规则和赔偿责任等规定,初步构建了我国反垄断民事损害赔偿诉讼制度的基本框架。但是由于缺乏具体的构架和明确规定,在反垄断民事损害赔偿诉讼的司法实践过程中仍面临各种困境。因此,必须立足于我国现有的经济发展与法律体系,参考国外的立法经验,注重反垄断民事损害赔偿诉讼规则的体系化发展,完善程序性与实体性规则综合性规定。而我国的法律体系与德国有很多相似之处,随着德国不断在反垄断法私人执行领域进行的改革和优化,也为我国推进反垄断民事损害赔偿诉讼的完善提供了宝贵经验和启示。我国在建立反垄断法实施机制过程中必须要注重公共执行与私人执行之间的协调平衡,讲究效率与正义相平衡的原则,重视程序性规则的设计。由于违法垄断行为属于特殊的侵权形式,赋予私人提起反垄断民事损害赔偿诉讼的权利就必须要完善我国反垄断民事损害赔偿诉讼的具体配套制度,明确适格原告的主体资格、证据制度的体系化规则并建立科学的损害赔偿金额的计算方法,增加反垄断法民事损害赔偿诉讼的可操作性,最终促进实现反垄断法的立法目的。

第四章　欧盟《一般数据保护条例》视野下数据权益问题研究

第一节　欧盟数据权益立法演进

一、欧盟数据权益保护的起源

自20世纪70年代欧盟便认识到数据所蕴含的经济价值,50年间欧盟一步步推进了全球对于数据方面的立法,直至2018年欧盟颁布了有着“历史上最严格的数据保护法”之称的《一般数据保护条例》(General Date Protection Regulation,以下简称《条例》),该部法律不仅确定了数据是一种权利,更是将数据权利赋予人权属性,对违反《条例》规定的企业和组织处以巨额罚款,为数据保护确定了更高、更严格的标准。《条例》的生效引起了全球范围的数据立法热潮,美国加州将《条例》中的数据保护的相关规则和制度尽数纳入自己的数据保护立法中,日本和巴西更是在制定和修改国内的数据保护法时照搬了《条例》。欧盟对数据权益的法律属性的研究处于世界前沿,对于我国数据立法也具有重大的借鉴意义。梳理欧盟个人数据保护的立法起源,有助于明晰欧盟立法目的和条文背后法理,有助于研究数据这一权利的概念、构造和立法目的。

(一)数据的经济利益

牛津大学法哲学教授约瑟夫·拉兹认为,利益是权利的基础,并且权利本身也是一种被普遍承认的利益。[1] 数据权的兴起和其背后所蕴含的利益关系密切。欧盟个人数据保护立法的发展与欧盟的经济社会息息相关。曾任法国最高法院总法律顾问的儒瓦内先生指出:“数据是一种权力,经济类数据便是经济权力的体现。数据有着独有的经济价值,能够收集、控制、处理这些经济数据的国家拥有着政治和技术上的双重优势。反之,数据的跨境流通也能导致国家主权的丧失。”[2] 欧洲共同体委员会(以下简称欧共体委员会)也承认“国家经济和国家主权与最初的数据保护问题越来越融合在一起”。[3] 法学家罗斯科·庞德曾说:“随着文明的发展,法律已成为社会控制的主要手段。”[4] 欧盟对数据产业的迫切发展需求直接促成了数据权的诞生。

据1973年欧共体委员会调查显示,欧洲市场上超过90%的计算机都是依靠美国的技术,其中仅国际商业机器公司(International Business Machines Corporation)一家公司就独占了欧盟60%的数据市场份额。[5] 美国作为数据产业全球领先国家,积极倡导数据保持自由流通,同时,由美国领导的经济合作与发展组织(以下简称经合组织)希望通过对数据的制度构建达到破除非关税贸易壁垒,极力主张数据的自由流通。欧盟基于自身数据产业的被动态势则持反对态度,主张数据保护。这两种数据立法价值观的博弈直接影响着数据权的确立。[6]

当时欧盟并未将数据作为一项独立的权利,而是试图以欧盟现有的法律对数据保护问题进行诠释。欧盟人权法院通过对1950年制定的《欧盟人权

---

〔1〕 参见严海良:《以利益为基础的权利本位观——拉兹的权利概念分析》,载《法制与社会发展》2010年第5期。

〔2〕 Vincent Mosco and Janet Wasko, *The Political Economy of Information*, The University of Wiscons in Press, 1988, p. 306.

〔3〕 CEC, Summary Report: *Study on Data Security and Confidentiality*, 1980, p. 20 - 21.

〔4〕 [美]罗斯科·庞德:《通过法律的社会控制》,商务印书馆2010年版,第1~20页。

〔5〕 See The Commission of the European Communities (CEC), *Communication Concerning a Community Policy for Data Processing*, SEC(73)4300 Final, 1973, p. 1.

〔6〕 参见金晶:《欧盟〈一般数据保护条例〉:演进、要点与疑义》,载《欧洲研究》2018年第4期。

公约》中的隐私权进行扩大解释,将个人数据的保护纳入隐私权的保护范畴。[1] 欧盟委员会在数据问题上极力主张,个人数据的法律保护问题是《欧盟人权公约》第8条第1款的一部分。[2] 20世纪70年代,在欧盟与美国领导下就数据的自由流通和保护问题形成了"数据跨境流通专家组",美国作为数据自由流通的倡导者,主张数据流通问题应考虑数据控制者的利益,不应扩张个人数据保护权利阻碍数据产业的发展。经过长达两年的谈判,专家组最终只形成了无强制执行力的《经合组织隐私保护和个人数据跨境流动准则》(以下简称《经合组织准则》),但《经合组织准则》并未接受欧盟将个人数据的保护纳入隐私权范畴这一提议,而是将数据保护视作保护主义立法和非关税贸易壁垒,并将数据自由流通作为首要原则以确保数据产业利益不受阻碍。《经合组织准则》仅认可个人数据隐私保护的最低标准,尽量避免成员方之间对数据自由流通的不当干预。[3]

随后1981年,欧盟以公约形式颁布了《关于个人数据自动处理过程中的个人保护公约》(以下简称《108号公约》),欧盟在《108号公约》中规定,当出现涉及国家安全、公共安全、国家金融政策或者打击犯罪等情形时,欧盟成员方有权利限制特殊类型的数据自由流通。[4] 但遗憾的是,直至1989年,也仅只有7个成员方批准了该公约。但在同年,美国提交了制定《服务贸易总协定》的草案,依旧主张数据自由流通,就数据保护问题仅规定:"只有当涉及公共安全、公共道德、人类、动植物生命健康等情形时,对数据自由流通进行一定程度限制。"[5]欧盟并未放弃自己对于数据保护的立法设想,仍旧试

---

〔1〕 See P. De hert and S. Gutwirth, *Data Protection in the Case Law of Strasbourg and Luxemburg: Constitutionalisation in Action*, Springer 2009, p. 3.

〔2〕 See Council of Europe, *Convention for the Protection of Human Rights and Fundamental Freedoms*, annual review of population law, 1951, 45, p. 24 – 39.

〔3〕 See OECD: *Policy lssues in Data Protection and Privacy*, OL, CD lnformatics Studies, No. 10, OL, CD, 1974, p. 169 – 179

〔4〕 See *Explanatory Report on Convention for the Protection of Individuals with Regard to Automatic Processing of Personal Data*, para. 17.

〔5〕 Group of Negotiations on Services, *Communication from the United States: Agreement on Trade in Services*, MTN. GNS/W/75, 1989, p. 12.

图将个人数据纳入隐私权的范畴，[1]于是欧盟于1990年在美国草案基础上，明确增加了两项例外条款，即“保护个人数据和个人隐私”与“保护消费者权益”。[2] 最终世贸组织接受了欧盟的立法建议。至此，欧盟经过多项碎片化的立法尝试终于将个人数据以隐私权制度保护的方式加入了世界贸易规则之中，为数据权这一独立的权利的诞生奠定了国际法的基础。

（二）数据的人权价值

人权概念的提出起始于十七八世纪，其既是一种哲学概念，同时又是一种政治和文化概念。人权理论在20世纪欧盟的促进下得到了广泛的发展。[3] 1949年5月5日，欧洲委员会（Council of Europe）在伦敦成立，该委员会的成立宗旨之一，即维护人权原则。[4] 欧洲委员会在欧盟的人权理论发展上发挥着无可替代的作用，1950年欧洲委员会通过了《欧洲人权公约》并设立了欧洲人权法院（European Court of Human Rights）这一专门司法机构，以及专门的管理机构欧洲人权委员会（the European Commission of Human Rights）。欧洲委员会的人权制度一直以来都发挥着保护人权的良好作用，[5]欧盟《条例》同样是在欧盟人权理论影响下取得了不断进展，即便这时的数据权利并未成为一项独立的权利，而是以隐私权为其权利外观。

欧盟委员会委员维拉朱洛娃（Věra Jourová）在一次采访中告诉记者，她执掌的欧盟司法、消费者权益和性别平等委员会主导了《条例》的立法过程。她强调，“在欧盟，隐私权是基本人权”。[6] 这个原则指导下的《条例》，展示出比以往的数据法案都更严格的样貌。数据保护法专家、欧盟委员会《条

[1] See Juan A. Marchetti and Petros C. Mavroidis, *The Genesis of the GATS*, 22The European Journal of International Law, 2011, p. 689 – 695.

[2] See Group of Negotiations on Services, *Proposal by the European Community: Draft General Agreement on Trade in Services*, MTN. GNS/W/105, 1990, p. 13.

[3] 参见朱立宇、刘文忠：《欧盟人权发的法律渊源》，载《欧洲》1999年第6期。

[4] 参见张辉：《论人权对欧盟法优先性的影响》，载《武大国际法评论》2007年第2期。

[5] 参见赵海峰：《欧洲法问题专论》，中国法制出版社2007年版，第50页。

[6] 参见界面新闻：《“最严数据法”〈条例〉今日生效，能否将数字时代权力关进笼子里?》，载界面新闻网，https://baijiahao.baidu.com/s? id = 1601418169853341434&wfr = spider&for = pc。

例》特别小组的成员克里斯托弗库纳(Christopher Kuner)表示:“最突出的,便是给予了作为数据主体的个人前所未有的权利。”他认为,宪法层面规定的对个人权利的保护加上数字化时代中不断出现的隐私威胁,是《条例》得以出现的根本驱动力。[1]

在人权理论的影响以及欧盟的引导下,迄今为止,全球个人数据保护法已经经历了三代。[2] 第一代以经合组织1980年《关于隐私保护与个人数据跨境流通指引》为起点,其奠定了现代个人数据保护法的基本框架。[3] 第二代以欧盟1995年《数据保护指令》(Data Protection Directive,以下简称《95指令》)为代表,其在第一代原则的基础上加入了“数据最少够用”“删除”“敏感信息”“独立的个人信息保护机构”等要素。第三代即为2018年5月25日正式生效的欧盟《一般数据保护条例》,其大大地拓展了数据主体的权利,确定了“数据访问权”、“删除权(被遗忘权)”和“数据可携权”等多项权利。

二、欧盟数据权利雏形及其发展

(一)以“知情权”为核心的数据权雏形

在欧洲共同体理事会的授权下,欧共体委员会于1977年展开了数据安全与数据保密的专项研究工作,并于1980年提交了最终的研究成果,在系列报告的第5个子报告《访问权的技术面向》中,首次阐述了个人数据权利的雏形。此时的报告并未使用“个人数据权”或“隐私权”等概念,而仅仅是将个人数据的权益分为两大类:[4]

第一类被称为“保密权”,防止个人数据过度被披露,[5] 其形同于现在

[1] 参见界面新闻:《“最严数据法”〈条例〉今日生效,能否将数字时代权力关进笼子里?》,载https://baijiahao.baidu.com/s?id=1601418169853341434&wfr=spider&for=pc。

[2] See Graham Greenleaf, *International data privacy agreements after the GDPR and Schrems*, 139 Privacy Laws & Business International Report, 2016.

[3] 参见许可:《数字经济视野中的欧盟〈一般数据保护条例〉》,载《财经法学》2018年第24期。

[4] See Bancilhon F., Joinet L., *Study on data security and confidentiality* Volume 5. Section 5: Technical aspects of the right of access, plant physiology, 1980, 78. p. 34–40.

[5] See CEC, *Summary Report: Studyon Data Security and Confidentiality*, 1980, p. 49.

的隐私权概念,具有人格权属性,但其与现在的隐私权所要保护的法益有较大不同,正如欧共体委员会在《数据安全与保密总报告》中强调:“正是公众对于个人数据使用的关心导致了个人数据保护法的诞生,也正当化了个人数据监管部门实质、有效而透明的监管。”〔1〕此时的“保密权”更多的是站在数据监管的角度,而非以保护数据主体的个人利益为目的。

第二类被称为“知情权”,即数据主体有权利访问和获取企业或其他组织存储的个人数据,这是个人数据权利最早的雏形,〔2〕类似于《条例》的数据访问权。“知情权”包含了四种子权利:(1)公众有权利知道数据的存在,即无论数据被储存于公共部门或私营企业,公众对数据文件的存在都享有知情权。公众可以通过“公共可访问列表”来行使该权利。(2)数据主体个人有权利知道数据的存在,该权利不同于第一个子权利,因第一个子权利强调公众,是一项公众权利而非个人权利,而第二项子权利侧重于对数据主体个人的保护,该项子权利独立于第一项子权利。(3)数据主体个人有权利知道个人数据的具体内容,该项子权利是“知情权”的核心部分,是“知情权”的主要内容,但该项子权利的行使以第二项子权利为前提。(4)当存储的数据存在错误时,数据主体有权利请求数据管理者修改该数据,严格意义上该项子权利并非“知情权”,而更像是《条例》中的更正权,但该项子权利也是“知情权”的必然延伸,因为“知情权”的存在便是为了数据主体在知道数据存在的基础上进一步行使数据相关权利,如果公众仅对数据享有“知情权”,而不享有对错误数据的更正权,那么“知情权”的存在便缺乏实际意义。〔3〕

由此可见,早期的数据权利仅仅是一种“知情权”,“知情权”又分为“公众知情权”与“个人知情权”,其中“个人知情权”是《条例》数据权利的雏形,即个人有权利知道数据的存在,并当数据存在错误时,有权利提出修改申请。

---

〔1〕 See CEC, *Summary Report: Studyon Data Security and Confidentiality*, 1980, p. 49.

〔2〕 See Fishman, William L., *Introduction to Transborder Data Flows*, stan. j. intl 1, 1980, 16, p. 1 – 26.

〔3〕 参见张金平:《欧盟个人数据权的演进及其启示》,载《法商研究》2019年第5期。

这时候的数据权利对于数据主体来说，仅仅具备着人格属性，而不具备财产属性。但因私权性质的“个人知情权”在理论上无法为欧盟的数据监管提供执法的正当性，所以该项权利在后期并未得到发展。

(二)以“隐私权”为核心的数据权发展

如前所述，仅仅“知情权”意义上的数据权利，并不能起到欧盟遏制美国数据产业霸权的作用，反而为数据在欧盟境内的流通制造了障碍。欧洲对于数据制度的立法进程展现出其独有的动机和根源，那便是让“隐私权”这一基本权利作为数据权利的基础。[1]

在欧盟提出的《108号公约》未能发挥出数据保护的效果后，为进一步促进欧盟各成员方在数据权利问题上达成共识，进一步限制数据境内自由流通，限制数据跨境流通，于是欧共体委员会于1990年提出《数据保护指令草案》，[2]该草案吸收了《108号公约》和《经合组织准则》中有关限制数据跨境流通的相关规定并将其进一步细化，并于1995年正式通过生效，命名为《数据保护指令》即《95指令》，该指令的生效对于数据保护具有里程碑般的重要意义。《95指令》的第1条即为“成员国应当保护自然人的基本权利和自由，尤其是与数据处理有关的隐私权。”

由此，数据权利由最早期的以“知情权”为核心，变更为以“隐私权”为核心，其数据保护的强度虽然从理论基础上有所增大，但是其依旧侧重于人格属性意义上的保护，而未涉及数据权利的财产性质，仍旧在数据保护上具有明显的片面和不足。

(三)以新型权利为路径的数据权确立

个人数据权利的设立可追溯至2000年的《欧盟基本权利宪章》(Charter of basic Rights of The European Union)，在其第8条中明确的使用了“保护个人数据的权利”(the right to the protection of personal data)这一概念：“每个人

---

〔1〕参见金晶：《欧盟〈一般数据保护条例〉：演进、要点与疑义》，载《欧洲研究》2018年第4期。

〔2〕See European Commission, *Proposal for a Council Directive concerning the Protection of Individuals in Relation to the Processing of Personal Data* 1990.

都有权保护与其相关的个人数据。”[1]这是数据权作为一项独立的法律术语的首次出现,至少在术语的层面数据权有了自己独立的法律内涵,而不再以“知情权”或“隐私权”为权利核心。但是《欧盟基本权利宪章》仅仅是在原则的层面罗列了对个人数据保护的一般要求,并未对个人数据这一权利的内容、实施和法律责任等进行详细规定。[2] 2007年颁布、2009年生效的《里斯本条约》(The Lisbon Treaty)将数据权利列为欧盟的一项基本权利。[3] 以上两部法律促成了2018年《条例》的诞生,以“知情权”或“隐私权”为核心的数据保护制度由此结束,真正意义上的数据权利由此建立。

《条例》在第1条即表明:“本条例保护自然人的基本权利和自由,尤其是他们的个人数据保护权。”个人数据的保护不再依赖于某一项既有权利的延伸概念,而是建立起以数据本身为核心的权利制度。《条例》为个人数据的保护明确了权利基础,摆脱了以往借以“知情权”或“隐私权”等保护力度不足、法律属性不精准导致的保护不力的局面。[4]

由于数据的复杂性,个人数据权利不是一个单一的概念,而是多种权利的集合。正如保罗德和特所言,“数据保护是包罗万象的术语,涵盖了同处理个人数据相关的一系列概念”。[5] 其包含了多种个人数据主体的权利以及数据收集者和数据管理者的义务。吸纳了早期的以“知情权”和“隐私权”为核心的具有人格属性的数据权利,也在此基础上进一步扩大了对于人格属性的保护,并且开始脱离数据权仅作为一种人格权进行保护的框架,开始关注数据权利背后的财产属性,如数据可携权等。[6]

---

〔1〕 陈炜权、赵波:《论数据保护权作为一项基本权利——以欧盟〈一般数据保护条例〉为分析对象》,载《西南政法大学学报》2018年第6期。

〔2〕 《欧盟基本权利宪章》第8条。

〔3〕 参见刘泽刚:《欧盟个人数据保护的“后隐私权”变革》,载《华东政法大学学报》2018年第4期。

〔4〕 参见陈炜权、赵波:《论数据保护权作为一项基本权利——以欧盟〈一般数据保护条例〉为分析对象》,载《西南政法大学学报》2018年第6期。

〔5〕 Gutwirth S. & de Hert P. , *Data Protection in the Case Law of Strasbourg and Luxemburg: Constitutionalisation in Action*, 2009, p. 3.

〔6〕 参见刘德良:《个人信息的财产权保护》,载《法学研究》2007年第3期。

第二节 《一般数据保护条例》数据权利性质

一、数据权和信息权关系辨析

（一）"数据"和"信息"概念的模糊性使用

2018年9月10日，中国人大网公布《十三届全国人大常委会立法规划》，《个人信息保护法》作为第61个立法项目被纳入第一类立法项目，并于2021年公布施行。[1] 学者张新宝、葛鑫提出的《个人信息保护法（专家建议稿）》主张对于个人信息的保护以"两头强化、三方平衡"理论为立法原则，即增强对于个人隐私信息的保护，强化对于一般数据的利用。[2] 该专家建议稿在内容上与《条例》高度重合，对于《条例》中的权利类型和保护方式有着多种借鉴，但两部文件的最明显的差异便是，欧盟的《条例》使用了"数据"（data）这一概念术语，而我国则运用了"信息"（information）这一定义。

"数据"和"信息"两种概念的混用在制度建设和司法实践中尤为常见，这种混用来自多方面、多学科等内在原因，"数据"和"信息"概念作为信息革命下的产物既涉及技术知识也涉及经济、文化、法律知识，在多种学科的混杂下使得"数据"和"信息"概念很难厘清，同时"数据"和"信息"的保护来自西方国家，不同语种间的文化、语境差异也导致了"数据"和"信息"的概念重叠和混用。[3] "数据"和"信息"的模糊混用带来的不仅是术语上的一键替换，而是有可能因为概念模糊导致权利设定出现偏差，并造成司法实践上的论证困难。[4] "数据"和"信息"作为一种权利客体，只有厘清二者关系和区别，

---

〔1〕 参见《十三届全国人大常委会立法规划》，载中国人大网，http://www.npc.gov.cn/npc/c30834/201809/f9bff485a57f498e8d5e22e0b56740f6.shtml。

〔2〕 参见齐爱民：《中华人民共和国个人信息保护法学者建议稿》，载《河北法学》2019年第1期。

〔3〕 参见叶鹰、马费成：《数据科学兴起及其与信息科学的关联》，载《情报学报》2015年第6期。

〔4〕 参见韩旭至：《信息权利范畴的模糊性使用及其后果——基于对信息、数据混用的分析》，载《华东政法大学学报》2020年第1期。

才能避免因权利客体不明导致权利难以行使。

“数据”和“信息”的关系在学术界和司法界都存在不同观点，根据其不同的使用方式，大体形成了以下三种混用类型：

第一种为“数据”和“信息”两者并用。在学术研究层面，许多学者主张“数据”和“信息”的区分本身并无意义，[1]根据国际标准化组织（International Organization for Standardization）的定义，信息技术领域中“信息”指的是特定事物的知识，“数据”指的是该知识可被自动化处理的表达形式，[2]故很多学者认为“数据”和“信息”本身并没有明显差别，仅仅是内容和载体的关系。同时，在我国现有法律中，也存在大量“数据”和“信息”混用的情况，例如我国的《国家信息化发展战略纲要》《电子商务法》等都出现了“数据信息”和“信息数据”交叉混用的情况。

第二种为“数据”概念包含“信息”概念。在学术研究层面，许多学者，认为21世纪大数据时代已经让“数据”具有了新的含义，“信息”概念被“数据”涵盖，“数据”已经成为“信息”的代名词。[3] 从制度层面，这种类型的“数据”和“信息”关系在欧盟也有所体现，例如在《条例》中，欧盟将个人数据（personal data）定义为可用于识别自然人身份信息的任何信息（any information）。[4] 我国的《电子签名法》第2条也规定“本法所称数据电文，是指以电子、光学、磁或者类似手段生成、发送、接收或者储存的信息。”

第三种为“信息”概念包含“数据”概念。学术研究层面，有些学者主张“数据”仅仅是“信息”的载体之一，“信息”还可以通过其他媒介进行信息传递，所以“信息的外延大于数据”。[5] 制度层面，我国在2018年生效的《监察法》第25条使用了“财物、文件和电子数据等信息”这种描述，以及在《食品

〔1〕 谢远扬：《个人信息的私法保护》，中国法制出版社2016年版，第6页。

〔2〕 ISO/IEC 2382：2015 “Information technology—Vocabulary”.

〔3〕 参见涂子沛：《数据之巅》，中信出版社2014年版，第256页。

〔4〕 欧盟《一般数据保护条例》第4条第1款原文：“‘personal data’ means any information elating to an identified or identifiable natural person (‘data subject’).”

〔5〕 参见唐思慧：《大数据时代信息公平的保障研究：基于权利的视角》，中国政法大学出版社2017年版，第7页。

安全法》第17条“食品安全风险监测信息、科学数据以及有关信息”也体现了“数据”仅仅是“信息”的载体之一。这种类型的“数据”和“信息”关系在美国的法律也有所体现，例如，在《美国统一电子交易法》第2条第10款便规定：“信息（information）指数据（data）、文本、图象、声音、代码、计算机程序、软件、数据库或类似事物。”

（二）数据和信息概念的理论性区别

追本溯源，“数据”和“信息”的模糊性使用主要来自欧盟和美国这两大数据制度立法主体在法律术语上的不同使用。欧盟自20世纪70年代便开始了使用“数据”保护这一概念，随后从《108号公约》到《95指令》，再到如今的《条例》都延续了对于“数据”一词的使用。而美国更多地使用“信息”这一术语，例如在《格雷姆—里奇—比利雷法》（又称《金融现代化法》）中，权利客体被命名为“非公开个人信息”（nonpublic personal information），在《视频隐私保护法》中，使用的是“个人可识别信息”（personally identifiable information）这一概念。[1] 这样两种不同的使用方式也体现了“数据”保护和“信息”保护背后的不同理论基础。[2]

大数据时代的发展趋势下，数据科学家维克托·迈尔－舍恩伯格表示：“大数据时代的数据化标志着我们可以从太阳下的一切事物里提取信息，以前无法称作‘信息’的事物也成了‘数据’的一种。”[3] 梳理欧盟的数据保护立法历程，从最初的“知情权”到“隐私权”，再到明确提出“数据权”这一概念，数据保护是欧盟一直以来的立法初衷，无论其动机是为自身落后的制度产业提供法律制度保障，还是限制数据自由流通遏制美国数据产业发展，其都在形式和结果上加强、促成了自然人对自己的数据享有了独立权利，这种

〔1〕 CAICT互联网法律研究中心：《一文读懂美国数据保护立法情况》，载https://www.secrss.com/articles/11839，最后访问日期：2022年7月2日。

〔2〕 参见高志明：《个人信息法的基本界定》，载《燕山大学学报（哲学社会科学版）》2013年第2期。

〔3〕 [奥地利]维克托·迈尔－舍恩伯格、库克耶：《大数据时代》，盛杨燕、周涛译，浙江人民出版社2013年版，第20页。

权利不仅具有人格权意义也具有财产权意义。[1] 与之相较，"信息"这一概念本身的含义就偏向于内容层面，对"信息权"的保护也多存在于人格权层面。例如美国对于个人数据的保护仍偏向于用"隐私权"这一人格权概念，这一点在有着美国"一般数据保护条例"之称的《2018 年加州消费者隐私法案》有着明显的体现。[2]

二、《一般数据保护条例》"数据"术语对我国的启示

在欧盟的语境下，"数据"这一术语包含信息概念，根据《条例》第 4 条中的规定，数据与信息的关系可以简化为：数据 = 信息 + 自动化处理。[3] 欧盟将个人数据（personal data）解释为可自动化处理的任何数据（any information），"任何"（any）一词给该条款留下了巨大的解释空间。[4] 这种立法技巧在欧盟并不少见，例如欧盟在数据权利设立之前，借以对"隐私权"扩大解释，将个人数据问题纳入《欧盟人权公约》第 8 条的法律框架下。以"数据"这一术语来对数据问题进行保护有以下几点优势。

（一）"数据"术语体现大数据的时代特征

如欧盟《条例》中所规定的，个人数据指"以自动化方式处理的任何信息"，"自动化"正是数据时代的突出特征。个人信息通过数据化的形式被收集、处理和应用，数据化的过程涉及的数据原权利人和数据控制者之间的权利分配。正是"数据"这一词所具有的"信息载体"这一性质，使 21 世纪的这些被自动化处理后的信息，也就是数据，具有了经济价值和人权价值。[5] 例如，欧盟第 29 条数据保护工作组（The Article 29 Working Party）（以下简称 29 条工作组）曾明确表示，没有经过数据化方式提取和处理的生物样本信息

---

〔1〕 参见龙卫球：《数据新型财产权构建及其体系研究》，载《政法论坛》2017 年第 4 期。

〔2〕 参见吴沈括：《〈2018 年加州消费者隐私法案〉中的个人信息保护》，载《信息安全与通信保密》2018 年第 1 期。

〔3〕 欧盟《一般数据保护条例》第 4 条第 1 款。

〔4〕 参见郑彦宁、化柏林：《数据、信息、知识与情报转化关系的探讨》，载《情报理论与实践》2011 年第 7 期。

〔5〕 参见王晓倩、曹翟、徐可：《个人信息数据化及其主体》，载《法制与社会》2018 年第 9 期。

不属于个人数据。[1] 欧盟也在《条例》第4条第14款对该声明做出法律上的确定,即生物特征数据特指经过技术化手段处理的信息。[2] 所以在立法上,相较于《个人信息安全法》,将数据保护命名为《个人数据保护法》更能凸显数据时代特征,能最大限度地避免因概念不明导致的权利偏差。

(二)“数据”将信息的内容和载体相结合

欧盟《条例》下的“数据”术语,通过以“任何信息”进行扩张解释的方式对“数据”的涵盖范围进行了拓宽,实现了内容与载体的相结合。虽然在技术领域,“数据”一词多用于强调“信息”的形式,而“信息”一词更注重内容,[3]但是欧盟通过对“信息”概念的解释,将“信息”所含有的可识别性特质和“自动化处理”客观处理方式相结合,实现“数据”含义的主客观相结合,大大拓宽了数据保护范围。

(三)“数据”同时体现人格和财产的属性

在我国的法律用语中,若用体系解释的方法来解释我国《民法总则》第111条中的“信息”概念和第127条中的“数据”概念,则与信息有关的权利属于人格权范畴,与数据有关的权利属于人格和财产两种范畴。

我国《民法总则》在第109条至第112条对人格权进行了系统规定,例如,肖像权、名誉权等,同时在第111条规定:“自然人的个人信息受法律保护。”《民法总则》在第112条至第117条规定了是我国公民财产权依法受到保护,与信息和数据有关的权利并未出现在这个系列当中。同时,《民法总则》又在第126条至第132条中规定:“民事主体享有法律规定的其他民事权利和利益。”而有关数据的条款就出现在该系列权利中的第127条,即“法律对数据、网络虚拟财产的保护有规定的,依照其规定”。《民法总则》这样的体系结构表明,我国法律对“信息”和“数据”两术语背后所蕴含的权利属性

---

〔1〕 See WP29, *Opinion 4/2007 on The Concept of Personal Data*, p. 136.

〔2〕 欧盟《一般数据保护条例》第4条第14款原文:“‘biometric data’ means personal data resulting from specific technical processing relating to the physical...”

〔3〕 参见化柏林、郑彦宁:《情报转化理论(上)——从数据到信息的转化》,载《情报理论与实践》2012年第3期。

的倾向。即“信息”这一术语用来指代人格权属性上的权利，而“数据”术语可以同时体现人格和财产的双重属性。

这种术语上的属性倾向同时体现在欧盟《条例》之中，从《条例》对于个人数据的定义“已识别或可识别自然人身份的信息”这一表述可直接体现数据权所具有的人格权属性，诸如姓名、性别、心理和生理等信息具有明显的人格意义。《条例》第 1 条立法宗旨：“为了个人数据保护和个人数据自由流动”中的“个人数据自由流动”一语，表明了数据的“可转移性”，以及《条例》第 20 条规定的数据可携权（right to data portability）同样具有鲜明的财产权意义。数据可携权所蕴含的数据“可转移性”体现了数据是财产权的客体。[1]

第三节 《一般数据保护条例》的数据权体系建构

一、欧盟数据权的“权力—权利”结构

数据权（right to data）是一项综合性权利，是一个权利束。在数据权下又细分出多项子权利。从权属上分为数据主权和数据权利，这一观点目前已经被学界普遍接受。[2] 数据权是一个多维的权利、权力体系，其由国家数据主权和公民数据权利两大方面构成，是一种复合型的权利。[3]

（一）欧盟数据权的数据主权属性

《条例》虽然是一部以保护自然人数据权利为核心的法律，但是其条文中仍具有鲜明的数据主权意识。《条例》在第 1 条中规定：“针对个人数据处理中的自然人保护及个人数据的自由流动制定本条例”，“本条例保护自然人的基本权利和自由，尤其是自然人的个人数据保护权”。但《条例》同时在

---

〔1〕 参见张黎：《大数据视角下数据权的体系建构研究》，载《学术论坛》2020 年第 4 期。
〔2〕 高富平：《个人数据保护和利益国际规则：源流与趋势》，法律出版社 2016 年版，第 13 页。
〔3〕 吕廷君：《数据权体系及其法治意义》，载《党政干部参考》2017 年第 22 期。

第1条第3款规定:“不得以保护自然人的个人数据权为理由限制数据在欧盟境内的自由流通。”该第3款表明,当个人数据权利和欧盟内部经济出现冲突时,个人数据权利已经不能成为合理的阻碍数据流通的理由。欧盟在对个人数据权利进行保护的同时,也宣誓着自己对数据的主权,个人的数据权利建立在欧盟的数据主权基础之上。例如在《条例》第3条“地域范围”(territorial scope)和第五章的“数据向第三国或国际组织传输”(transfers of personal data to third countries or international organisations)中也均有所体现。[1] 数据主权不同于传统意义上的领地、领空、领海等国家主权,数据主权是在此含义上随着时代进步发展的革新,数据作为网络空间特有的形式,是权利的客体之一,在信息化时代数据安全和国家安全息息相关。[2]

数据主权包含数据控制权和数据管理权两个概念。如前所述,欧盟《条例》在第1条第3款的规定中,明晰了自己对于数据的控制权,并在《条例》的第44条又规定了“任何经过处理的数据在转移给第三方时,只有符合本法的规定才可以转让”,将数据管理的权利也圈定在欧盟区域之内。[3]

(二)欧盟数据权的数据权利属性

个人数据作为大数据的底层原始数据,长期以来由于缺乏对于数据主体的法律保护,一直面临这严重的滥用和泄露危机。自然人作为原始数据的提供主体,从法理上享有对于数据的所有权。“所有权”在罗马法中是极为重要的一个法律概念,其是一种最完全的权利,具有绝对性、排他性、永久性三大特性。[4] 但是因数据所涉及多方主体的特殊性,数据权利不能单纯地被定义为数据所有权,因为其无法满足“所有权”所具有完全的占有、使用、收益和处分的四大权能。个人数据权利中,数据主体对于数据的所有权是受到

---

〔1〕 文禹衡:《数据确权的范式嬗变、概念选择与归属主体体》,载《东北师大学报(哲学社会科学版)》2019年第5期。

〔2〕 参见肖冬梅、文禹衡:《在全球数据洪流中捍卫国家数据主权安全》,载《前线》2017年第9期。

〔3〕 欧盟《一般数据保护条例》第44条。

〔4〕 参见李欣宇:《统一和分离:罗马法所有权观念的演变》,载《华北电力大学学报(社会科学版)》2006年第2期。

限制的,非绝对的。例如在 Eugen Schmidberger 诉 Republik Österreich 案中,欧洲法院主张对数据的保护不应该是绝对的,应该结合数据在社会中的作用进行综合考虑。[1]

《条例》在第三章直接规定了数据主体权利(rights of the data subject),对自然人赋予数据访问权(right of access by the data subject)、数据更正权(right to rectification)、删除权(被遗忘权)][(right to erasure (right to be forgotten)]和数据可携权(right to data portability)等一系列数据权利。[2] 以上权利在一定程度上体现了数据主体对于数据的支配权能。

(三)我国数据权构建的双重属性

2007 年在小布什时期,美国开始进行对他国的秘密监听计划,被称作"棱镜计划(PRISM)",也称为"棱镜门"。自"棱镜门"事件曝光以来,各国都加强了对于数据保护主权上的制度设计,各国都表达了对本国数据实现自己掌控的强烈意愿。中国在 2010 年公布的《中国互联网状况》白皮书中表示:"建设好、利用好、管理好互联网,关系国家经济繁荣和发展,关系国家安全与社会和谐,关系国家主权、尊严和人民根本利益。"并且还在白皮书中强调"网络主权"这一概念,明确了中国对于数据主权的原则和主张。[3]

在 2017 年的《个人信息保护法(专家建议稿)》中,同样体现了我国对于数据主体的赋权。我国在《个人信息保护法(专家建议稿)》中参照了欧盟《条例》中的知情同意、目的限制等数据采集和处理原则,并对数据主体赋予相应权利,例如第 42 条的"信息主体查询权"、第 43 条"信息主体更正权"和第 44 条的"信息主体删除权"等。以上权利创设均体现了我国数据立法从数据权的权属到数据权的权能,全方位向世界数据保护标准靠拢。

---

[1] Eugen Schmidberger (2003) Internationale Transporte und Planzüge v. Republik Österreich, Case C – 112/00, 2.

[2] 欧盟《一般数据保护条例》第三章第 15 条、第 16 条、第 17 条和第 20 条。

[3] 《中国互联网状况》白皮书。

二、《一般数据保护条例》数据权利特征

(一)数据权利的人权化和非绝对化

1. 个人数据权的人权化

欧盟在1980年便以“保密权”与“知情权”的形式对个人数据的保护进行了法定化,而后,欧盟为了进一步加强对数据保护的力度,又将个人数据权利放置在人权的高度。在《108号公约》通过后,欧共体议会法律委员会就强调,只有将个人数据权上升为基本权利才能合法、有效地限制数据向美国等第三国流动,“我们现有的筹码是基本权利……由于有关保护个人数据的权利将被作为一项人权来进行保护,成员方数据保护立法应当尽可能一致,也就有必要考虑将其纳入《欧洲人权公约》”。[1] 例如,在《条例》正文的第1条就明确规定:本法规保护自然人的基本权利和自由,尤其保护自然人个人数据的权利。[2]

2. 个人数据权的非绝对化

欧盟数据立法将个人数据权利构建为一种需要平衡的权利,这和欧盟的立法初衷一致。在大数据时代下,个人数据虽然会带来巨大的经济价值,但该价值对于自然人个体而言是没有价值的,除非数据本身涉及自然人的隐私利益,但如果出现这种情况,也完全可以通过隐私权相关法律规定来解决,所以欧盟创设的个人数据权利是一种消极的、防御性的、非绝对性的权利。[3] 如果数据权利的人权化是欧盟为了开拓数据市场对抗美国而高树的旗帜,那么数据权利的非绝对化便是欧盟留给自己发展数据产业的一条退路。

欧盟《条例》中数据权利的非绝对性明确体现于数据主体的权利体系:

---

〔1〕 European Parliament, 1981 – 1982 Session Report of Proceedings of 8 March 1982, Protection of the Rights of the Individual with Regard to Data Processing, Doc. 1 – 548/81, p. 13.

〔2〕 欧盟《一般数据保护条例》第1条第2款原文:“This regulation protects fundamental rights and freedoms of natural persons and in particular their right to the protection of personal data.”

〔3〕 参见程啸:《大数据时代的个人数据权利》,载《中国社会科学》2018年第3期。

除规定数据主体权利行使的一般前提和法律效果外,《条例》确立了大量但书条款和限制条款,以限制数据主体权利的无限扩张。例如在《条例》规定数据访问权、限制处理权、数据可携和删除权(被遗忘权)等概念后,还专门在第三章设置了一小节:限制(Restrictions),规定了当出现某些情形时,欧盟及其成员方可以通过立法对数据主体的数据权利进行限制。[1]

(二)欧盟对数据权利的新型构建

1. 数据可携权:数据财产"可转移性"的体现

大数据时代下经济发展永远具有较高的优先性,对于数据的保护也不能过于绝对,一味强调数据的人格权属会导致数据保护过限进而对数据产业发展造成不利影响。欧盟《条例》在制度设计上新创设的数据可携权就既体现了数据的财产性属性,又精巧地变相促进了数据的流通,促进了大数据产业的增长。

数据可携权,即数据主体有权将个人数据不受数据控制者的约束而无障碍的传输给其他控制者。[2] 数据可携权具有鲜明的财产权意义,因"可处分性"是财产权利的重要特性[3],而数据可携权所蕴含的数据"可转移性"便体现了数据是财产权的客体。[4]

虽然《条例》在前言第68条这样描述"继续强化数据主体对其个人数据控制"[5],但这并非创设数据可携权的全部目的。在第29条工作组指南系列的《数据携带权指南》中,欧盟表示数据可携权的主要目的是将原本碎片

〔1〕 欧盟《一般数据保护条例》第23条第1款原文:"Union or Member State law to which the data controller or processor is subject may restrict by way of a legislative measure the scope of the obligations and rights provided for in Articles 12 to 22 and Article 34, as well as Article 5 in so far as its provisions correspond to the rights and obligations provided for in Articles 12 to 22."

〔2〕 欧盟《一般数据保护条例》第20条第1款。

〔3〕 参见梅夏英:《财产权构造的基础分析》,人民法院出版社2002年版。

〔4〕 参见张黎:《大数据视角下数据权的体系建构研究》,载《学术论坛》2020年第4期。

〔5〕 欧盟《一般数据保护条例》第68条原文:"To further strengthen the control over his or her own data, where the processing of personal data is carried out by automated means, the data subject should also be allowed to receive personal data concerning him or her which he or she has provided to a controller in a structured, commonly used, machine-readable and interoperable format, and to transmit it to another controller."

化、编码化、不便于流通的数据，在传播形式上进行统一，协助数据主体将数据在不同的数据控制者之间进行流转和传播，仅为促进数据产业的信息共享和良性竞争。第 29 条工作组指南系列中就数据可携权的性质也曾作出如下表述，即数据可携权是访问权的升级版和补充性权利。虽然在《95 指令》中便已经设置数据访问权这一权利，但是由于不同数据控制者的数据存储方式和格式不同，导致数据无法被有效访问。而《条例》中数据携带权以对数据主体进行权利赋予的方式，既让数据主体享有数据权利的财产性利益，也便于协助数据在不同控制者之间进行流转。[1]

2. 删除权（被遗忘权）：人格和财产属性的双重体现

《条例》规定，当数据控制者所控制的个人数据存在错误、不完整或非法情形时，若此情形可能对数据主体的利益产生消极影响，数据主体有权要求数据控制者删除、更正或限制处理。[2] 2014 年，著名的"冈萨雷斯诉谷歌西班牙案"[3]迎来最终判决，这是自 2012 年欧盟在《条例》草案中提出被遗忘权这一概念后迎来的首个与遗忘权有关的案例。最终欧盟法院判决谷歌删除数据，被遗忘权在司法实践上得以确立。但在最终的《条例》中，将被遗忘权的命名改为了删除权（被遗忘权）。这种更名也体现出数据权利从单纯的人格权意义到具有一定财产权意义上的转变，被遗忘偏重于内容，删除则侧重于形式。而具有可删除性的数据本身，便是财产属性的体现。

虽然删除权（被遗忘权）引起了个人隐私保护和侵犯言论自由的激烈争论，但是就其独创性来讲，删除权（被遗忘权）大大地促进了数据主体权利的保护。对于此种争论，第 29 条工作组回应称，删除权（被遗忘权）的权利范围

---

〔1〕 See Article 29 Data Protection Working Party, *Guidelines on the Right to Data Portability*, WP 242, 2016, p. 4.

〔2〕 欧盟《一般数据保护条例》第 17 条。

〔3〕 Court of Justice of the European Union, "Guidelines on the Implementation of the Court of Justice if the European Union Judgement on Google Spain SL, Google Inc. v. Agenda Espanola de Proteccion de Datos, Mario Costeja Gonzalez", C-131/12.

和申诉标准均有明确规定,[1]在《条例》中对删除权(被遗忘权)的行使也加了诸多限制,这种限制体现了数据主体所享有的权利并非对世的绝对权,而仅仅是一种消极的防御性权利。更正权和限制处理权是删除权的缓和形式,前者即当个人数据不准确、不完整时,数据主体有权要求数据控制者及时更正;后者则是当个人数据不准确、数据处理非法、数据主体需要将个人数据作为证据留存或者存在其他合理理由时,数据主体有权限制企业处理其个人数据。[2]

(三)数据权利管辖范围的扩张化

1. 实质管辖的开放性

《条例》的颁布在数据产业滞后的欧盟有着工具性价值。《条例》作为欧盟自身数据产业的法律基础,为了限制数据跨境流通,其在适用范围上有一定扩大。《条例》第 2 条用概括式的方式规定了该法律的适用范围,即《条例》适用于构成或拟构成文件系统的全部或部分以自动化方式处理的个人数据。[3] 而“个人数据”和“处理”概念的界定和解释直接决定了《条例》的实质适用范围,立法者欲借助广义解释,涵盖所有个人数据处理行为,扩大《条例》的实质管辖范围,以制定高水准的保护方式为欧盟在数据产业方面的谈判增加筹码。[4] 于是在法律条文中,《条例》仅确立了一般性规范,赋予法院广泛的裁量空间。

在“个人数据”的界定的问题上。因《条例》仅适用于个人数据,因此欧盟在立法时扩大化了“个人数据”范围,即任何已识别或可识别的数据主体相关信息或通过识别可直接或间接归至某一主体的数据均为“个人数

[1] 参见王融:《大数据时代:数据保护与流动规则》,人民邮电出版社 2017 年版,第 195 ~ 201 页。

[2] 参见京东法律研究院:《欧盟数据宪章〈一般数据保护条例〉评述及实务指引》,北京法律出版社 2018 年版,第 61 页。

[3] 《欧盟一般数据保护条例》第 2 条第 1 款。

[4] Paul Voigt, Axel von dem Bussche, *The EU General Data Protection Regulation, A Practical Guide*, Springer International Publishing AG, 2017, p. 9.

据”。[1] 《条例》在法律规范中将“可识别性”作为个人数据的确定标准，在司法实践中，法院也认可这一标准并确立了一系列示例规则，例如：自然人的电话号码、工作信息、ISP地址等，这些信息都因具有“可识别性”而构成“个人数据”。[2] 同时，《条例》对“处理”的概念采取了非穷尽性列举的开放界定立法技术，收集、记录、储存、使用等方式都属于“处理”。[3]

2. 地域管辖的扩张性

《条例》在管辖上具有明显的扩张性。《条例》规定，无论数据处理行为是否发生于欧盟，凡是设立在欧盟境内的数据控制者或处理者均适用《条例》；设立在欧盟境外的数据控制者或处理者在提供产品服务过程中，若处理了欧盟境内数据主体的个人数据，也受《条例》管辖。[4]

《条例》所规定的管辖结合了属地管辖的多项原则，例如住所地、设立地、和市场地原则，只要行为主体或者行为发生地发生在欧盟境内，便应受到《条例》的管辖。《条例》的这种跨境管辖的意图十分明确，长臂管辖对于数据保护和发展数据产业均有良好的保障作用。数据保护方面，通过长臂管辖可以有效地防止企业通过协议管辖的方式选择在对数据保护程度较弱的国家进行纠纷解决；数据产业发展方面，长臂管辖能够实现阻碍数据自由跨境流通，将数据产业保留在欧盟境内的现实需求。[5] 欧盟的这一管辖规则为欧盟在数据产业谈判的国际市场中赢得了有利地位。[6]

---

〔1〕 欧盟《一般数据保护条例》第4条第1款。

〔2〕 Commission v. Bavarian Layer Co. 2010. 6. 29; Patrick Breyer V Bundesrepublik Deutschland, 2016. 10. 19.

〔3〕 欧盟《一般数据保护条例》第4条第2款。

〔4〕 欧盟《一般数据保护条例》第3条。

〔5〕 Paul Voigt, Axel von dem Bussche, “The EU General Data Protection Regulation (GDPR), A Practical Guide”, Springer International Publishing AG, 2017, p. 22

〔6〕 金晶：《欧盟〈一般数据保护条例〉：演进、要点与疑义》，载《欧洲研究》2018年第36期。

第四节 《一般数据保护条例》数据权对我国的启示

一、我国数据立法滞后原因分析

作为一部具有代表意义的数据保护法,《条例》颁布于欧盟数字经济产业滞后时期,具有明显的功能主义色彩,[1] 即发展欧盟境内的数据产业。同时《条例》也反映出数据问题的复杂性和数据法益的多样性。对于数据保护问题,我国学术界和实务界在2003年就已经达成共识,中国社会科学院受到国务院信息办委托成立了个人数据研究小组。[2] 2015年国务院发布了《促进大数据发展行动纲要》的通知要求:"全面推进我国大数据发展和应用,加快建设数据强国"。[3] 但是直到2018年我国才正式将数据保护问题列为立法项目。我国迟迟未对数据进行立法,是因为数据问题有着来源的复杂性和法益的多样性。个人数据从主体上不仅涉及数据主体个人权利还涉及国家主权,同时数据化的多流程还涉及数据控制者及数据处理者,在数据利益方面,数据不仅涉及个人的人格利益和财产利益,还涉及产业利益和社会公共利益。[4] 《条例》中对于数据的保护仅仅是多种数据保护方法下的方式之一,只是在欧盟特定的产业环境、法律文化和技术条件下的一种尝试。欧盟的《条例》是否能解决我国的数据立法问题,主要应该从以下三个方面来进行分析:

(一)数据的人格属性和财产属性的平衡

正如美国学者詹姆斯·怀特曼(James Whiteman)所说,"个人数据保护

---

[1] 参见许可:《GDPR将如何影响全球数字经济》,载《网信军民融合》2018年第6期。

[2] 参见高渊:《议大数据时代下的个人信息安全》,载《今传媒(学术版)》2014年第8期。

[3] 《国务院关于印发促进大数据发展行动纲要的通知》,载人民政府网,http://www.gov.cn/zhengce/content/2015-09/05/content_10137.htm? url_type=39&object_type=webpage&pos=1。

[4] 中国经济时报:《推动我国数字经济发展亟须分类确定数据权利》,载中国经济时报网,http://www.cbdio.com/BigData/2019-07/31/content_6150028.htm。

法不是逻辑的产物，不是经验的产物，不是现代社会共同的情感需要，而是社会的焦虑和理想主义的产物”。[1] 对于数据权利的人格权和财产权认定也不仅仅是法律逻辑上的问题，而是涉及数据这一权利在实施方面的功能性价值。

人格和财产的二分论是民法上的传统分类，[2]对于数据问题，如果将数据权利仅定义为一种人格权，会因为人格权所代表的尊严价值和精神利益，[3]而强调数据主体对于数据的支配属性，导致过分限制数据的自由流通并阻碍数据产业的发展。反之，如果将数据权利作为一种财产权，则会涉及更多难题，例如该财产权应该归哪方主体所有。是将该财产利益赋予自然人身份的个人还是赋予数据控制者和数据处理者的平台，还是强调数据的公共属性？

1. 自然人享有数据财产权

最早提出将数据的财产性利益赋权自然人这一观点的是哈佛学院的法学教授劳伦斯·莱斯格，该观点主要是呼吁将数据权财产权化，也称作“数据财产化理论”，我国学者王利明也对此观点表示认同。但美国的数据权财产权化模式的实施效果欠佳。

首先，客观层面，信息不对称下自然人主体往往不具备对数据进行分析和挖掘的能力，数据仍旧被牢牢地掌握在数据控制者和数据处理者手中，自然人所享有的财产权性质的数据权往往在处分和收益权能上大打折扣。[4] 而且数据平台对数据的收集和处理在大多数情况下是免费的，在这种情形下，自然人向数据平台主张财产性利益缺乏理论支撑和事实基础。其次，主观层面，自然人对于数据的财产利益需求并不强烈，网络产品是为了使生活

---

〔1〕 James Whitman, *The Two Western Cultures of Privacy: Dignity Versus Liberty*, 113 Yale Law Journal, 1220 (2004).

〔2〕 参见陈传法：《人格财产及其法律意义》，载《法商研究》2015 年第 2 期。

〔3〕 参见王泽鉴：《人格权保护的课题与展望——人格权的性质及构造：精神利益与财产利益的保护》，载《人大法律评论》2009 年第 1 期。

〔4〕 参见胡凌：《超越代码：从赛博空间到物理世界的控制/生产机制》，载《华东政法大学学报》2018 年第 1 期。

更加便利，但是对数据的财产性主张往往耗时耗力，会成为网络用户的负担。[1]

2. 数据控制者和处理者享有数据财产权

这种模式在各个国家都较为常见，原始数据虽然由自然人主体提供，但不经过大数据处理的数据是毫无经济价值的，所以作为数据收集者和数据处理者的平台或企业，对于数据产品和原始数据都享有财产权。但是这种模式有着明显的弊端，其会侧重于数据产业的数据利用，而导致数据泄露等恶性事件的发生。[2] 由此可见，数据的财产性赋权，确定财产利益权属，一直都是数据问题的难题。

（二）数据经济发展和数据保护间的平衡

欧盟有关个人数据权立法的一切努力最终都是为了保护、扶持和发展欧盟本土数据处理产业，扭转欧洲数据处理市场被美国垄断的局面，维护欧盟经济安全乃至各成员方国家主权的独立，并希望在全球数据处理市场中发展自己的数据产业。欧盟的《条例》具有保护个人数据权和规制数据跨境流动的双重立法目的。《条例》的立法目的之一是为欧盟单一数字经济市场提供"基本法"，有效促进商业发展。但从效果上来看，其却并没有起到振兴欧盟数字经济市场的作用。例如，2019 年美国"数据创新研究中心"对欧洲在线广告业务调研的结果显示，《条例》使得欧洲对在线广告的需求下降了 20% ~ 40%。[3] 数百个网站完全停止对欧洲服务；截至 2018 年 12 月，超过 1000 家美国新闻网站无法在欧洲展业。

我国个人数据保护立法的背景与欧盟不同，我国不存在数据产业被他国入侵的情况；相反，主导我国数据处理市场的主体恰恰是我国本土企业，并且

---

〔1〕 参见鲁楠：《科技革命、法哲学与后人类境况》，载《中国法律评论》2018 年第 2 期。

〔2〕 参见刁胜先、何琪：《论我国个人信息泄露的法律对策——兼与 GDPR 的比较分析》，载《科技与法律》2019 年第 3 期。

〔3〕 Eline Chivot and Daniel Castro, *What the Evidence Shows About the Impact of the GDPR After One Year*, https://www. datainnovation. org/2019/06/what-the-evidence-shows-about-the-impact-of-the-GDPR-after-one-year/.

部分本土企业已经在国际市场中崭露头角，其中，腾讯、阿里巴巴和百度还稳居世界互联公司市值前10强。[1] 因此，从根本上而言，我国在个人数据处理产业的政策重点是谨防本土企业实施不正当竞争或者滥用市场支配地位，相应措施的关键在于构建数据处理行业的公平竞争秩序，同时还要为我国企业开拓海外市场塑造有利的国际环境。[2] 那么如何在数据保护和数据产业发展之间寻求平衡点，欧盟《条例》并未给我们答案。

（三）多方数据主体的数据权益分配平衡

数据问题因在收集、处理和应用环节涉及自然人、企业和政府等多方主体，对于权益分配问题有着诸多矛盾。我国80%的数据目前直接或间接的由政府掌握，另外的20%数据掌握在企业手中，这两部分数据并未做到有效流通，形成了"数据孤岛"的局面。[3] 在数据权益分配问题上，许多国家基于数据主权的理论考量，将数据作为一种公共资源，例如在欧盟《条例》中也规定了不能以个人数据权利来阻碍数据在欧盟境内的流通。[4] 我国在该问题上也认同数据主权理念。例如，《网络安全法》第18条规定："促进公共数据资源开放。"但无论是作为数据控制者的政府还是企业，都未做到权利和义务相统一，政府和企业对于数据利益的获取都停留在实然层面，而未进行立法上的法律论证，也并未设定和承担相应的义务和责任。而作为原始数据提供者的自然人个人，在数据权益分配环节具有天然的弱势地位，法律也并未对其进行赋权使其获得应有的权益分配。

---

〔1〕 中国互联网协会、工业和信息化部信息中心：《2018年中国互联网企业100强发展报告》。

〔2〕 参见王晓晔：《竞争政策为什么应成为国家基本经济政策》，载《中国价格监管与反垄断》2016年第3期。

〔3〕 新浪财经研究报告：《通信行业：大数据产业发展势头良好，继续关注产业龙头》，载新浪财经网，http://vip. stock. finance. sina. com. cn/q/go. php/vReport _ Show/kind/lastest/rptid/4136720/index. phtml。

〔4〕 上观新闻：《智库观点 | 数据治理挑战，可能倒逼政府公共服务能力的改革与转型》，载上观新闻网，https://www. shobserver. com/news/detail? id = 118027。

二、欧盟数据权利对我国数据立法的借鉴意义

(一)创设新型数据权利

自2000年《欧盟基本权利宪章》(Charter of basic Rights of The European Union)在第8条中明确的使用了"保护个人数据的权利"(the right to the protection of personal data)这一概念,即每个人都有权保护与其相关的个人数据。[1] 将数据权作为一种独立的新型权利就已经是实际数据立法的趋势。虽然我国已经将数据立法提上议程,但是学术界对于数据的具体立法路径选择仍旧有较大争议。有学者主张在现有的民法体系、知识产权法等既有法律基础上,进行扩大解释来涵盖数据这种新型权益。持该种观点的学者认为,若要真正实现个人数据权利这样一项来自比较法的权利的本土化,那么必须从解释论的路径切入,细致梳理我国现有的相关法律规范构建出了一个相应的保护体系,这有利于立法体系的无矛盾性与融贯性。但是,部分学者认为我国不应再继续以这种碎片化的方式对个人数据进行保护。

其一,截至2018年6月,世界已有126个国家拥有个人数据保护法。[2] 对个人数据单独立法已经是国际趋势,将个人数据权利碎片化立法将会导致数据保护力度大打折扣;其二,如果仅仅是在原有法律基础上进行扩大解释,这样的民事立法很难与行政管理方面相统一,如前所述,只有制定独立的、明确的民事立法并与行政管理措施相配合,才能切实保护个人数据。在既有法律基础上进行扩大解释并不能实现对数据问题的有效规制和保护。[3] 而是应该对其进行单独立法。

同时,数据属性具有复杂性。其一,数据因其源于社会公众,且就我国现

---

〔1〕 参见陈炜权、赵波:《论数据保护权作为一项基本权利——以欧盟〈一般数据保护条例〉为分析对象》,载《西南政法大学学报》2018年第6期。

〔2〕 参见张继红:《数据时代个人信息保护行业自律的困境与出路》,载《财经法学》2018年第6期。

〔3〕 参见许娟:《中国个人信息保护的权利构造》,载《上海大学学报(社会科学版)》2019年第2期。

状而言80%的数据控制在政府手中,所以我国的数据具有一定的公益性。其二,原始数据本身并不具有经济价值,数据经过政府、企业的收集、处理、整合之后形成大数据,才使数据具有了经济价值,这种通过技术手段对数据的挖掘和分析,是数据处理者智力的体现,具有数据经济利益的大数据产品是符合知识产权法的智力成果,所以数据又具有知识产权的属性。其三,数据不仅是私法意义上的数据个人权利,同样代表着国家主权。数据大量涉及这一个国家的经济、社会、地理和文化等信息,涉及公民个人和交易的海量数据,其不仅涉及个人隐私,也涉及商业问题和国家安全。[1] 所以现有的民法体系、知识产权法和《反不正当竞争法》并不能通过对既有权利进行解释来同时涵盖数据所具有的公益性、知识产权属性和国家主权性质,所以我国对于数据的立法应该借鉴欧盟《条例》,将数据权利创设为一种新型权利。

(二)数据权利非绝对化:隐私数据和一般数据的区分

如前文所述,个人数据在个人手里除却隐私部分,只是一系列无价值的编码,为了平衡数据产业发展与个人数据保护,应该对个人数据采取二分法的方式进行不同程度的保护。学术界将其称为“两头强化”的思路,[2] 即将数据分为“个人隐私数据”和“个人一般数据”,着重加强对前者的保护,并扩大对后者的利用。

1. 加大个人隐私数据的保护力度

“个人隐私数据”,是指涉及个人隐私核心领域、具有高度私密性、对其公开或利用将会对个人造成严重恶劣影响的个人数据。我国《个人信息安全规范》将其进一步界定为:隐私数据一旦泄露或被非法提供和滥用,可能危害人身和财产安全,导致个人生命健康、个人名誉都受到极大的威胁。为了保护个人隐私,避免因数据泄露使个人利益遭到侵害,我国个人数据保护立法

---

〔1〕 参见韩伟:《安全与自由的平衡——数据安全立法宗旨探析》,载《科技与法律》2019年第6期。

〔2〕 参见张新宝:《从隐私到个人信息:利益再衡量的理论与制度安排》,载《中国法学》2015年第3期。

可以借鉴《条例》如下权利。

(1)删除权(被遗忘权)

《条例》规定,当数据控制者所控制的个人数据存在错误、不完整或非法情形时,若此情形可能对数据主体的利益产生消极影响,数据主体有权要求数据控制者删除、更正或限制处理。《条例》意义上的删除权(被遗忘权)的适用范围更加广泛,既包含着"个人隐私数据"也包含"个人一般数据",既包含数据控制者的处理行为存在非法情形时数据主体有权要求"被遗忘"的权利,又包含即便数据控制者不存在任何非法处理情形,数据主体依然有权要求"被遗忘"的人权性质的权利。[1] 我国可以根据我国国情将其本土化,缩小其适用范围。

结合我国作为世界数据产业强国的国情,删除权(被遗忘权)的适用应该被严格限定在隐私数据的范围内,即仅适用于个人隐私数据的保护,当数据控制者所控制的个人隐私数据不再具有必要性目的,或者将个人隐私数据用于未经数据个人同意的用途或非法用途,数据主体有权要求数据控制者删除其所持有的个人隐私数据。

(2)存储限制原则

《条例》规定,对于能够识别数据主体的个人数据,其储存时间不得超过实现其处理目的所必需的时间;仅仅在涉及公共利益、科学研究等重大问题时,数据控制者才有权超期限对于该数据进行存储,否则一旦超过数据处理所必需的时间,数据控制者应采取技术手段将数据进行删除。[2] 我国是数字经济发展的大国,数据的价值对于我国不言而喻,如果要求所有企业都对

[1] 参见廖宇羿:《被遗忘权本土化适用的解释路径》,载《财经法学》2018 年第 5 期。

[2] 欧盟《条例》第 5 条原文:"Principles relating to processing of personal data:(e)kept in a form which permits identification of data subjects for no longer than is necessary for the purposes for which the personal data are processed; personal data may be stored for longer periods insofar as the personal data will be processed solely for archiving purposes in the public interest, scientific or historical research purposes or statistical purposes in accordance with Article 89(1) subject to implementation of the appropriate technical and organisational measures required by this Regulation in order to safeguard the rights and freedoms of the data subject ('storage limitation')."

个人数据规定一定存储期限，一方面在定义上很难界定“所必需”的时间长短；另一方面可能造成工作量巨大，增加大企业合规成本。基于此，可以将存储限制原则的使用加以限定。该条原则应该仅在隐私数据的范畴内运用，而经过匿名化处理的数据因已经不具备身份可识别性，[1]数据处理者有权不再对该部分数据的存储设定存储期限。

2. 加强对一般数据的经济利用

在《条例》生效一年之后，2019年《欧盟非个人数据自由流动条例》也正式生效，同时欧盟委员会还颁布了《欧盟非个人数据自由流动条例的实施指南》。[2] 以上两部法律根据数据是否涉及身份识别性进行了分类，《欧盟非个人数据自由流动条例的实施指南》中明确指出，“非个人数据”是个人数据以外的其他个人信息，主要由两类数据构成，一类是与自然人身份识别无关的数据，另一类指经匿名化处理后的数据。以上两类数据都因不具备自然人身份的可识别性，所以可以自由转移以实现数据经济效益的最大化。

欧盟对“非个人数据的定义”即与本部分中所讲的一般数据在内涵上具有同一性。我国在进行数据立法时，应该对已经不具备隐私威胁性的一般数据加强经济利用，通过法律规定一般数据的处理一般原则，即一般数据应该自由流通，非因法定原因不得对该部分数据的收集、处理和应用加以限制。

（三）规范个人数据利益分配机制

个人数据在个人手里毫无经济价值，只有经过云计算整合成大数据才能产生经济效益，对于数据权益的归属问题一直都亟待解决。美国著名经济学家罗纳德·哈里·科斯认为：“缺乏清楚的产权界定，便不存在有效的市场。”[3]针对数据和大数据产品，数据权益问题的分配是构建数据权利的基础。

---

〔1〕 参见杨翱宇：《数据财产权益的归属判定》，载《重庆大学学报（社会科学版）》2020年第2期。

〔2〕 参见郑令晗、肖冬梅：《欧盟非个人数据自由流动制度及其中国本土化》，载《图书情报工作》2019年第13期。

〔3〕 参见王江桥：《数据产品的权益归属及司法保护》，载《人民司法》2019年第8期。

目前关于数据归属问题，法学界形成了三种不同的权益分配理论，即个人权益论、平台权益论以及综合权益论。

个人权益论主张，数据源于社会公众，数据产品仅仅是碎片化原始数据的集合，所以数据权益应该归属于个人。学者刘德良认为，身为数据控制者的网络平台仅是数据的载体和管理者，并非数据的当然所有者，数据的权益分配也不应该归属于网络平台。

平台权益论主张，原始数据仅是无经济价值的编码，数据产品的经济价值来自于网络平台的整合和分析。网络平台作为数据产品经济效益的贡献者，是数据权益的当然主体。

本部分支持第三种主张，即综合权益论。从客观层面，自然人作为原始数据的贡献者，网络平台作为数据产品的贡献者，这是大数据时代下数据问题处理多流程形态下的必然局面，由数据所得到的经济利益也应该同时归属于数据主体和数据平台。[1] 数字经济所带来的效益应该由平台与个人以公平的方式来进行分配。但这其中又要细分为平台和平台之间的分配，以及平台和个人之间的分配问题。

1. 公平平台与平台之间的利益分配

"剑桥分析"公司违法获取"脸书"公司的用户数据事件，是数据在平台之间流转难题的导火索。该事件表面上看是不同平台之间对于资源恶性竞争以及数据泄露的不当行业操作问题，但其背后反映出的是数据权益分配不合理的问题。[2] 平台与平台之间利益的分配可以借助我国现有的《反不正当竞争法》来解决。例如在"新浪诉脉脉案"和"淘宝诉美景案"中，[3]法院虽然并未直接将数据方面权利进行财产权的设定，但是法院通过运用《反不

〔1〕 参见高完成：《数据财产创造者、数据财产控制者》，载《重庆邮电大学学报（社会科学版）》2018年第1期。

〔2〕 张玉洁、胡振吉：《我国大数据法律定位的学说论争、司法立场与立法规范》，载《政治与法律》2018年第10期。

〔3〕 参见北京市海淀区人民法院民事判决书，(2015)海民(知)初字第12602号；北京知识产权法院民事判决书，(2016)京73民终588号；杭州互联网法院民事判决书，(2017)浙8601民初4034号。

正当竞争法》中有关数据的相关规定,对该案件进行了判决。

2. 完善企业与个人之间的利益权衡

抛却隐私数据,对于一般数据是否能用来创造经济价值,数据主体个人并不持反对意见。个人数据只有经过汇总形成大数据才会产生经济效益,既有利于国家经济发展,也利于个人的生活便利。但是,即便是在综合权益论下,如何将该数字经济利益用公平的方式分配给企业和个人,是一个待解决的难题,因为如果直接将企业通过大数据获得的利润对数据个人进行分配,这既难以确定公平的分配标准,又因涉及太多数据个人而工程量巨大,难以操作。

作为数据主体的个人,便利是个人生活的最普遍需求,数字经济的蓬勃发展基于个人生活的极大便利,例如,当我们在网页上进行某些关键词搜索,便会接收到相应的广告推送,这是广告商的一种盈利手段,但同时也提高了个人生活便捷性。不过,我国个人数据保护在立法时应该赋予我国公民拒绝这种“便利”的权利,例如,《条例》中赋予数据主体拒绝权(right to object)和拒绝受自动化决策约束的权利(right to not be subject to automated decision-making)。[1] 虽然在现有法律和实施层面上,都难以实现数据主体对数据权益的直接分配,但这种权益可以通过增强生活便利性得到,且数据主体有权利拒绝不受打扰。[2] 数据主体应有权随时拒绝对其个人数据的处理,包括自动化的用户画像处理。

(四)行政责任与民事责任并行

《条例》的处罚涉及行政处罚和民事处罚,结合多件执法案例分析可知,对违反《条例》规定行为的行政处罚与民事赔偿之间存在失衡,许多案件往往是企业受到天价行政罚款,但实际遭受到损失的数据主体却并没有得到应

---

〔1〕《如何理解拒绝权和拒绝受自动化决策约束的权利?》,载威科先行法律信息库,http://lawv3.wkinfo.com.cn/topic/61000000515/13.HTML。

〔2〕《朱巍:大数据时代也要注意隐私保护》,载中国青年网,http://news.youth.cn/gn/201510/t20151021_7228298.htm。

有的赔偿,这一结果与欧盟限制数据跨境流通的目的相关。我国家在进行个人数据立法时,应做好个人权利保护法和行政管理之间法的平衡。

1. 加强企业行政违法责任

个人信息保护法除应该立足个体,维护民众对个人信息及其处理活动所享有的各项权利以外,国家对企业的行政管理也具有不可或缺的行政法上的意义。数据主体在数据控制者面前属于弱势群体,仅对数据主体赋予民事上的权利,无法解决数据被滥用、泄露的现实问题,个人数据权利将不得不沦为"纸面上的权利"。由此可以理解,即便是以法院为中心的美国,个人数据的保护也多由美国贸易委员会(FTC)承担,而非经由诉讼来解决。[1] 但《条例》的行政管理力度可能过大,使保护效果适得其反。根据《条例》规定,针对违反隐私保护、没有采取充分的信息技术安全保障措施、违反数据泄露通知要求等违法行为,处以1000万欧元或者上一年度全球营业收入的2%,二者取其高;而针对违反数据处理原则、数据处理没有合法基础、违法同意要求、侵害数据主体的合法权利等违法行为,处以2000万欧元或者企业上一年度全球营业收入的4%,二者取其高。高额的天价罚款虽然会在一定程度上阻止企业恶意的效率违约,但是也可能对企业发展造成严重打击,致使数据产业发展受阻。

我国可以部分借鉴《条例》有关行政处罚的相关规定,但是对于处罚金额应该根据"数据处理行为的性质、范围、环境、目的以及对自然人的权利和自由带来的风险和损害可能性与严重性"综合考量。避免过高的行政处罚导致我国数据产业发展陷入不利境地。

2. 明确企业民事违法责任

我国的民事责任的确立可以在制度上借鉴《条例》中相关规定。民事责任承担分为两类,就被侵权数据主体而言,为了确保其获得有效赔偿,数据控制者和数据处理者就数据主体的全部损失承担连带责任。《条例》中规定了

[1] 参见张新宝:《我国个人信息保护法立法主要矛盾研讨》,载《吉林大学(社会科学学报)》2018年第9期。

“共同控制者”(joint controllers)这一概念,即如果数据同时被不同平台控制,那么共同控制者之间的内部关系可以经双方约定,但对外,共同主体应该向数据主体承担共同的、连带的责任。[1] 而在内部的责任分配上,数据控制者就其违反《条例》规定的数据处理行为担责;数据处理者只对违反《条例》规定的行为以及超越数据控制者的合法指示的行为担责。

---

〔1〕《数据控制者与数据处理者的关系如何?》,载威科先行法律信息库2022年7月7日,http://lawv3.wkinfo.com.cn/topic/61000000515/14.HTML。

第五章　美国专利法上的永久禁令制度研究

《美国专利法》第154条有对专利权的绝对化进行定义，即“排除他人制造、适用、许诺销售、销售其发明的权利”。[1] 对于专利侵权的救济，美国联邦巡回上诉法院自成立以来就经常强调专利权的“排他权”的根本属性，因此，逐渐形成专利权强救济措施。由于专利权的绝对化导致的“专利诱饵公司”“专利丛林”等问题的逐渐增多，因此人们认识到只有对专利权的绝对化进行消解，才能更加公平地平衡当事人之间的权利，促进专利技术的应用和社会经济的发展。为此，需要对专利侵权救济措施的改进进行相关研究，而美国永久禁令作为专利案件中最经常被使用的救济措施，其适用条件的变化正是对这种专利权去绝对化的表现。

由于《美国专利法》中的“永久禁令”与我国专利法中的“停止侵害”有类似之处，因此，美国法院在永久禁令问题上的实践可以为我国所借鉴。本章试图通过研究美国专利诉讼中永久禁令制度的适用条件的变化，论证这种专利权去绝对化的趋势，之后通过与我国专利诉讼中停止侵害救济制度的比较，从《关于审理侵犯专利权纠纷案件应用法律若干问题的解释（二）》[2]的

---

〔1〕 35 U.S. Code § 154(a)(1): “Every patent shall contain a short title of the invention and a grant to the patentee, his heirs or assigns, of the right to exclude others from making, using, offering for sale, or selling the invention throughout the United States or importing the invention into the United States, and, if the invention is a process, of the right to exclude others from using, offering for sale or selling throughout the United States, or importing into the United States, products made by that process, referring to the specification for the particulars thereof.”

〔2〕 该文件由我国最高人民法院于2016年发布。

立法突破和相关司法判例层面说明我国在这一问题上的变化，进而提出完善我国停止侵害救济适用条件的建议。

第一节 美国专利诉讼中永久禁令的适用历程

一、“一般规则”审理思路的适用

（一）美国永久禁令的衡平法原则

在美国，禁令分为永久禁令与临时性禁令。临时性禁令是指为了防止当事人（一般为原告）因侵权行为遭受到难以弥补的损害，法院在诉讼过程中颁布的具有时效的暂时性禁制令；永久禁令是指法院在完成与案件有关的事项的调查后，向案件当事人发出去做或禁止去做某些具体的事情的命令。在禁令救济当中永久禁令一般作为主要的专利侵权救济方法，其原因是，永久禁令不同于临时禁令的根本特征在于，相对于临时禁令的中间性质和临时性质，永久禁令具有结论性、长期性。它不是在诉讼程序未了结时作出的，而是在诉讼程序终结时作出。

美国法通过对英国衡平法的借鉴与修改，形成了自身法律体系的禁令救济规则。英国著名法律史学家梅因认为，法律与社会是相互适应的，而使其两者互相协调的手段则包括三种：法律拟制、衡平以及立法。〔1〕其中，法律拟制，是将原本不符合某种规定的行为也按照该规定处理。梅因所应用的法律拟制是对于法律规定设立其他假定条件使其表达的结果发生变化，即表达法律的文字没有改变，但对其文字的运用规则已经发生变化。〔2〕衡平是指同原有民法领域上同时存在的一些规定，基于“正义、良心和公正”等民法原则，其内涵权力发源于社会大众所认定的具有伦理性的原则，而非只属于个

〔1〕 参见［英］梅因：《古代法》，沈景一译，商务印书馆2017年版，第15页。
〔2〕 参见谢潇：《法律拟制的哲学基础》，载《法制与社会发展》2018年第1期。

人或只属于某个群体的特殊权利,[1]由于这些原则具有至高无上的神圣性,在某些程度上可以替代某些民法上的规定。衡平与法律拟制的不同之处为,衡平在干涉法律的作用上具有更加公开、清楚的作用。同时,衡平又和立法不同,衡平具有更广阔的原则性,可以作为立法之后的法律改进媒介。而立法是指特定国家机关依照一定程序,制定或者认可反映统治阶级意志的法律法规,明确性更强,其特点是通过国家机器赋予其强制性。

联邦法院的衡平法管辖权最早来自1789年《美国司法法案》(The Judiciary Act of 1789)。[2] 同时,《美国司法法案》中规定了只有在没有"清楚的、充分的和完全的普通法救济"时,法院才能根据衡平法审理案件。其规定也明确了普通法救济与衡平法救济的适用关系。[3] 美国的禁令救济就是以衡平法原则为基础而发展出来的权利救济方式,由于永久禁令具有特殊的强制力,通常地,法院在审判裁量是否发布永久禁令时通常是谨慎小心的,当侵权行为可以通过损害赔偿得以弥补,即通过一定的罚款足以使得侵权人停止实施继续侵权的行为时,法院一般不会颁布永久禁令。[4] 只有当普通法中规定的救济方式确实穷尽却仍不能完全弥补当事人的损害时,方能考虑颁布永久禁令等特殊救济。[5] 另外,衡平法原则还要求法官依其自由裁量权去判断是否"充分救济",即法官基于双方经济以及社会道德的考虑,综合结合大众利益、双方当事人损失的比较等各种因素来判决最终应该侧重于哪方

---

[1] 参见谢潇:《法律拟制的哲学基础》,载《法制与社会发展》2018年第1期。

[2] The Judiciary Act of 1789. SEC. 11: "... And shall have exclusive cognizance of all crimes and offences cognizable under the authority of the United States, except where this act otherwise provides, or the laws of the United States shall otherwise direct, and concurrent jurisdiction with the district courts of the crimes and offences cognizable therein."

[3] The Judiciary Act of 1789. SEC. 16: "And be it further enacted, That suits in equity shall not be sustained in either of the courts of the United States, in any case where plain, adequate and complete remedy may be had at law."

[4] See Seaman, CB, *Permanent Injunctions in Patent Litigation After eBay: An Empirical Study*, Iowa Law Review, 2016 Vol. 101 No. 5.

[5] 关于不可弥补的损害的要求,详见本书第二章第一节的具体分析。

当事人的利益。[1]

（二）“衡平法原则”与“制定法”之间的关系

专利侵权中获得永久禁令救济的一个考量因素是制定法明确规定了永久禁令救济。[2] 在美国，许多立法中已明确规定了永久禁令救济，而法院基于该原则实施救济的权力是来自自身的司法体系，衡平法院实施该权利并不依赖于立法授权。因此，对永久禁令在法律中的适用，有必要厘清“衡平法原则”与成文制定法之间的联系。

“衡平法原则”出自于各个法院案例实践，故可以说“衡平法原则”与制定法的关系也是司法实践与立法之间的关系。主持立法的相关部门通过合法的程序在对衡平法救济加以限制或直接在制定法中规定了衡平法救济，法院在判案中需要同时兼顾制定法规则与衡平法的原则。一方面，若存在某制定法在其内容中已明确规定了永久禁令救济适用条文，法院会自然地的适用其规定，判决颁布永久禁令，也就是说，当具体条文有对永久禁令救济进行相关规定时，侵权人一旦违反该规定，法院就可推定其满足赔偿救济的“不充分性”。在大多数情况下，若永久禁令救济被规定在某部制定法中，当案件适用该部法律时，法院没有考虑“衡平法原则”而直接根据法律规定实施永久禁令救济，久而久之在司法实践中，即使当案件并不适用规定禁令救济的法律时，法官也会根据判例认为颁布永久禁令是正确的做法而拒绝颁布永久禁令则变成了特例。面对这样的情况，部分学者认为在成文制定法下并不需要过多考虑“衡平法原则”。[3] 另一方面，若存在法律条文中明确限制了法院衡平救济的规定，但根据案件具体情况以及衡平法的正义原则应当给予衡平救济时，法院通常会对制定法进行缩限解释，而其最终的结果仍然为法官认为

---

〔1〕 参见[美]理查德·D.弗里尔、罗伯特·豪厄尔：《美国民事诉讼法》，张利民、孙国平、赵艳敏译，商务印书馆2013年版，第27页。

〔2〕 See Damon C. Andrews, *Why Patentees Litigate*, Columbia Science and Technology Law Review, 2011.

〔3〕 See Douglas Laycock, *The Death of The Irreparable Injury Rule*, 103 Harv. L. Rev. 687, 1990.

只要侵权行为对原告构成侵权,就可采取永久禁令救济。[1]

在解释《美国专利法》第283条上,美国在1982年设立联邦巡回上诉法院,[2]然而其在设立后审理专利侵权类案件时却一直延续上文所述的判案思路,未能真正按照"衡平法原则"的内涵进行审判,直到最高法院在eBay案[3]中纠正了这样的解释,并强调专利诉讼中考虑是否颁布永久禁令仍须符合衡平法原则。

(三)永久禁令"一般规则"适用下的社会背景

20世纪80年代,随着创新的不断加速,美国专利诉讼案件逐渐增多,随之而来的与永久禁令有关的案件也不断增多,至20世纪末,专利诉讼的数量呈指数增长,案件数量在1991年时为1200件左右,至2001年,美国的专利涉诉案件已上升至2500件左右。[4] 而某些行业出现的专利诉讼较为密集,公司为了达到盈利以及方便专利产品商业化和合规性的目的,向各种专利权人申请获得专利权利许可多达上百件。在这样的环境下,对那些新进入行业市场的企业,高昂的谈判成本成为他们难以逾越的鸿沟,于是,新的创新产出受限,很难在短时间内带来公共利益。分析其原因,首先,美国包容的制度以及不断发展的工业科技环境为相关企业或独立发明人提供了环境便利;其次,随着司法实践的发展,法律已经倾向于偏袒专利权人,如前所述,在大部分案件中无论专利权人的权利诉求多么缺乏逻辑支撑,法院一旦发现侵权人有专利侵权的行为,法院随即会颁发永久禁令,这样的审判思路被称为"一般规则"(general rule)。自联邦巡回上诉法院建立至eBay案之前,当涉案专利被认定为有效且侵权人确实侵权,该法院从未拒绝过为任何一起案件颁发永久

---

〔1〕 See Eric E. Bensen, *Apportionment of Lost Profits in Contemporary Patent Damages Cases*, Virginia Journal of Law and Technology, Vol. 10 No. 3, 2005.

〔2〕 美国联邦巡回法院创建于1982年,与其他上诉法院不同的是,联邦巡回法院的管辖权是基于案件的事项,而不是地理位置来确定的,他是专利确权、侵权诉讼的专属上诉法院。

〔3〕 eBay, Inc. v. MereExehange, L. L. C., 126 S. Ct. 1837, 1841, 2006. 详见本章第三节。

〔4〕 参见[美]亚当·杰夫:《专利体系的创新及不满》,罗建平译,中国人民大学出版社2007年版,第12页。

禁令。[1] 除极少数涉及公共利益情况的案件外，法院以“一般规则”判断是否颁发永久禁令，其结果是大部分案件的专利权人都可以如愿获得禁令救济。

二、“一般规则”思路的转变

专利制度间接地给美国公众形成了一种偏见，他们简单地认为只有专利保护“更强大”才能永久性地为专利权人以及社会公众带来利益，而任何“弱化”专利权强保护制度的行为都会为他们带来利益的损失。这样扭曲的观点曾经风靡一时，而这样的观点显然是不利于社会发展创新的，更不符合“衡平法原则”。衡平法原则要求权利的保护是需要考量双方当事人的共同利益的，不能仅仅因为专利权人拥有专利权而无限期地打压侵权人。与此同时，随着“专利诱饵”与“专利丛林”的问题日益严重，美国为之自豪的专利制度逐渐显现出弊端，于是，专家学者们认为美国的专利制度必须将改革提上日程。

（一）“专利诱饵公司”逐渐增多

在 eBay 案之前，有很多高科技公司如甲骨文、微软和英特尔等公司认为专利拥有者不是真正的专利使用者，他们靠着制度上的“便利”为自己谋利。“一般规则”下的永久禁令颁布方式已经成为诉讼滥用的一个强有力的工具，这足以延缓真正的科学技术革新；他们一直尝试着呼吁专利制度的改革，他们认为“别有用心的”的专利所有者通过诉讼赢得巨额专利赔偿或取得永久禁令，并以此为筹码迫使“侵权人”进行和解而获得高昂的专利许可费，而这一行为导致了许多大公司关闭了整个产品线、初创公司面临破产之危。这类将专利主要用于诉讼的公司被称为“专利诱饵公司”（Patent Trolls）。如 Patriot Scientific，该公司为一家科技公司，其将自己研发的新型微处理器架构申请成为专利，并将其技术公布于社会中。该公司在短短几年时间中，以专

〔1〕 参见向美玲、曹阳：《由 eBay 专利纠纷案看专利诉讼制度的滥用》，载《现代商贸工业》2010 年第 22 期。

利诉讼获得永久禁令的手段,先后为富士通、卡西欧、惠普以及 AMD 等科技巨头公司授权多项据该公司声称 CPU 基础的美国专利,Patriot Scientific 以此低劣手段从中获益两千多万美元。[1] 而这家公司的实际规模仅有 6 人,该公司的首席执行官戴维·波尔(David Pohl)表示其公司并不需要去制造或营销任何科技类产品,仅靠着专利授权就可赚得盆满钵满。

在美国,"专利诱饵公司"不计其数,而 Patriot Scientific 公司仅仅是其中之一,许多科技类公司疲于应对窘境,他们希望这样"扭曲"的专利制度可以得到改革,使那些并非真正使用专利的专利所有者在专利诉讼中不能获得永久禁令救济。[2]

(二)"专利丛林"问题的出现

由于形形色色的专利不断激增,企业若想保证自己的专利无诉讼之忧,则必须谨慎小心地穿越过"专利丛林"网。相应地,专利权人应该及早让开发者们知道他们的存在,才能维护专利权人对其他下游开发者的权利。

为了驱动美国创新性技术发展,美国专利商标局早期对关于高科技以及创新技术的专利"专利三性"的审查相对较为宽泛,因此授予了很多问题专利,加重了"专利丛林"问题,其结果导致了任何技术包括那些过于微小的创新也可通过审查并得到相关法律的保护。这些专利虽有些许创新,在未来却很难发挥重要的作用。但是根据法律,任何个人或公司在技术再创新中只要涉及以上技术就必须要征求所谓的"专利权人"的同意。就如同收取过路费一样,只要司机开车经过这段路程,无论该路程实际上有多么短,过路人必须要缴纳该路段的过路费。于是,开发者们面对这样的情况往往处于不利地位。所以下游开发者们经常会受到来自上游专利权人永久禁令的威胁,尤其是当涉案专利只占新开发产品的一小部分或非关键部分时,这种情况下使开

[1] See Jay Pil Choi & Heiko Gerlach, *a Model of Patent Trolls*, International Economic Review, Vol. 59 No. 4, 2018.

[2] 参见孙俊:《关于美国 eBay v. MercExchange 的思考》,上海交通大学 2006 年硕士学位论文。

发者被迫从市场上移除涉案产品，同时也会严重影响接下来的许可谈判。更重要的是，若此时被告已经在该商业产品上投入了大量成本的包括供应商、销售商等费用，由于可能遭受到永久禁令的威胁，开发者们大多数会被动地找专利权人寻求和解的方法。而由于专利权人占据上风，此时的谈判往往会带给权利人远远超过其真正经济贡献的许可费，那么对于专利权人来说则完成了一次合法的“抢劫”。[1]

随着专利制度的不断完善，一些专家逐渐认识到了“专利丛林”的弊端，并希望寻求突破。2002 年，美国联邦贸易委员会与司法部联合举行大型听证会，其主题为“知识经济时代的竞争和知识产权法与政策”。大会共历时 10 个月，其间共举行了为期 24 日的听证，该听证会吸引了多个行业如生物、智能芯片、制药、互联网等领域的技术专家，他们借此平台提交书面材料或提出相关建议。为了提高专利质量以及改变专利市场的环境，2003 年 10 月，美国联邦贸易委员会根据听证会的情况发布了听证会报告《促进创新：竞争与专利法及专利政策的适当平衡》。[2] 该报告提出了一系列政策建议旨在解决“专利丛林”等问题。此次大会的成功举办对于美国未来的专利制度改革有着深远的影响，美国针对专利法的司法政策转向，有很多内容都基于此大会报告。当前美国很多立法倾向于对高质量、高产能专利的保护以及倾向于提供足够公平透明的司法环境，实际上就是对这一报告的回应。

三、eBay 案：“四要件检测法”[3]的提出

（一）eBay 案案情介绍

eBay 是知名的线上拍卖及购物网站，买家和卖家可在 eBay 上查找商品，与此同时，可通过其自带的拍卖系统自行购买产品。与 eBay 相比，

[1] 参见和育东：《专利丛林问题与美国专利政策的转折》，载《知识产权》2008 年第 1 期。

[2] 访问自 FTC 官网：https://www.ftc.gov/reports/promote-innovation-proper-balance-competition-patent-law-policy。

[3] 关于“四要件检测法”的介绍，参见第二节。

MercExchange 则是一家小公司,公司旗下拥有三件在线拍卖技术的专利。[1] 2001 年,MercExchange 发现 eBay 公司侵犯其自身的专利技术,同年 9 月,MercExchange 向法院提起诉讼。[2] 控告 eBay 使用的一种名为“立刻购买”(buy it now)[3] 的技术方法侵犯了其商业方法专利。区法院在 2003 年一审认定被告确实侵犯了原告公司的两项专利,并判令其支付数额高昂的侵权费用。然而法院并未同意 MercExchange 申请的颁布永久禁令的诉求。

eBay 随后上诉,美国联邦巡回上诉法院在 2005 年的判决书中认可基层法院“被告确实侵犯了原告的专利权”的判断,但与此同时,上诉法院认为应当对侵权公司颁布永久禁令。之后,eBay 不服二审判决并于 2005 年向联邦最高法院提起上诉,在上诉状中,eBay 同时提出二审法院根据惯例泛化适用“一般规则”而仓促认定侵权即颁发永久禁令的做法并不合理,要求终审法院能够对现有惯例做出改变。2006 年最高法院终审判决中宣布上诉法院颁发永久禁令的判决缺乏理论依据,不支持该判决。终审法院将案件发回重审,并强调重审法院应当依据传统的衡平法原则中的“四要件检测法”而非“一般规则”来判断是否对相关当事人颁发永久禁令。最高法院指出本案的一审、二审法院在判决中关于永久禁令的颁布均有误。一审法院选择运用“四要件检测法”去判断,但是以“原告在商业活动中并未实施专利”为由,认为虽然原告进行了专利许可但是并不会导致其会承受自身利益损害的不可弥补性。显然,这样的思路是不正确的,因为这样不适当地扩大了拒绝适用永久禁令的范围;而上诉法院在审理时却过于绝对化地直接适用“一般规则”而未能正确理解衡平法原则,这也导致走向了另一个极端。

美国最高法院进一步指出,根据衡平法原则,法院在发现企业侵犯专利权后,不能总是强迫企业不继续使用该侵权产品(颁发永久禁令),法院应找

---

[1] 三件专利分别为在美国注册的发明专利:U. S. Pat 5,845,265(265 号专利); U. S. Pat 6,085,176(176 号专利); U. S. Pat 6,202,051(051 号专利)。

[2] 参见鲁灿、詹锐:《从 eBay 案看美国专利保护趋势》,载《电子知识产权》2006 年第 9 期。

[3] 一种在线固定价格拍卖技术,允许消费者不参与拍卖过程即可购买商品。

到另一条审判思路，即决定是否允许侵权公司继续制造产品，并考虑为此对造成经济损失的侵权行为进行补偿是否足够可行。最高法院的判决称，法官在发出永久禁令时不能一直过于绝对化地沿用惯例的“一般规则”，而是要深入详细地对案件进行整体调查。

（二）eBay 案的深远影响

eBay 案首次打破了永久禁令“一般规则”的判案思路，提出了“四要件检测法”。该案对于美国专利制度的改革有着深远的影响。本案也因此曾入选“2005 年度美国最高法院十大专利案件”，〔1〕被公认为近年来影响力最大的涉及专利的案件之一。eBay 案之后，最高法院明确要求法院判案时以“四要件检测法”为前提，在判断是否颁布永久禁令时应该重视个案分析，反对以过于绝对地、简单地参考以往判例的方法来决定支持或者拒绝颁发永久禁令。其带来的深远影响具体表现为：

1. 改变了专利诉讼中永久禁令的适用标准

eBay 案直接否定了法院一直适用的永久禁令颁布“一般规则”的惯例，强调并恢复“衡平法原则”作为专利诉讼中永久禁令颁布的判断标准。按照判例法的原则，以后类似的专利侵权案件应当参考该案“四要件检测法”的审判思路，除非有特殊情形，不可再依“一般规则”来发出永久禁令。政策方面，最高法院缩小了“四要件检测法”的适用范围。对于产生的两派之争，〔2〕最高法院更倾向于多考虑侵权人的利益而非专利权人的利益，而这与美国宪法中知识产权保护以及联邦巡回上诉法院成立以来侧重于保护专利权人利益的思路大相径庭。〔3〕可以说，该案的判决可以作为美国专利侵权永久禁令救济的政策上的一个“转折点”，并将美国的专利制度带入了“新

〔1〕中华全国专利代理人协会：《2005 年度美国联邦最高法院十大专利案件评介》，载 http://www.acpaa.cn/article/content/200604/812/1.html。

〔2〕See Daniel C. Tucker, *We Can't Stay This Way: Changing the Standard for Staying Injunctions Pending Appeal After eBay*. Geo. Wash. L. Rev. 1276, 2011.

〔3〕See Jackson, Vicki C., *Constitutional Law*, the Yale Law Journal 124:3094, 2015.

时代”。[1]

该案之后，2007 年的《美国专利改革法案》对关于禁令的规定加入了以下条文：“在作出衡平决定时，法院应当考虑多方当事人利益救济的公平性；在某些情形下法院应暂缓签发禁令。”[2] 值得指出的是，2011 年的《专利改革法案》中没有就永久禁令作出更新的规定，有学者认为法院已经通过判例积极地转变了永久禁令的颁布观念，且在之后的案件中起到了极大的作用，故无须再次通过立法的形式将其规则“文字化”。[3]

2. 提高了商业方法专利的质量

美国是首个将商业方法列入专利保护的范围的国家，并且早在 20 世纪 90 年代末就将其列入到相关规定当中。eBay 案也体现了法院对待商业方法专利的微妙态度，与其他类型的专利相比，商业方法专利的历史沿革较短。有关部门在审查商业方法专利时，由于审查员自身对相关技术掌握程度互不相同，商业方法专利的质量很难与其他类型的专利质量保持一致。然而，随着商业方法现有技术数据库的改进以及审查员知识储备能力的提高，该类型专利的质量将与其他专利质量差距逐渐缩小，并最终达到一致的标准。

本案也是由商业专利导致高科技领域与传统领域两大利益集团的唇枪舌剑。以软件行业为代表的高科技领域，由于高速发展的技术水平，其申请的专利往往会涉及许多其他专利权人所拥有的专利，而“一般规则”地颁布永久禁令显然对他们不利；另外，以生物、制药行业为代表的传统领域则认为，普通的生物、药品研究周期要远远长于高科技领域，所以该领域的专利权人尤其需要得到法律的严格保护，任何弱化专利保护的行为都会对其行业的发展带来不利。综上所述，美国法院借此案表明对商业方法专利的永久禁令

---

〔1〕 Benjamin Petersen, Injunctive Relief in the Post-eBay World. Berkeley Tech. L. J. 193, 196, 2008.

〔2〕 赵晶、王奋宇：《美国专利制度改革及其对中国的影响》，载《中国科技论坛》2013 年第 1 期。

〔3〕 See Mezzanotti F., *Patent policy and American innovation after eBay: An empirical examination*, Research Policy, Vol. 48 No. 5, 2019.

救济持谨慎态度，也为将来的专利制度改革带来了新的突破。[1]

3. 存在理论指导意义

美国最高法院主张“权利的设立条款并不代表违反权利的救济条款”，具有着历史性的意义。专利权是绝对化权利，《美国专利法》第154条中有对专利权进行定义，即“排除他人制造、使用、许诺销售、销售其发明的权利”。[2] 对于专利侵权的救济，美国联邦巡回上诉法院自成立以来就经常强调专利权作为“排他权”的根本属性，因而据此用“一般规则”来判断是否颁发永久禁令并使其成为一种惯例。最高法院在eBay案中否定了要保护专利权的强排他性，提出了更加公平的衡平法原则，本质上限制了专利权的绝对化，对美国基层法院及上诉法院具有有理论指导意义。

四、后eBay时期专利诉讼中永久禁令的司法适用

美国专利制度在进入21世纪之后开始进入改革的轨道，其中在专利诉讼中，对于永久禁令的标准也发生了改变，“一般规则”的泛化标准带来的弊端在专利高速发展的过程中逐渐显现，eBay案后，法院在考虑是否颁布永久禁令时逐渐做到了去“一般规则”化。

该案改变以往的审判思路，法院偏向于侵权人的利益，使得专利权人对未来的禁令救济担忧。但是事实上，并没有出现专利权人所担心的那种情形，在eBay案之后的一年，有23个案件判决书用到了eBay案，这些案件均适用了“四要件检测法”进行分析，在得到充分分析后，有17个案件最终同意

---

〔1〕 Amazon. com Inc. v. Noble. com Inc. , 57 USPQ 2d 1747(2001)案对永久禁令的适用也体现了法院对商业方法专利禁令救济持谨慎态度。

〔2〕 35 U. S. Code § 154(a) (1)："Every patent shall contain a short title of the invention and a grant to the patentee, his heirs or assigns, of the right to exclude others from making, using, offering for sale, or selling the invention throughout the United States or importing the invention into the United States, and, if the invention is a process, of the right to exclude others from using, offering for sale or selling throughout the United States, or importing into the United States, products made by that process, referring to the specification for the particulars thereof."

颁布永久禁令,[1]从这些判例中,当涉案专利具有有效性且法院在认定成立侵权的案件中,最终仍然颁布永久禁令的案件比例接近3/4。故运用“四要件检测法”并不会使案件的结果转变成另一个极端,“四要件检测法”只是更符合衡平法原则,更加公平公正地满足双方当事人的利益。这也是美国将来的专利诉讼的一个新的趋势。

(一)避免类型化判案

所谓类型化判案,即法官在判案时如代入公式般地认为当案件发生了特定的情况便随即判定所对应的结果,在专利诉讼中就类似于“一般规则”,当被告构成专利侵权且专利有效时,法院随即颁布永久禁令以维护专利权人的正当权益。eBay案中,上诉法院以“被告确实侵权”为由颁布了永久禁令。最高法院指出“四要件检测法”应该适用到个案当中,避免类型化判案。最高法院在eBay案中强调要重拾《美国专利法》第283条,但是第283条却包含着很多因素,如怎样做到衡平考量,先前判例的选取适用以及有何证据能够支持永久禁令。因此,适用“衡平法原则”判案是一个复杂的判断过程。最高法院同时希望杜绝发生像之前形成的“一般规则”的绝对化审判思路,但也不想见到法院以后在审判中形成由偏袒专利权人转变为偏袒侵权人的另一个极端。所以这就要求地方法院在未来判案时应当根据不同的案件事实进行逐一判断,在有关事实的考量方面要做到重点考虑。为了最终能够实现个案正义,法院应该根据具体的个案情节,作出独立的判断。以上这些要素也均体现了法院在尊崇衡平法原则的基础上充分发挥了地方法院的自由裁量权。

(二)逐一分析“四要件”

“一般规则”在使用时就是由于过于整体化地判断才使弊端逐渐凸显,而“四要件检测法”的使用则需要判案人员能够完全理解每个要件的含义。最高法院在eBay案的判决书中明确指出,在尊崇“四要件检测法”的前提下,

---

〔1〕 See Darryl J. Adams and Victoria Wicken, *Permanent Injunctions After eBay V. MercExchange: The Year in Review*, 15 Tex. Intell. Prop. L. J. 417, 2007.

法院在判断是否对当事人颁布发永久禁令时不能仅仅考虑"四要件"中的其中某一个要件,必须逐一分析并独立判断。"四要件"必须缺一不可,换句话说,"四要件检测法"要符合"顺序性""综合性"的考量。应该认清"四要件"中的前两个要件的重点在于对个人利益的把握及分析,而后两个要件的重点在于对多方、大众利益的考量。由此可知,颁发永久禁令会对包括原告、被告甚至公共利益造成不同程度的影响,所以,在运用"四要件检测法"时需要对各个要件进行全面的综合权衡。

第二节 永久禁令"四要件检测法"

美国最高法院在 eBay 案中认为专利诉讼要回归"衡平法原则",运用"四要件检测法",且明确提出判断是否颁布永久禁令的"四要件"包括:要件一:原告具有不可弥补的损害;要件二:侵害是逼近的且金钱损害赔偿是存在不充分性;要件三:当事人之间的困难权衡;要件四:公共利益的考量。该"四要件"基于的衡平法原则构成了对颁布永久禁令的限制。

一、原告具有不可弥补的损害

所谓"不可弥补的损害"是指若法院最终判决原告胜诉,但通过该判决,侵害者的侵权行为对原告造成的利益损害依然不能得到有效弥补。针对"不可弥补损害"的判断,Smith Intl, Inc. v. Hughes Tool Co. 提出了新规则,从深层次剖析,不可弥补的损害包含两层前提,[1]第一层为原告所主张的专利权利是合法有效的,第二层则是被告确实存在侵权行为。

(一)专利的有效性

专利权人在请求法院颁发永久禁令时须证明专利权具有有效性。美国

[1] Smith Intl, Inc. v. Hughes Tool Co. 案中,法院在本案中提出判断"要件一"的新思路,当请求人确立专利有效并且成立侵权时,即可推定满足要件一"不可弥补的损害"。

法律有“专利权推定有效”的规定，[1]但在司法实践中，法院通常采用专利局对专利实质审查中所依据的法律规定如通过专利的实用性、新颖性、创造性“三性”的判断[2]来进行查证。在 eBay 案中，肯尼迪法官就曾提出涉案专利为商业方法专利，应该对专利的有效性进行充分的论证。

在证明方法上，专利权人可参考专利局备案的专利案卷，尤其可以基于现有技术部分进行不断地论证。另外，若专利权人之前有与涉及该专利的其他有关判例且在有关案例中已对该专利的有效性进行了论证，那么专利权人可根据该判例中对有效性的认证来证明其专利确实具有有效性。当然，当竞争者未能提出专利权无效的证明时，专利权人也可以基于“专利权推定有效”，推定竞争者已默认专利权具有有效性。

(二)存在侵权行为

根据《美国专利法》第 283 条的规定，禁令的设置是为了对未来侵权行为的救济，[3]而对于过去侵权的救济只能适用《美国专利法》第 284 条规定的损害赔偿条款。[4] 从逻辑上来讲，过去的侵权行为可以作为判断其未来行为的一个重要考虑因素。在专利有效的前提下，若被告过去的行为确实成立侵权，则说明专利侵权成立。eBay 案中，由于被告确实侵犯了原告的三件发明专利，一审法院认定 eBay 公司确实存在侵权行为。

由于专利侵权是连续实现的，故当法院认为之前的行为构成侵权后，才有足够的理由相信该行为会继续对未来的专利权构成持续侵权，因此，为了杜绝此类侵权行为，法院有必要发出永久禁令；若前述行为不属于侵权行为

[1] 35 U. S. Code § 282: “A patent shall be presumed valid. Each claim of a patent (whether in independent, dependent, or multiple dependent form) shall be presumed valid independently of the validity of other claims; dependent or multiple dependent claims shall be presumed valid even though dependent upon an invalid claim. The burden of establishing invalidity of a patent or any claim thereof shall rest on the party asserting such invalidity.”

[2] 分别根据《美国专利法》第 101 条、第 102 条、第 103 条。

[3] 35 U. S. Code § 283.

[4] 35 U. S. Code § 284: “Upon finding for the claimant the court shall award the claimant damages adequate to compensate for the infringement, but in no event less than a reasonable royalty for the use made of the invention by the infringer, together with interest and costs as fixed by the court.”

的话,则法院一般不会颁发永久禁令。因此,对专利侵权发出永久禁令的前提条件即被告的先前行为确实侵权。〔1〕

构成专利侵权的行为包括未经专利权人同意进行侵犯专利产品的行为。〔2〕举例来说,被告通过自己的理解自行制造出的产品正好属于原告专利的范围,且"侵犯"专利的行为是在原告专利授权之前,那么当原告随后获取专利权,被告所实施的诸如使用、许诺销售、销售、进口等行为便不被认为是侵权行为。若法院认为以上行为构成侵权且据此对被告颁布了永久禁令,那么其做法则与《美国专利法》第283条的规定不符,也就不满足"四要件检测法"中的"要件一"的内容,则法院构成司法裁量权的滥用。

(三)不可弥补的损害的认定

eBay案中,罗伯特法官认可一审法院对被告确实具有侵权行为的认定,但他同时提出,确定侵权并不能等同原告已经受到了"不可弥补"的损害。具体而言,法院会根据以下因素来判断原告是否有不可弥补的损害:双方当事人是否存在竞争关系,被限制的可能通过专利产品去获得市场地位的机会,受损害方的产品市场占有率,企业自身的受损的名誉,是否可以使专利产品成为行业标杆的机会。

在Novozymes A/S v. Genencor lnt'l, Inc.〔3〕案中,Novozymes向其子公司授权了一项专利,用于生产酒精燃料的淀粉酶。〔4〕Novozymes发现Genencor公司生产的淀粉酶与其公司的相同,便起诉Genencor侵权,在判断原告是否承受了"不可弥补的损害"时,法院持同意态度。法院认为,原告将专利权许可给其子公司,并不仅为了获得许可费这一商业目的,原告的许可行为同时是希望其子公司掌握了核心专利后能够更快地占据更多的市场。基于此,Novozymes虽未在市场上直接涉足经营该专利产品,但Novozymes

---

〔1〕 Johns Hopkins university v. CellPro Inc. ,152 F. 3d 1342, 47 USPQ2d 1705, Fed. Cir. 1998.

〔2〕 35 U. S. Code § 271.

〔3〕 Novozymes A/S v. Genencor Int'l, Inc. , 446 F. Supp. 2d 297, 333 - 334.

〔4〕 专利号为U. S. Patent No. 6, 867, 031。

的企业战略就是为了占有市场,被告明知该情形并仍然生产包含原告专利的产品从而达到持续侵权,原告公司的自身利益受到了极大的侵害。

而在另一起 z4 Technologies, Inc. v. Microsoft Corp.〔1〕案中,z4 旗下拥有两项方法专利可以限制授权者使用电脑软件,而微软(Microsoft)的操作系统中使用了与 z4 相同的方法进行产品启动,z4 随后起诉微软。对于原告是否遭受了不可弥补的损害,法院认为 z4 在审判中并未能就其自身遭受了"不可弥补的损害"给出充分证明。法院同时指出,不可弥补的损害可以包括很多因素,利润额的减少、商誉的损失、市场占有率缩减等都可以作为考虑因素。法院认为:(1)微软没有将该操作系统视为产品,也没有独立销售、分销或许可第三方从事营利活动,因此不能认定原告与被告构成直接竞争关系;(2)微软在其操作系统中使用到的侵权产品所占的比例相对较小,故微软用户购买其产品的行为不会影响 z4 的收益。

二、侵害是逼近的且金钱损害赔偿存在不充分性

对于"要件二"的认定,有些法院在判案时泛化地认为,要件二就是"金钱损害赔偿对于被侵权人的损失是不足以弥补的"。然而,对于法院的上述观点,他们显然是回避了如何适用衡平法上的"四要件"标准的问题。要件二包括两个方面,一方面是侵害的逼近性,另一方面则是普通救济(金钱损害赔偿)的不充分性。

(一)未来侵害的"紧迫性"

紧迫性代表着未来侵害正在逼近,这意味着针对未来侵权的诉讼请求已经成熟,即未来侵权的威胁是真实而非假想的。

首先,"紧迫性"是指案件存在实质争议(substantial controversy)的紧迫性,法院受理的案件不能是未存在实际纠纷的或仅凭当事人推断存在纠纷的案件。法院在进行立案判断时,就需要确定案件是否存在"紧迫性",当事人

〔1〕 z4 Technologies, Inc. v. Microsoft Corp., 434 F. Supp. 2d 437.

之间是否存在实质性争议需要法院审理裁判。在司法实践中，若受指控的行为已经“成熟”到了可由法院进行审查的程度，则法院予以受理并开始进行相应审查；反之，则说明未达到“紧迫性”，法院不宜过早受理。[1] 该规定与我国《民法典》规定的“消除危险”的条件具有一定的相似性，换句话说就是虽没有实际损害事实的发生，但权利人已然受到了权益的威胁。[2] 该规则要求必须有未来侵害逼近的可能性，若原告过早提出诉讼请求，就会不满足这一条件从而法院不会发出永久禁令。

其次，“紧迫性”的另一层含义是指侵权行为是否会“再发生”，不会“再发生”的侵权行为则没有必要实施永久禁令救济。这也明确了《美国专利法》第183条所要表达的目的：禁令救济的设立本身就不是为了惩罚过去的侵权行为，而是防范于未然。侵害的再发生以继续侵权的情形最为常见，法院常对突发性侵权不会判令发布永久侵权，但是专利诉讼中，侵权行为往往具有再发生且持续发生的可能性，故在此类诉讼中，当侵权人依案件情况不具有“再发生”紧迫性时，法院无须发出永久禁令。[3] 根据上述规定，倘若专利侵权人在判决前已经停止了侵权行为，根据永久禁令救济的是针对未来可能发生的侵权行为，法院并不能因此泛化认为不发出永久禁令。

（二）损害赔偿的“不充分性”

在eBay案中，罗伯特大法官认为该案不满足损害赔偿的“不充分性”。他承认法院在绝大多数的专利案件中采取只要确定侵权就发出永久禁令的“一般规则”思路判案。这样的传统惯例得以一直延续至今其实并不奇怪，因为法院普遍认为金钱救济很难保护一项排他性权利免受未来的持续侵害。然而，罗伯特并不认为确定侵权就自动满足了损害赔偿的“不充分性”，以往的判例并没有向权利人表达出这样的一种观点，更不会使永久禁令成为一种

---

〔1〕 See Mark A. Lemley, *Did eBay Irreparably Injure Trademark Law*, 92 Notre Dame L. Rev. 1795, 2017.

〔2〕 我国《民法总则》第179条。

〔3〕 See Holte, Ryan T., Patent *Injunctions on Appeal: an Empirical Study of the Federal Circuit's Application of eBay*, WASHINGTON LAW REVIEW, Vol. 92 No. 1, 2017.

不考虑侵权人的利益而永远保护专利权人的救济途径。

对于损害赔偿“不充分性”的分析是一个综合且复杂的过程。而损害赔偿的“不充分性”,是衡平救济的“不充分规则”这一衡平法原则的核心。[1]

美国普通法规定下的损害赔偿,通常是法院针对侵权人在判决之后持续实施的侵权行为所判决的赔偿方式。若该损害赔偿足以弥补专利权人的损失即满足了“充分性”,那么法院就不宜发出永久禁令。例如,假设甲在1~6月持续侵犯了乙的专利权,法院在6月裁定甲应赔偿乙过去5个月的损失;判决后,甲在接下来6月至8月仍继续实施侵犯乙权益的行为,法院于8月判决甲赔偿乙在6~8月的损失。对该设想进行分析,倘若从6月这一时间点来看,法院当时对乙判罚的损害赔偿是“不充分”的。在此基础上,如果法院可以预见6月至8月发生会侵权行为,则法院应在6月判决永久禁令;如果从6月的这一点上看,8月的补救措施已经足够或者法院根本无法预见6~8月的侵权,则法院可不在6月颁布永久禁令。综上所述,涉及专利侵权诉讼的案件往往会较为复杂。专利权有具体的时限限制,专利侵权会大大破坏专利权所有人的正当权益。同时,专利侵权案件中有很大的比例为商业性侵权,且专利侵权行为是持续性的,难以确定价值损失。因此,在判断复杂涉及专利侵权案件中专利权是否具有“不充分性”时可根据以下诸多要素进行分析:

第一,专利权是否可被替代。权利是否可替代是一个重要的考虑因素,例如土地的不可替代性导致侵犯土地权仅通过赔偿救济不能完全满足权力人损害的利益,同样地,诸如选举权、股权等无形权利同样具有不可替代性,故应当颁布永久禁令。通常地,当涉案专利技术质量较高则一般不会被轻易替代,对于被告侵犯这样的专利权时仅通过金钱赔偿是不充分的。在Carlos Armando v. Microsoft Corp.[2]案中,被告所使用的专利产品所占原告专利的比例较小,技术质量较低,故法院认为通过金钱救济是充分的。

---

〔1〕 参见和育东:《美国专利侵权救济》,法律出版社2009年版,第77页。

〔2〕 Carlos Armando v. Microsoft Corp. 517F. 3d 1353.

第二,被告的赔偿能力。如果被告为法人,其面临破产或商誉极差,或被告为自然人,其是无民事行为能力或限制民事行为能力人,由于被告自身的偿付能力而使得其不能履行赔偿义务,这种情况则满足了赔偿救济“不充分”标准。如在 z4 Technologies, Inc. v. Microsoft Corp. 案中关于损害赔偿是否充分的认定,法院认为专利权人的排他权受到侵犯并不等同于损害赔偿的不充分性,而 z4 也未能进一步证明有其他因素导致损害赔偿的不充分。法院进一步指出,当侵权人面临破产或者有着极差的商誉等情况时,才会考虑不具有赔偿能力而导致赔偿救济“不充分”。

第三,较难归纳的赔偿数额。通常对难以精确计算的权利如涉及知识产权的专利、著作权、商标权等以及其他不正当竞争的权利侵害,法院一般会发出永久禁令。[1] 如在 Visto Corp v. Seven Networks Inc. 案中,法院认为:“针对原告五个具体的侵权行为,赔偿金可以公正、合理地弥补原告过去的损失。被告被发现有继续侵权行为的动机,而对于未来的损害往往很难精确计算,即便赔偿金合理也不一定能有效弥补原告将来的损失。”[2] 所以,对是否属于难以精确计算的权利,一般比较容易判断。

第四,多重诉讼的可能性。如果被告仅被判处金钱赔偿,而原告仍然受到利益损害威胁,在判决后必须通过诉讼方式来保证自身权益时,那么,这时就存在无可弥补性。

三、当事人之间的困难权衡

(一)“困难权衡”的规定

法官在 eBay 案中认为,在保护专利权人的同时也应该兼顾到其他当事人的正当权益,即当事人之间的困难权衡。

“当事人之间的困难权衡”也是“衡平法原则”所要表达的规则,即被告

---

〔1〕 See Douglas Laycock, *The Death of The Irreparable Injury Rule*, 103 Harv. L. Rev. 687, 1990.

〔2〕 Visto Corp v. Seven Networks Inc. 2006 WL 3741891.

遵守永久禁令所承受的困难并非不成比例地大于原告由永久禁令获得的收益。“要件三”的特点是法院运用“损失收益”的方法对是否颁布永久禁令进行审慎判断。“损失收益”法就是分析颁布永久禁令带给被告的“损失”与带给原告的“收益”的差距,若损失与收益差距过大,那么该禁令救济便不符合“衡平法原则”,法院会因此拒绝永久禁令的颁发。在 Commonwealth Scientific and Industrial Research v. Buffalo INC 案[1]中,由于被告确实有侵犯原告专利权的行为,法院认为,“一旦不颁发永久禁令,原告就必须接受并给予被告强制许可。对被告来说,永久禁令可能会使得其停止侵权产品,且被告侵权产品在美国市场中仅占了 11% 的贸易额。和被告的损失相比,若不颁发永久禁令,原告不仅在金钱上遭受了损害,侵权产品还会对原告研发和开发的成果造成严重的打击。因此,在此案中原被告之间遵守永久禁令的经济效益符合‘损失收益’的规定,即原告所获得的利益并非不成比例地大于被告所应承担的困难”。在本案中,法院谨慎地分析了双方的“损失收益”,对“要件三”进行了充足的认定并最终同意颁发了永久禁令。

(二)永久禁令的经济分析

对上文所述的“不成比例”的认定,可能会需要一定的过程和时间。在 Commonwealth Scientific and Industrial Research 案中,颁布永久禁令使得侵权人投资于生产设备的资金以及下游分销商的资金遭到了损失。侵权人此种情况下的损失常远远大于权利人的收益,这对于侵权人来说是“不公平的”,法院明知该情形为何仍要“违背”衡平法原则颁布永久禁令呢?例如,如果侵权者未经许可实施专利技术,在生产成本上投入投资 50 万元,或向下游分销商再投资 30 万元。若最终能够实现销售收入 100 万元的话,那么侵权人的利益为 20 万元。若该侵权人在制造完成但还未开始销售之时被专利权人发现并诉请法院颁布永久禁令。假设专利权人对专利产品销售最终也能获得销售收入 100 万元,那么永久禁令的发出意味着专利权人仍然可占有其应

[1] Commonwealth Scientific and Industrial Research v. Buffalo INC. 492 F. Supp. 2d 600.

该占有的产品市场,故专利权人也会有20万元的收益。对本案来说,法院颁布永久禁令将使得侵权人前期投入的80万元遭受损失。按照“损失收益”分析结果是,被告80万元的成本将大于原告20万元的收益。

考虑“损失收益”时并不是简单地将投入和利润进行数字堆叠,以上所举事例并不能自然而然就认为是“不成比例”地大于收益。当原告拒绝向被告发放专利许可基础上被告持续侵权时,若法院未颁发永久禁令,则导致的结果是双方当事人间的专利许可事实已间接存在,双方这一许可关系将会一直存在在案件审判过程中,这对于原告来说显然是不公平的。故法院认为,基于市场自由原则,颁布永久禁令有时会使被告与原告之间“损失收益”差距增大显得不符合“衡平法原则”,但这种差距实际上会很自然地转化为原告的谈判成本。仍以上述假设为例,如果侵权人事先想要获得原告的专利许可,根据以上的分析,其谈判过程中关于他的许可费用可能会被确定在20万元以下;若侵权人事先并未获得原告的许可而持续侵犯原告的专利,一旦侵权人被颁布永久禁令,则双方在谈判过程中显然处在不公平的地位,侵权人之前投入的金钱即80万元便转化为此次谈判中的沉没成本,而此时,对于许可费的金额,侵权人只要在20万元至100万元的某个数值上取得许可都是合算的。[1] 根据以上举例,侵权人会处于完全被动的局势,永久禁令救济会为专利权人带来有利的局势,而美国法院在Smith Intl, Inc. v. Hughes Tool Co.案中支持这样的审判思路。[2] 法院认为相对于通过损害赔偿来认定许可费用,由双方通过市场协商许可费往往更为准确和有效。而在这个过程中,法院颁布的永久禁令则起到了很大的作用。这也能表现出法官坚持经济自由主义的价值观。

但是,以上的审判思路仍然会存在一定的弊端,如上所述,永久禁令会赋

---

〔1〕 以上例子仅是在理想情况下的一种假设,在现实过程当中会存在很多复杂的因素,在本部分中并不过于考虑。

〔2〕 Smith Intl, Inc. v. Hughes Tool Co. 中的法院认为若专利权人得不到禁令救济,就会失去“由排他权所衍生的杠杆力量,来享受其发明在市场上的全部价值”。

予专利权人绝对主动的地位,这可能会导致专利权人利用此优势地位向他人谋取暴利。因此,正确分析困难,权衡对案件本身至关重要。而在 eBay 案中,判决书中并没有出现对困难权衡的分析,因为法官先前已经否定该案情节满足要件一和要件二,所以对于是否满足要件三则没有必要考虑了。

四、公共利益的考量

(一)公共利益因素的限制

"公共利益"是"衡平法原则"四要件中的兜底条件。专利权人的专利权作为实现促进实用技术进步目标的手段,由国家授予专利权知识产权保护,通过对专利权人的权力加以认定,从而起到促进社会公共利益发展的作用。由于制定成文法是国家的立法机关通过一定的程序逐步完成的,应当推定根据成文法的规定发布永久禁令是符合公共利益的。法官在判案过程中拥有自由裁量权,而不符合"公共利益"也成为法官运用自由裁量权在专利案件中拒绝颁发永久禁令最常见的原因。在 eBay 案中,肯尼迪法官认为该案的特殊之处在于它引用美国联邦贸易委员会 2003 年发布的《促进创新:竞争与专利法及专利政策的适当平衡》报告内容:"目前情势下有些公司,不以制造、销售产品为目的,他们的主要业务是通过诱饵来引诱那些'侵权'的公司获取其专利许可,显然,永久禁令的实施使专利权人处于有利地位,而永久禁令的救济手段最终也并没有达到其本身所设立的目的,而是被当作索取高许可费的谈判工具。"肯尼迪认可以上观点并把这类"专利诱饵公司"的行为定义为敲竹杠(leverage),若专利权人的确存在借以永久禁令向被告敲竹杠的行为,那么以此颁发永久禁令则是违背公共利益的,故本案也并不满足要件四。

另外,当法院在给予公共利益拒绝向专利权人颁布永久禁令时,从法院的视角来看,与其说是考虑专利权人的个人利益与公共利益之间的关系,不如说是考虑两种代表着不同利益的公共利益之间的关系:一种是通过保护专利权而刺激新的技术创新而给整个社会大众带来好处,是间接和长远的公共利益。在 Pittway v. Black & Decker 案中，法院认为“使专利权人的合法权益得到正确的保护，从而免受不法侵害就是在维护公共利益”，法官认为这种专利权“强保护”措施可以维护良好的专利制度从而使大众获益。〔1〕另一种则是与前述利益群体所对立的公共利益，在 Vitamin Technologies, Inc. v. Wisconsin Alumni Research Foundation 案中，该案件发生在第二次世界大战时期，涉案专利是关于提高人造奶油维生素 D 含量的方法专利，维生素 D 在第二次世界大战时期非常稀缺，该法院在审判中认为，涉案专利有利于大部分人的健康，若因此而颁布永久禁令则会给当下社会造成恐慌。〔2〕该种公共利益称为直接及时的公共利益，在维他命案中法官保护的利益既不属于专利权人的利益，也不属于侵权人的利益，而是与人民健康直接有关的公共利益。

专利制度设计的本身就是通过保护专利权人的正当利益进而使社会利益得到保护，故当社会利益中涉及到专利权利益时，保护力度自然比一般的公共利益更严格。而涉及诸如公众生命权、健康权的公共利益又比包含专利权的公共利益更加重要，故在司法实践中，除非案件涉及上述的公共利益时，才会认为不符合“要件四”，从而拒绝永久禁令。

(二)合理费用的替代使用

在美国，合理费用是指双方当事人在法院协调的虚拟过程中而达成的费用，其并没有真正的谈判过程，而是法院控场的“假设性”过程，在这样的假想过程中，法院不会参考双方的意愿而是完全处于中立地位，那么法院在协调中如何做到费用的“合理”是一件复杂的过程，因为对于专利权人，其本身是不愿意使侵权人支付一笔费用后就变相地取得了专利许可，专利权人是不愿意与侵权人达成专利许可协议的。换句话说，如果双方之前想要达成许可或有达成许可的想法的话，他们也不会选择通过起诉的方式来解决问题。另

〔1〕 Pittway v. Black & Decker, 667 F. Supp. 585, 593, N. D. 1987.

〔2〕 Vitamin Technologies, Inc. v. Wisconsin Alumni Research Foundation, 146F. 2d 941, 946 - 947, 956, 9th Cir. 1945.

外，由于在合理费用的认定过程中，法院占据主导地位，并不会侧重考虑专利权人意愿，导致其最终认定的合理费用对于专利权人来说并“不合理”。

根据上述分析，合理费用对于专利权人似乎不属于正义的救济，于是美国法院指出，合理费用在性质上并不属于许可费的范畴，合理费用的支付也并不代表着专利强制许可。可以理解为合理费用的本质是损害赔偿责任的一种计算方式，而合理费用的认定过程虽然不能完全依据双方的意愿，但是也要充分考虑如何对专利权人进行适当的救济，不能使专利权人获得“非正义”的对待。[1]

对于合理费用的考虑因素，在 Georgia-Pacific Corp v. US Plywood Corp 案中[2]，法院从一系列案件中总结了决定专利合理费用所需要考虑的因素，包括涉案专利的性质以及是否存在确定的或类似的专利许可费；专利权人是否有利用该专利进行垄断的意图，其与侵权人的市场竞争关系；侵权人或者被许可人在多大程度上利用了涉案专利，并依靠该专利技术获得了优势和用途，进而获得市场利益等因素。

---

〔1〕 谢光旗：《遏制专利蟑螂：美国专利诉讼费用移转规则的新发展》，载《法律科学》2017 年第 1 期。

〔2〕 Georgia-Pacific Corp v. US Plywood Corp 318 F. Supp. 1116 (1970)，该案提出判断合理费用可考虑的 15 条内容，第 1～3 条为第一种类型，第 4 条、第 5 条为第二种类型，第 6～15 条为第三种类型。

第六章　意大利地理标志法律制度研究

第一节　意大利国内地理标志专门法研究

一、意大利地理标志法律制度概述

（一）意大利地理标志法律制度的演变经历了三个阶段

意大利的地理标志保护制度起步很早，在漫长的历史中，意大利建立了完善合理的地理标志法律制度。以该制度保护对象的丰富程度为标准，可以将其历史演变分为三个阶段：第一个阶段为第二次世界大战结束前，这个时期意大利地理标志保护的对象仅为葡萄酒；第二个阶段为“二战”结束至1992年，这个时期地理标志保护的对象增加了奶酪、火腿和橄榄油；第三个阶段为1992年至今，欧盟制定了统一的地理标志保护法规，这些规定成为意大利地理标志法律制度的法律渊源，将意大利地理标志保护的对象扩大到所有农产品和食品。

1. 第二次世界大战结束前意大利的地理标志法律制度

在第二次世界大战结束前，意大利的地理标志制度的保护对象似乎仅为葡萄酒，鲜有对其他农产品地理标志进行保护的记载，且笔者尚未发现任何文献对这一现象做出解释。

19世纪末20世纪初，法国的葡萄酒产业发展迅速，但意大利的葡萄酒酿造技术却没有进步，假冒伪劣产品充斥市场。为了提高葡萄酒质量，减少假冒伪劣行为给国家经济造成的损失，意大利议会制定通过了葡萄酒地理标志保护法。依据该法,特色葡萄酒的生产者可以成立一个行业协会,负责监管特色葡萄酒的生产,保护产品的地理标志。行业协会应当制定章程,规定协会活动和葡萄酒生产中必须遵守的规则,并由国家农业部发布特别的法令予以确认。这部葡萄酒地理标志保护法的提案者阿杜罗·马莱斯卡迪(Arturo Marescalchi)指出,这种保护体系实际上是一种自下而上的、自我监管的体系。[1]

1926 年,国家法西斯党取缔意大利所有政党,成为意大利唯一合法政党。法西斯政权在 1937 年提出了一项新的改革方案,该方案废除了 1930 年通过的保护葡萄酒地理标志的 1164/1930 号皇家法令,并取消了依据该皇家法令建立的所有葡萄酒行业协会。一些专家认为,1937 年法西斯政权的改革推翻了此前葡萄酒地理标志保护方面的所有成果。20 世纪 30 年代末,意大利在地理标志保护方面不存在任何形式的规定。[2]

2. "二战"结束至 1992 年意大利的地理标志法律制度

第二次世界大战结束后,意大利逐渐恢复了对地理标志的保护,并制定了一系列地理标志专门保护法。

1951 年意大利签署了《关于奶酪原产地名称和命名之使用的国际公约》,又名《史特蕾莎公约》(Stresa Convention),并于 1954 年颁行了 125/1954 号法律(Law No. 125/1954 D. P. R.),这是意大利在"二战"后制定的第一部地理标志专门法,旨在保护奶酪的地理标志。[3]

1963 年,意大利政府制定了保护待发酵的葡萄汁和葡萄酒原产地名称

[1] See Andrea Zappalaglio, *The why geographical indications-The transformation of the link between the product and its place of origin in Europe*, University of Oxford, Hilary Term 2017/2018, p. 69 – 73.

[2] See Andrea Zappalaglio, *The why geographical indications-The transformation of the link between the product and its place of origin in Europe*, University of Oxford, Hilary Term 2017/2018, p. 73 – 76.

[3] See Paula Caroline Zito, *Geographical Indications: What is Their Worth? A Comparison of Geographical Indication Registrations Between Australia and Italy*, University of Adelaide, November 2017, p. 231.

的专门法——930/1963 号总统令(Decreto del Presidente della Repubblica No. 930 of 12 July 1963)。该总统令及配套的法规设立了意大利葡萄酒原产地名称保护委员会,并规定了委员会组织和运行上的规则,建立了意大利葡萄酒地理标志保护体系的基本原则和框架,成为日后其他农产品地理标志专门法立法的模板。[1]

1970 年之后,意大利开始将地理标志保护范围扩大到其他农产品上,这期间比较重要的立法是火腿和橄榄油的地理标志专门法。尽管不同的专门法对应不同种类的农产品,但是它们在一般规定方面基本相同。例如,这些专门法都规定意大利农业部可以给部分行业协会授权,由它们来确保法律规定的生产技术标准得到执行。[2]

在 1992 年之前,意大利地理标志保护的对象仅包含上述四类农产品,没有制定适用于所有农产品的地理标志保护法。意大利早期地理标志保护制度的目标也非常简单,主要是为了打击假冒伪劣和不正当竞争行为,提高意大利特色产品的质量,增加出口和在欧洲市场上的占有量,提高国家的财政收入。在欧盟建立统一的地理标志保护制度之后,保护生产传统、助力绿色农业建设、维护消费者权益等目标才被写入意大利地理标志保护的相关法律。

3. 1992 年之后意大利的地理标志法律制度

1992 年,欧盟颁布了第一部地理标志专门法——2081/1992 号条例,该条例经过多次修改,现行有效的版本是 1151/2012 号条例。该条例建立了由受保护的原产地名称(Protected Designation of Origin,PDO)和受保护的地理标志(Protected Geographic Indication,PGI)构成的地理标志专门法保护体系。依照 1151/2012 号条例的规定,意大利的地理标志产品可申请注册成为 PDO 或 PGI,从而获得欧盟层面的保护。PDO 要求该产品的质量或特征的形成完

---

〔1〕 See Bernard O'Connor, *The Law of Geographical Indications*, Cameron May Limited, 2004, p. 181.

〔2〕 See Bernard O'Connor, *The Law of Geographical Indications*, Cameron May Limited, 2004, p. 181.

全或主要归因于该地的自然、人文因素，且该产品的生产、加工和制作都必须在该地域范围内完成；PGI 仅要求产品的质量、声誉或其他特征的形成主要归因于该地的自然和人文因素，且产品的生产、加工和制作有一个步骤在该地域范围内完成即可。[1] 2006 年，欧盟增加商标法保护地理标志，生产者可通过注册集体商标的方式保护其拥有的地理标志。至此，欧盟建立了由专门法和商标法构成的统一地理标志保护体系（以下简称欧盟体系）。

因为欧盟法在欧盟成员方直接适用，对成员方法具有优先性，所以欧盟地理标志保护的相关规定自然成为意大利地理标志制度的重要法律渊源。意大利依据欧盟规定，对国内相关法律进行了一定程度的修改，保证国内制度与欧盟制度的协调。例如，《意大利工业产权法》将地理标志纳入工业产权的范围进行保护，但与欧盟规定不同，《意大利工业产权法》没有对原产地名称和地理标志的概念进行区分；[2] 意大利允许地理标志通过注册集体商标的方式获得保护；1992 年以前意大利制定的地理标志专门法在不与欧盟规定冲突的前提下将继续有效。[3]

（二）国内法和欧盟法是意大利地理标志法律制度的主要法律渊源

通过对意大利地理标志法律制度历史演变的梳理，可以看出，意大利地理标志制度的法律渊源包括意大利国内法和欧盟法。意大利还缔结了所有与地理标志保护相关的国际条约，因此，国际条约也是意大利地理标志保护的法律渊源之一。国际条约、欧盟法和国内法分别处于金字塔的三个层级，顶层是国际条约，其次是欧盟规定，底层是意大利国内的地理标志专门法。

因为目前国际层面尚缺乏有效的地理标志保护体系，所以国际条约对于意大利地理标志保护制度的影响较小。[4] 国际上对地理标志进行知识产权

[1] See EC Regulation 1151/2012 Article 5.

[2] See Lucia Gamalero, Sogno di Barbaresco tra denominazioni geografiche, marchi collettivi e toponimi, *Università Degli Studi del Piemonte Orientale*, Anno Accademico 2015/2016, p.9.

[3] See Lucia Gamalero, Sogno di Barbaresco tra denominazioni geografiche, marchi collettivi e toponimi, *Università Degli Studi del Piemonte Orientale*, Anno Accademico 2015/2016, p.9.

[4] See Elena Ramacciotti, Marchi e indicazioni geografiche: rapporti e conflitti, Università Degli Studi di Parma, Anno Accademico 2014 – 2015, p.30.

保护的公约可分为两大体系,一个是 WIPO 体系,另一个是以 TRIPS 协议为代表的 WTO 体系。受 WIPO 管理的、涉及地理标志保护的公约主要有《巴黎公约》、《马德里协定》和《里斯本协定》。[1] WIPO 体系下的公约成员方数量较少,这使 WIPO 体系在地理标志国际保护领域内的效能大打折扣。此外,在意大利、法国等欧洲国家的主导下,《马德里协定》和《里斯本协定》等条约对地理标志设置了专门法保护模式,保护标准非常"严格"。但是以美国为代表的"新世界"国家或因为历史较短,或因为地理气候因素,其本土地理标志产品并不多见,如果采用严格的专门法保护模式,难免会导致其本土产品侵犯已经在其他国家获得保护的地理标志产品,所以这些国家对于地理标志的保护自然是选择保护力度较小、范围较窄的模式,[2] 以欧洲等为代表的"旧世界"和以美国等为代表的"新世界"之间产生了较大争议和分歧。这一方面使《巴黎公约》之后新缔结的地理标志保护条约受到"新世界"普遍排斥,实际影响有限;另一方面,有关地理标志保护的国际条约基本是对地理标志采取强保护和弱保护国家之间妥协的结果,其对地理标志保护的强度往往低于欧盟规定和意大利国内法。

基于上述原因,国际条约及其与意大利地理标志保护制度的关系不作为本部分的研究重点。本章第一节将重点研究意大利国内的地理标志专门法,第二节将重点分析欧盟规定以及其对意大利国内法的影响。

(三)意大利的地理标志保护模式为专门保护为主、商标保护为辅

虽然意大利在欧盟法框架下,增加了地理标志的商标法保护途径,但是由意大利国内法和欧盟法构成的意大利地理标志法律制度依然呈现以专门保护为主、商标保护为辅的特点。意大利的立法者更倾向于对地理标志采取专门法保护,其背后的原因主要有如下两个:

---

〔1〕 张传锋:《浅析地理标志保护国际标准及我国的可行性选择》,载《知识产权法研究》2008 年第 1 期。

〔2〕 郑辉、李诚:《传统知识的地理标志保护研究》,载《西北大学学报(哲学社会科学版)》2017 年第 1 期。

首先,在意大利的立法者看来,地理标志属于公权,它是基于特定地理区域的自然因素或人文因素的权利,地理标志的产生归因于该特定区域的自然或人文环境的独特性,地理标志产品赖以形成的自然恩惠或者前人的努力不应当仅仅归属于某一个或某些有限的生产者独占享用,而应当由地理标志产品产地范围内的所有主体来共同享有。虽然地理标志作为一种识别性标记,能够产生具有商业价值的声誉,但它与商标制度存在重大差别,难以将其纳入私人财产的范畴,单纯的来源不足以保证品质。相比较商标而言,地理标志兼具来源功能和品质功能,二者受法律一体保护。地理标志产品的生产必须遵守生产技术标准,其产品不仅产于特定地域,而且必须达到规定的质量标准,因此,国家的审核监控必不可少,地理标志专门保护具有显著的公权色彩。

其次,意大利坚持客观关联性的地理标志保护理念。地理标志概念中产品与产地的关联性是地理标志制度的核心。对于地理标志的关联性有两种理解:一种理解认为,地理标志的关联性就是消费者将特定产品与特定产地相联系,它存在于消费者的认知之中,此为主观关联性;另一种理解认为,关联性就是产地的环境造就了产品的特定质量或特征,这种因果关系是客观事实,此为客观关联性。[1] 意大利坚持客观关联性的地理标志保护理念,也有观点认为意大利是受到了法国"terroir"理论的影响。所谓 terroir,就是指产品的质量与地域相伴而生,独特的投入制造了独特的产出,特定产地造就了特定产品,即土地和产品质量之间具有实质关联性。terroir 并非产地与产品的简单联系,而是特定地理单位造就的产品生物、物理特征与当地实践和文化之间历史形成的互动。[2] 在这种理念的指引下,意大利立法者认为,地理标志保护体现了对地方传统技艺之集体智慧成果的认可,它不同于商标这种单纯的标记权,不应该单纯用商标法的方法来保护。

意大利等国适宜农业生产,农产品丰富,孕育了产地自然人文条件与产

〔1〕 参见王笑冰:《关联性要素与地理标志法的构造》,载《法学研究》2015 年第 3 期。
〔2〕 参见王笑冰:《关联性要素与地理标志法的构造》,载《法学研究》2015 年第 3 期。

品特性密不可分的理念，为地理标志专门保护提供了产业和理论基础。事实上，在意大利，更多地理标志农产品的生产者也倾向于通过专门法的方式保护其地理标志产品。[1]

（四）专门保护与商标保护的协调是意大利地理标志制度的关键问题

在欧盟法的框架下，意大利修改国内法规定，允许地理标志通过注册集体商标的方式获得商标法的保护。商标法保护制度可以在一定程度上弥补专门法制度的不足，但是同时也造成了专门保护和商标保护难以协调的问题。两种保护模式冲突的根本原因在于商标权利人和地理标志权利人可能并非同一主体，通过商标法体系和专门法体系获得保护的权利都具有排他性，如果依据不同法律规定将同一权利授予不同主体，必然引发不同主体的权利相互排斥，具体表现为：集体商标和地理标志的冲突；地名商标和地理标志的冲突；普通商标与地理标志的冲突。如果不能协调好专门保护和商标保护的关系，专门保护的效力将被极大程度地减损，商标保护也难以满足地理标志权人的利益诉求。

因为专门法体系与商标法体系是并列的关系，专门法体系并非商标法体系的分支，所以商标法中规定的优先性原则不可以直接用来解决二者的冲突。针对这一问题，意大利和欧盟在早期采取地理标志绝对优先的处理原则，即一旦商标和地理标志产生冲突，商标注册申请就要被驳回，已获得注册的商标将归于无效。这种处理原则背后的理念是，作为公权的地理标志权理应优先于属于私权的商标权。在这种理念的支持下，意大利和欧盟的法院作出了一些现在看起来有失公平的判决，但通过一系列实践，处理商标和地理标志冲突问题的原则逐渐发生转变，意大利和欧盟最终总结出了协调地理标志专门保护和商标保护的方法，本部分将在第三章重点论述这一问题。

---

〔1〕 Ufficio dell'Unione Europea per la properietà intellettuale, Marchi in conflitto con denominazioni d'origine e indicazioni geografiche, 2017, p. 45.

二、意大利国内地理标志专门法研究——以葡萄酒专门法为视角

(一)葡萄酒专门法在意大利国内地理标志专门法中具有代表性

在意大利,葡萄酒一直获得立法者的特别关注,一方面是因为葡萄酒的品质与酿造技术、地理环境和产地文化有不可分割的联系,所以需要采取特别的措施保证其质量;另一方面是因为意大利的葡萄酒产量排名世界前列,葡萄酒贸易带来的收入在意大利经济中占据重要地位。

1963 年,意大利颁行了 930/1963 号总统令,重建了意大利葡萄酒地理标志保护体系。该总统令设立了意大利葡萄酒地理标志保护的根本原则,对葡萄酒的原产地名称和地理标志保护作出了细致、全面的规定,其规范内容涵盖了生产流程的各个环节,可操作性较强,相关监管部门的职责权限明晰。为了更好地保护葡萄酒地理标志,意大利在中央增设国家葡萄酒管理委员会,对葡萄酒在全国范围内的地理标志保护工作进行统筹管理。该法还建立了意大利地理标志葡萄酒的分级制度,该分级制度不断演化,最终形成以典型地理标志葡萄酒(Indicazione Geografica Tipica,IGT)、受控制的原产地名称葡萄酒(Denominazione di Origine Controllata,DOC)、受控制且有保证的原产地名称葡萄酒(Denominazione di Origine Controllata e Garantita,DOCG)构成的葡萄酒地理标志分级体系(以下简称 IGT/DOC/DOCG 体系)。1963 年的葡萄酒地理标志法在 1992 年和 2010 年经过两次修改,现行版本为 61/2010 号葡萄酒专门法,对葡萄酒 PDO 和 PGI 作出了详细的规定,除此之外,该法还明确了原产地名称和地理标志的使用规则、认证程序,详细规定了生产技术标准的要求,并引入了一个结构完整的管理和监督体系。意大利的葡萄酒地理标志法施行后成效显著。在意大利,葡萄酒获得的原产地名称和地理标志注册数量远超其他农产品,共有 476 个葡萄酒原产地名称和 129 个葡萄酒地理标志获得保护。[1] 意大利其他农产品的地理标志保护专门法都

---

〔1〕 Ufficio dell'Unione Europea per la properietà intellettuale, Marchi in conflitto con denominazioni d'origine e indicazioni geografiche, 2017, p.45.

以葡萄酒地理标志法为模板制定。

综上所述，葡萄酒专门法在意大利国内的地理标志专门法中具有代表性，这正是笔者选择葡萄酒专门法为研究对象的原因，希望通过对葡萄酒专门法的研究，总结出意大利国内地理标志专门法的共性和可取之处，从而对我国地理标志制度的改革提供帮助。

（二）葡萄酒专门法对地理标志的保护作出了细致规定

61/2010号葡萄酒专门法是意大利现行的保护葡萄酒原产地名称和地理标志的法律，对葡萄酒地理标志的保护作出了全面、细致的规定。该法共33条，主要内容包括原产地名称和地理标志的定义和使用规则、申请主体、产品检查监督措施，以及葡萄酒生产中应当遵守的技术标准等。因为该法中有关葡萄酒生产技术的规定与法学研究的关联性较弱，所以不作为本部分研究的对象，以下的分析重点是该法对葡萄酒地理标志保护的一般性规定。

1. 原产地名称和地理标志的定义和使用规则

（1）原产地名称和地理标志的定义

61/2010号专门法的第1条将葡萄酒的PDO和PGI定义为：PDO指优质葡萄酒产区的地理名称，用于指示该葡萄酒品质和特征主要或完全与该地的自然环境和人为因素相关；PGI表示该葡萄酒的质量、特征或者声誉的形成主要归因于该地的自然和人文因素。[1] 上述定义与欧盟1151/2012号条例的规定相同。

（2）原产地名称和地理标志的使用规则

61/2010号专门法的第2条规定，禁止非地理标志、原产地名称使用权人使用地理标志和原产地名称，以及使用任何与受保护地理标志和原产地名称相近似的标志，或者明示、暗示产品产自其真实来源地以外的某地域，或产品具有某地域地理标志产品的质量。[2]

除此之外，该法第4条还对生产区域的划分作出了规定。首先，与原产

〔1〕 See Decreto Legislativo 8 aprile 2010, n. 61. articolo 1.

〔2〕 See Decreto Legislativo 8 aprile 2010, n. 61. articolo 2.

地名称或者地理标志指示的生产区域(以下简称法定产区)相邻或相近的地域也可以纳入法定产区内,前提条件是该地域与法定产区具有相似的环境条件,葡萄植株的种类和栽培技术相同,且产出的葡萄酒与法定产区的葡萄酒具有相同的物理、化学和感官特性;其次,在法定产区内,法律允许划定更小的产区,只要这片更小产区的产品拥有特殊品质。产区越小,生产技术标准自然就越严格。[1]

该法第5条还规定,在同一地域内,允许原产地名称和地理标志并存,即DOC、DOCG和IGT可以使用相同的地理名称。因为DOC、DOCG和IGT的识别标志不同,所以即使使用相同的地理名称,也不会造成消费者的混淆。[2]

2. 申请主体

61/2010号专门法对PDO和PGI的申请主体没有作出与欧盟条例不同的特别规定。在意大利,PDO和PGI必须通过一个公共主体申请,该公共主体一般是某产区的行业协会或者生产者联合会。依据该法的规定,原产地名称和地理标志属于一定数量的生产者共同所有,所以单独的生产者不可以申请地理标志或原产地名称保护。申请人可以按照自己的意愿,选择将自己的产品注册成为IGT、DOC或DOCG,由相关机构对产品进行检测之后作出同意注册或否决注册的决定。[3]

3. 国家葡萄酒管理委员会

1992年的葡萄酒专门法颁行后,意大利就组建了国家葡萄酒管理委员会(Comitato nazionale vini DOP ed IGP[4]),61/2010号专门法进一步明确了该委员会的职责。国家葡萄酒委员会是农业、森林和粮食部(以下简称农业部)的内设机构,其成员由农业部部长任命,具体包括农业部和地方政府的官员、工商业联合会的一名成员、全国酒类学家联合会的一名成员、协会联合

---

〔1〕 See Decreto Legislativo 8 aprile 2010, n. 61. articolo 4.

〔2〕 See Decreto Legislativo 8 aprile 2010, n. 61. articolo 5.

〔3〕 See Decreto Legislativo 8 aprile 2010, n. 61. articolo 5.

〔4〕 按照意大利的语序,PDO为DOP,PGI为IGP。

会的一名成员、生产者组织的三名成员以及贸易和行业协会的两名成员。该委员会的职能是负责全国DOC、DOCG和IGT的管理，葡萄酒生产者申请注册DOC、DOCG或IGT时，依法必须提交产品的生产技术标准，该标准由国家葡萄酒管理委员会负责审核，审核通过之后，才会上报给农业部做最终决定。另外依据法律规定，已经获得DOC、DOCG或IGT注册的生产者可以对自己的生产技术标准进行修正，使规定内容更加细致。生产技术标准修改的最后一步，也是将修正提案交给国家葡萄酒管理委员会征求意见，只有在委员会同意的情况下，农业部才会通过修正提案。所以，国家葡萄酒管理委员会的审核结果决定了生产者申请和提案修正的成败。[1]

4. 生产技术标准

生产技术标准的准备是PDO和PGI申请流程中最重要的一环，61/2010号专门法的第10条对相关主体申请PDO和PGI注册时必须提交的生产技术标准作出了规定。依据该法，一份生产技术标准应当包含该葡萄酒每一个生产环节应当满足的要求，主要包括以下内容：

(1)该产品使用的原产地地名；

(2)酿造使用的葡萄种类名称；

(3)葡萄酒酿造所使用的葡萄种植园地域的界定；

(4)该产区每公顷产出的葡萄以及可以酿造的葡萄酒的最高产量；

(5)生产条件，产地自然环境的特征，如气候、土壤、位置、海拔、日照时间；

(6)葡萄酒在木桶中酿造的最短时间；

(7)该产品的物理、化学和感官的特质，以及最低酒精含量；

(8)葡萄酒装瓶地的环境和工艺流程；

(9)验证符合产品规范规定的主管部门或机构的名称、地址及其具体任务。[2]

---

[1] See Decreto Legislativo 8 aprile 2010, n. 61. articolo 16.

[2] See Decreto Legislativo 8 aprile 2010, n. 61. articolo 10.

该标准由产区的生产者和当地政府在技术专家的帮助下制定并提交给国家葡萄酒管理委员会和农业部审核,通过后的生产技术标准将在官方公报(official gazette)上公布,如果在异议期内没有人提出异议,该生产技术标准将和认证 PDO 或 PGI 的法令同时生效。如果因为生产技术改进等原因需要对已经生效的生产技术标准进行修改,由 PDO 或 PGI 的所有权人提出修改建议,并经过国家葡萄酒管理委员会和农业部的审核,可以改进之前通过的生产技术标准。如果修改建议请求重新划定葡萄酒的生产区域,农业部可以进行公开听证,召集地方政府、提案机构、地方生产者组织共同讨论修改建议,并收集相关意见,在此基础上再作出决定。[1]

5. 葡萄种植园登记

依据 61/2010 号专门法第 12 条的规定,PDO 和 PGI 葡萄酒的生产者必须向当地商会登记其所有的葡萄种植园,并汇报葡萄成熟和采摘的日期。相关的数据会被录入系统,以便管理 PDO 和 PGI 生产的机构查询,作为检测葡萄酒质量的参考。[2]

6. 产品检查、监督和对 PDO、PGI 的撤销

依据 61/2010 号专门法第 13 条的规定,农业部是负责协调、管理 PDO、PGI 产品检查监督的国家部门。农业部和中央反欺诈办公室(Ispettorato Centrale Repressioni Frodi)可联合授权一些私立机构执行监督职能,中央反欺诈办公室和地方政府负责监管这些私立机构的工作。每一个私立机构负责一个或多个 PDO、PGI 产品的检查。这些私立机构必须符合欧盟 EN45011 规定中的标准,如果不符合欧盟标准或者违反相关法律规定,农业部和中央反欺诈办公室可以撤销对私立机构的授权。

在葡萄酒的市场销售阶段,中央反欺诈办公室会和行业协会一起合作,对 PDO 和 PGI 葡萄酒的质量进行检查,工作的主要内容包括两个方面:一是

---

〔1〕 See Camera di commercio Molise, Guida per la classificazione e l'etichettatura dei vini a denominazione di origine e indicazione geografica, Ottobre 2016, p. 43.

〔2〕 See Decreto Legislativo 8 aprile 2010, n. 61. articolo 12.

确保PDO和PGI葡萄酒满足生产技术标准的规定;二是防止在欧盟市场中销售的同类产品冒用意大利的原产地名称,提供虚假信息,造成消费者混淆,损害产品声誉。对于那些不符合生产技术标准,达不到法定质量的产品,利害关系方可以将该批次葡萄酒的相关信息告知负责质量管控的机构,并在信函中说明该批产品的数量及位置,以便机构的后续检测。对确实不符合质量标准的产品,将予以降级处分;另外,根据行业协会的提议和葡萄酒专业组织的意见,各地区可以降低当年原产地名称葡萄酒的最大产量,包括降低每公顷葡萄或葡萄酒的最大产量,以实现市场平衡。[1]

(三)意大利国内地理标志专门法的可取之处

除葡萄酒专门法外,意大利国内的地理标志专门法还包括火腿专门法、橄榄油专门法和奶酪专门法,这些法令的制定均以葡萄酒专门法为模板。通过对意大利现行葡萄酒专门法的分析,可以总结出意大利地理标志专门法具有以下几点可取之处:

1. 细致的规定使地理标志保护的全过程实现了有法可依

地理标志专门法的规范内容涵盖了生产流程的各个环节。以葡萄酒专门法为例,葡萄酒生产的每个步骤均需按照专门法的规定进行,葡萄的种植、采摘时间、葡萄酒的酿造时长、装瓶程序等都要符合相应标准。

细致、严格的规定使地理标志保护的全过程都有法可依。首先,地理标志产品的生产必须符合专门法的一般性规定,每一个特定的地理标志产品在获得注册时,还会发布载有该款产品生产技术标准的细则,无论是专门法还是生产技术标准,都有地理标志产品的生产者参与起草,确保了法律规定内容的科学性。只有在规定条件下生产的产品才拥有使用地理标志的资格,换言之,使用地理标志的行为只要违反了专门法或生产技术标准细则的要求,就构成了对地理标志的侵害,权利人就有权予以制止。专门法及配套的生产技术标准细致、严格的规定确定了地理标志权利的保护范围,也是判断侵权

[1] See Decreto Legislativo 8 aprile 2010, n. 61. articolo 13.

行为的重要标准。其次,地理标志专门法的可操作性很强,地理标志管理部门的职责权限明晰,避免了互相推诿责任现象的发生,专门法细致的规定不仅起到了区分了不同原产地名称产品的作用,也让监管部门对产品的检查工作有据可依。

细致、全面的规定保证了地理标志产品的风味和品质,进而保障了地理标志的声誉。以帕尔玛火腿为例,帕尔玛火腿专门法及其配套的生产技术标准规定帕尔玛火腿生产和经营的不同阶段都需要进行真品、质量、卫生的严格检查,其中一些阶段还需要专家评估,不仅火腿腌制需要遵守上述要求,火腿的切片和包装也必须符合相应的规定。如果没有这样细致、严格的规定,提供给消费者的产品的质量出现问题的风险就会大大地增加,产品生产者的利益也会遭受假冒伪劣产品的侵害,产品的声誉自然无法得到保障。

2. 在中央设立专门机构有利于全国地理标志保护工作的统筹协调

葡萄酒、橄榄油、奶酪等属于意大利农业生产中的拳头产品,为了更好地保护这些产品的原产地名称和地理标志,意大利在农业部中内设了专门机构,如国家葡萄酒管理委员会、国家橄榄油管理委员会等,对该产品在全国范围内的地理标志保护工作进行统筹管理,这是意大利将地理标志视为公权、对其进行带有公权色彩管理的体现。

这种制度设计的一大作用是实现了对地理标志产品行业协会的统筹管理。意大利地理标志的保护很大程度上依赖行业协会来实现,例如地理标志产品生产技术标准的制定、生产流程的检查、产品质量的监管等工作,都由行业协会来组织完成。然而,行业协会作为一个民间性的自我管理组织,一方面其成员的利益追求并不完全相同,成员的观点难免产生分歧,使协会作出有效决议的难度增加;另一方面,如果没有第三方机构的监督,行业协会也容易出现腐败、监管不力等问题。为了解决这些问题,意大利在中央设置了专门机构,对全国行业协会地理标志工作进行统筹管理,一方面,对于行业协会内部不能达成决议的事项或关系到地理标志产品生产的核心事项(如产品产区范围的变动),中央管理机构具有最终的决定权,这样能够有效协调、解决行业协会的内部矛盾,避免问题久拖不决;另一方面,中央管理机构负责对行业协会的工作进行监督,保证行业协会积极履行地理标志保护的职能。

3. 充分利用了行业协会的自我管理能力

意大利的立法者认为,地理标志是集体财产,属于一定区域内的生产者共同所有。地理标志产品生产者组成的行业协会作为民间性的自治组织,集中表达广大生产者的利益主张和权利要求,在意大利的地理标志保护工作中被委以重任:原产地名称和地理标志的申请必须由行业协会提出;产品生产技术标准的制定和修改需要行业协会大会讨论,并以少数服从多数的原则通过;经过农业部等国家机构授权的行业协会负责产品质量的监管;对侵害地理标志权利的违法行为进行打击。意大利利用行业协会保护地理标志收获了很好的效果,本部分的第三节将对意大利的这一制度特色展开重点论述。

三、注重利用行业协会保护地理标志是意大利的特色

意大利和法国都倾向于通过公立机构和行政程序保护地理标志,[1]但相比之下,意大利更加注重行业协会的自我管理能力在地理标志保护中的作用。与法国自上而下的地理标志保护模式不同,意大利的地理标志保护更依赖于民间性组织的力量。

(一)行业协会的自我管理保证了地理标志产品的质量和声誉

意大利行业协会文化的流行与当地特殊的地理和气候密不可分。以葡萄酒生产为例,意大利全境都非常适合葡萄栽培,然而多山的地貌导致了意大利的葡萄种植园呈现强烈碎片化的特点。据统计,在意大利有近 39 万个葡萄种植园,平均每个葡萄种植园的面积只有 1.7 公顷,种植面积在 20 公顷以上的葡萄种植园仅占全国总数的 7%。大部分的葡萄酒生产都采用小工作坊的模式,即生产者们从自己的葡萄种植园中收获葡萄,在自己的农场中酿造葡萄酒,或销往市场或自产自销。对意大利葡萄酒生产体系的分析表

〔1〕 参见于波:《地理标志保护制度》,上海人民出版社 2018 年版,第 111 页。

明,与其他葡萄酒生产国(尤其是与以美国为代表的新世界国家)相比,意大利葡萄酒的生产结构竞争力较弱。这些单个的小工作坊因为规模小,产量有限,在市场中的力量小,议价能力弱,生产者们获得的回报往往是不公平的。[1] 此外,因为意大利的葡萄酒在国内和国际市场都广受消费者青睐,所以使得假冒伪劣行为有利可图,进而严重损害了意大利葡萄酒的声誉,而小工作坊的生产者们往往无力通过法律途径维护自身的权益。意大利其他农产品也面临同样的困境。

在这种情况下,意大利行业协会的作用得到显现。由生产者们组成的集体在市场中拥有更大的分量,可以为协会成员谋取他们应得的利益;同时在法律规定和行业规定的权限范围内,行业协会一方面可以监管协会成员的生产活动,另一方面可以打击侵犯生产者权益的违法行为,维护意大利农产品的声誉。意大利的立法者运用了行业协会的自我管理优势保护地理标志,从而实现了对地理标志产品质量和声誉的管控。

如果一个行业协会想要被农业部授权,它必须证明它是代表至少 2/3 由检验机构控制生产并被认为适合认证的公司的股东结构的一部分。对于葡萄酒行业来说,行业协会必须代表至少 40% 的葡萄酒生产者和 66% 的认证产品。61/2010 号葡萄酒专门法的第 17 条还规定,如果一个葡萄酒行业协会代表 40% 以上的葡萄种植者和 66% 以上的 PDO 葡萄酒生产者,在经过中央反欺诈办公室的授权之后,该葡萄酒行业协会可以监管所有使用该 PDO 的生产者,包括非行业协会的成员。立法者采纳的原则是,代表大多数生产者的行业协会可以被授权管控所有使用原产地名称的生产者,这种授权被称为"绝对授权"(erga mones)。[2]

依据法律规定,行业协会保护原产地名称、维护权益人利益的具体职能包括以下几种:

1. 与中央和地区的官方机构、社会组织一起协作,负责原产地名称的国

---

〔1〕 参见于波:《地理标志保护制度》,上海人民出版社 2018 年版,第 111 页。

〔2〕 See Decreto Legislativo 8 aprile 2010, n. 61. articolo 17.

内注册、欧盟层级的注册以及国际保护，包括提供建议、准备前期工作，以及具体可操作性的工作。

2. 负责原产地名称产品的保护和综合管理，使其符合地区、国家和欧盟生产技术标准的规定。

3. 调整生产技术标准。

4. 提交新原产地名称 PDO 的注册申请。

5. 根据意大利农业部的命令，确保原产地名称不受冒用、不公平竞争和其他非法行为的侵害。行业协会可以构成刑事诉讼中的当事人，并可以作为原告提起民事和行政诉讼。

6. 由于缺乏有效的国际地理标志保护体系，行业协会可以直接在第三国将原产地名称注册为集体商标，以获得在第三国的保护。

7. 在产品销售阶段，与中央反欺诈办公室合作，确保原产地名称产品和地理标志产品的质量符合标准。[1]

（二）地理标志产品的差异决定了行业协会模式的不同

意大利的地理标志农产品种类繁多，大致可以分为两类——需要加工的农产品和无须加工的农产品。需要加工的农产品的生产往往有多种生产者的参与，以帕尔玛火腿为例，其生产流程包括生猪饲养、生猪屠宰、火腿腌制、火腿切割和包装等，这一系列的生产步骤分别由生猪饲养商、屠宰商、火腿腌制商等多种生产者共同完成；无须加工的农产品的生产活动通常只有一类生产者参与，以梅琳达苹果为例，其生产的全部流程均由苹果果农完成。

地理标志产品的差异决定了行业协会模式的不同，意大利农产品行业协会主要有两种模式，一种以帕尔玛火腿行业协会为代表，另一种以梅琳达苹果行业协会为代表。下文将以这两个行业协会为研究对象，分析它们各自的特点。

1. 帕尔玛火腿行业协会

帕尔玛火腿（Prosciutto di Parma）是意大利知名的地理标志产品。火腿

---

〔1〕 See Massimiliano Benelli e Luca Cianfoni, La politica di qualità dei prodotti agricoli e alimentari dell'Unione europea, Contributi, Istituzioni del Federalismo, 2014, p. 10.

的制作与当地生产传统有密切关联，依据规定，所有的生产环节，从生猪饲养到火腿制作，甚至是切片和包装，都必须在特定地域进行。

帕尔玛火腿行业协会（Consorzio del Prosciutto di Parma）成立于1963年，当时的成员是从事火腿腌制1年以上的23个火腿生产者。成立行业协会的目的是为了保证帕尔玛火腿的质量，保护当地的生产传统，维护"帕尔玛火腿"这一原产地名称的声誉。1970年，帕尔玛火腿地理标志专门法颁行，该行业协会成为保护、推广帕尔玛火腿地理标志的官方授权机构。

该行业协会的工作主要包括以下几个方面：

（1）与意大利农业部和欧盟的相关管控机构合作，保障生产技术标准的执行，依据法律和生产技术标准的规定，对生猪饲养、屠宰、火腿制作和销售等各个环节进行监管；

（2）为帕尔玛火腿的生产销售制订计划；

（3）通过科学检测，制定质量管控清单；

（4）在全球范围内保护"帕尔玛火腿"原产地名称及相关品牌、标志，采取任何必要的措施制止侵害原产地名称的行为；

（5）为成员提供服务，帮助其提高产品质量，促进市场销售，加强产品的竞争力。

目前，该协会已有150名成员，包括了生猪饲养商、屠宰商、火腿制作商、切片商和包装商，成员以大型公司居多，也有一些小型作坊加入行业协会。因为火腿生产是所有生产环节中最重要的部分，所以专门法规定，火腿生产者在协会中拥有66%的表决权，这样的比例是为了保证他们在协会的管理方面拥有更大的权力。剩下34%的表决权分配给其他生产商。生产产品中帕尔玛火腿占66%以上的生产者可以成为行业协会董事会的成员，所有小作坊的经营者在一起可以拥有行业协会董事会中的一个席位。由此可见，大型火腿生产商在行业协会中的权力较大。[1]

---

〔1〕 See Lorenzo Mannini, Il carattere distintivo delle indicazioni geografiche, Università di Pisa, Anno Accademico 2012/2013, p. 99.

2. 梅琳达苹果行业协会

早在17世纪末，农恩山谷(Val di Non)地区的水果就拥有盛名，当时该地区种植的水果主要是桑葚和葡萄。第一次世界大战后，当地的果农决定利用该地域独特的环境，在农恩山谷地区种植苹果。短短20年之后，苹果生产成为当地的支柱产业。

1989年，农恩山谷苹果行业协会成立。其成员为在特伦蒂诺地区农恩山谷和太阳谷(Sun Valley)种植苹果的果农。9年后，该行业协会改名为梅琳达苹果行业协会(Consorzio di Melinda Mella)，并将农恩山谷苹果注册成为PDO获得保护。其生产区域限定在意大利特伦托市的西北部、海拔450~900米的区域。

该协会对苹果生产采取了非常严格的规定，管控从苹果种植到包装的全过程。目前，该行业协会由16个生产者合作社组成，代表着产区内大约4000个果农家庭。每个合作社的果农在普通集会中通过直接选举的方式选出一人，成为行业协会董事会的董事，代表选举他的合作社的利益。董事会的董事长和副董事长从董事中选举产生。因此，梅琳达行业协会的董事会由16位董事组成，他们的主要职能与帕尔玛火腿协会基本相同。[1]

3. 两种行业协会模式的比较

帕尔玛火腿协会和梅琳达苹果协会作为意大利行业协会的两种类型，具有很多相同之处，包括：

(1)都有来自农业部的官方授权，负责地理标志的管理，包括对生产流程各个环节的检查监督，根据市场供需情况为产品制订生产销售计划，保护地理标志不受侵害，以及为成员提供服务，提高其市场竞争力。

(2)都采用了类似公司的管理模式。行业协会中设有董事会，董事会成员由协会成员选举产生。协会还配备有首席执行官、销售、市场、加工、人力资源和质量等部门的管理人员，负责行业协会日常的工作。为了推广产品、

〔1〕 See Lorenzo Mannini, Il carattere distintivo delle indicazioni geografiche, Università di Pisa, Anno Accademico 2012/2013, p.99.

制订销售计划、保护地理标志，行业协会可以刊登广告，委托其他机构进行市场调研以及购买法律和咨询服务。行业协会的成员需要向协会缴纳一定的管理费用，这笔资金用于协会的运作。

(3)行业协会是一个跨行业组织，其成员包含了生产流程中各个环节的生产者，例如帕尔玛火腿协会中不仅有火腿的生产商，还有生猪饲养商、切片商和包装商。

与此同时，二者也存在一定的区别。在帕尔玛火腿协会中，火腿生产者拥有66%的表决权，在管理上拥有绝对的优势地位；而梅琳达苹果协会中每个生产者，其合作社的代表数量是一样的，在行业协会中地位均等。笔者认为，这种差异主要是由该协会成员生产产品的特点决定的。“帕尔玛火腿”原产地名称之所以拥有很高的声誉，是因为这种火腿拥有独特的风味和质量，而这主要取决于火腿的腌制过程，因此火腿生产商在协会中权力更大；梅琳达苹果的生产就不存在这样的情况，因此各生产者合作社的权力较为均等。

(三)利用行业协会保护地理标志存在两个弊端

虽然行业协会在地理标志保护中起到了非常积极的作用，但是利用行业协会保护地理标志也存在两个弊端。

1. 规模较大的行业协会对产品的监管较为宽松

在今天很多意大利生产者眼中，行业协会对地理标志产品的监管力度大不如前，而且行业协会的规模越大，管理和监管不连续、假冒伪劣产品的情况往往越严重。

以格拉纳·帕塔诺奶酪PDO(Grana Padano PDO cheese，以下简称帕塔诺奶酪PDO)为例。由于拥有独特的风味和优良的品质，帕塔诺奶酪PDO在国内、国际市场都备受消费者青睐。随着市场需求的不断增加，生产帕塔诺奶酪PDO的厂家也越来越多，这导致帕塔诺奶酪行业协会没有时间监管所有的奶酪生产商，监管不如早期严格。有些奶酪商甚至开始在产品中添加防腐剂，然而，按照帕塔诺奶酪PDO的生产技术标准，这种行为本应该被绝对禁止。虽然这些生产商生产的产品不符合生产技术标准的规定，但是产品依然可以附上"帕塔诺奶酪 PDO"的原产地名称销售,使得市场上该品牌奶酪的质量良莠不齐。

依据保拉·泽多(Paola Zito)在意大利的田野调查,产生上述现象的原因是,一些大规模的行业协会对意大利和欧盟地理标志保护体系的依赖程度低于中小型的行业协会。因为早在意大利和欧盟的地理标志保护体系形成之前,他们的产品就已经在国内和国际范围内拥有了极高的声誉,这些行业协会的生产者们不需要担心销量的问题,所以在市场需求面前,很多大型行业协会会选择牺牲品质,追求利润。[1]

2. 协会成员的利益有时存在冲突

如前所述,行业协会是地区生产者的联合体,将不同的经营者聚合到一起,拥有很多益处。但是与此同时,不同群体的利益追求有时存在差异,不同声音之间的争论使得协会作出有效决议的难度增加。特别是当部分成员提出扩大或者缩小地理标志指示的生产区域时,矛盾更加容易激化。

例如,阿斯蒂(Asti)原产地名称葡萄酒生产区域的划定争议就是一个典型。阿斯蒂普天就是意大利著名的葡萄酒之一,很早就在国内被注册成为 DOC 获得保护,但自 1967 年第一个生产技术标准公布以来,阿斯蒂市从未被包括在法定产区内。一款以"阿斯蒂"命名的原产地名称葡萄酒的法定产区竟然不包括阿斯蒂市,该市的葡萄酒生产者认为这是不合逻辑的。阿斯蒂葡萄酒行业协会在 2010 年开会表决是否将阿斯蒂市纳入法定产区,并最终以多数票通过同意纳入的决议。阿斯蒂葡萄酒法定产区的扩大,意味着更多的葡萄酒生产商可以生产阿斯蒂葡萄酒,这无疑影响了原法定产区生产商的利益,于是他们向意大利法院提起诉讼,请求认定行业协会关于扩大产区的决议无效。该案至今仍没有明确的判决结果,使阿斯蒂葡萄酒的法定产区至

---

〔1〕 See Lorenzo Mannini, Il carattere distintivo delle indicazioni geografiche, Università di Pisa, Anno Accademico 2012/2013, p. 99.

今处于不明确的状态。[1]

第二节　欧盟法框架下的意大利地理标志法律制度研究

一、欧盟统一地理标志保护制度概述

(一)共同农业政策改革推动了欧盟统一地理标志保护制度的建立

在建立统一地理标志保护制度前,欧盟很多成员方已经拥有了自己的地理标志法律制度:意大利、法国等欧洲南部国家因为拥有丰富的地理标志资源和重视产品品质的传统,所以制定了专门法对地理标志进行保护;以德国为代表的欧洲中、北部国家的工业更加发达,农业发展则相对落后于欧洲南部国家,地理标志产品数量较少,所以这些国家普遍采用商标法或反不正当竞争法对地理标志进行保护。促使欧盟在1992年构建统一地理标志保护制度的主要原因,是20世纪末期,欧盟共同农业政策(The Common Agricultural Policy,以下简称CAP政策)的改革。

1.欧盟共同农业政策将地理标志保护制度作为实现目标的工具

20世纪60年代前,欧洲农产品进口依存度较高,粮食安全难以保障。在此背景下,1962年欧共体建构CAP政策。该政策有三个初始目标:提高农业生产效率、促进农业发展;增加农场收入、保持农产品价格合理与市场稳定;确保农产品有效、安全供给。[2]

CAP政策在早期的成功实施实现了欧共体农业生产的飞速发展,使其从60年代的食品短缺发展到20世纪70年代的粮食丰裕。但在20世纪80

---

〔1〕 See Nicolas Tinelli, The role of inter-professional organisations in the modification of the Italian wine product specifications, University of Reims Law School, February 2015, p. 13－19.

〔2〕 参见王军杰、申莉萍:《论欧盟农业国内支持制度的演进及晚近发展趋势》,载《财经理论与实践》2017年第2期。

年代，欧盟农业经济出现下滑，1985年的《CAP政策分析》(Perspectives for the Common Agricultural Policy)指出，欧盟农业经济下滑的主要原因是大量农村人口流入城市，农村人口老龄化趋势增强，大量土地荒芜，农业基础设施薄弱等。该分析指出，为了解决欧盟农业问题，应当保护农业生产传统这一欧洲长久以来的特色，提升传统农产品的附加值，促进农业地区经济增长。1988年的另一份欧盟报告中提出，解决农村、农业发展危机的一个办法就是建立地理标志保护制度，促进具有地方特色的、高质量的农产品的生产贸易发展。[1]

1999年欧盟对CAP政策进行了一场更为深刻的改革。这次改革的主要成果《欧盟2000议程》共提出7点改革意见，其中最为重要的一点便是“努力改善食品质量和保障食品安全”。至此，CAP关注的重点由提高农产品的“数量”转变为提高其“质量”，地理标志蕴含的经济、社会价值进一步得到重视。欧盟的一项市场调查数据显示：40%的欧盟消费者愿意多花10%的价钱购买有原产地保证的产品。这些调查同时显示出欧盟消费者普遍认同带有“受保护的地理标志名称”的产品，其中认为该标志代表质量的消费者占37%，认为该标志代表传统的消费者占17%，认为该标志代表安全性和来源的消费者占56%。由此可见，地理标志作为欧盟保障农产品质量的重要手段，得到了广大消费者的认可，成为消费者选择产品的重要依据，也是众多中小生产者无价的营销工具。欧盟委员会认为，地理标志对其农业政策的未来至关重要，在自由化程度不断提高的当今社会中，地理标志成为欧盟生产者的一种特殊工具。[2]

但是，欧盟成员方各自制定的地理标志保护制度标准不同，在意大利可以受到保护的地理标志产品，出口到法国时可能因为不符合当地规定而被禁

〔1〕 参见王军杰、申莉萍：《论欧盟农业国内支持制度的演进及晚近发展趋势》，载《财经理论与实践》2017年第2期。

〔2〕 参见赵小平、苗荣：《农业现代化视角的欧盟地理标志法律保护研究》，载《山西大学学报(哲学社会科学版)》2011年第4期。

止入境，这对欧盟国家间的农产品贸易造成了限制，阻碍了商品的自由流通。货物在欧盟成员方之间的自由流通是欧盟经济和社会政策的“四大自由”之一。依据欧洲联盟运作条约（Treaty on the Functioning of the EU，以下简称TFEU条约）第26条的规定，欧盟致力于在成员方间建立一个“没有内部边界的地区”，在欧盟市场内，货物、人员、服务和资本可以自由流动。[1] 为了解决这一问题，欧洲法院在1979年引入了相互承认原则（the principle of mutual recognition）。依据该原则，在某一成员方内合法生产的商品，在所有成员方内都能销售，其他成员方不得依据本国法律对该产品的进口销售制造贸易壁垒。[2] 欧洲法院还在1984年阳戈尼羊奶酪诉荷兰政府一案的判决中指出，在欧盟缺乏关于某一产品质量标准统一规定的情况下，成员方可以在其领土范围内制定约束本国生产者的规定，但该规定不能用于“歧视进口商品或妨碍商品从其他成员方的进口”。[3]

虽然欧洲法院提出相互承认原则有助于遏制成员方之间的贸易保护主义，但是也带来一个问题：并非所有欧盟成员方都对地理标志采取强保护的态度，在一些对地理标志采取弱保护的国家，生产某产品并在其标签上标注其他国家的地理名称或使用其他国家原产地名称的行为并不违法，如果允许这样的产品无障碍地进入意大利、法国等对地理标志采取强保护国家的市场，容易使消费者受到误导，损害这些国家地理标志产品生产者的利益。[4]

1988年，欧洲法院在斯玛奈公司诉欧盟委员会一案中承认，相互承认原则不能简单地在地理标志产品的销售中适用。[5] 至此，欧洲法院的态度发生了转变，开始允许成员方运用严格的国内法管控本国生产的和从其他成员

---

〔1〕 See The Treaty on the functioning of the European Union, Article 26.

〔2〕 See Matteo Ferrari, La dimensione proprietaria delle indicazioni geografiche—uno studio di diritto comparato, Università degli Studi di Trento 2015, p. 21.

〔3〕 Jongeneel Kaas v. Netherlands, Case C – 237/82 [1984] ECR 483.

〔4〕 See Matteo Gragnani, The law of geographical indications in the EU, Journal of Intellectual Property Law & Practice, 2012, p. 272.

〔5〕 Smanor SA v. Commission of the European Communities, Case C – 298/87 [1988] ECR 4489.

方进口的产品的质量。这是欧盟质量保护政策的关键转折点。欧洲法院认识到，促进农产品在成员方间的自由流通和保障农产品的质量，这两者应当兼顾、不可偏废，在整个欧盟范围内建立统一的制度来提高产品质量十分重要。

在这样的背景之下，欧盟在 1992 年通过了 2081/1992 号条例（该条例经过几次修改，现行版本为 2012 年通过的 1151/2012 号条例），开始构建欧盟统一的地理标志保护制度。该制度是在意大利、法国等国国内法和实践经验的基础上发展起来的，对地理标志采取强保护，但保护范围只限于可食用农产品、葡萄酒、芳香葡萄酒和起泡酒，不包含非食品产品（如手工艺品）。具有特殊品质的地方特色产品还可以通过欧盟商标体系（Community Trade Mark system，以下简称 CTM 体系）将地理名称注册成为集体商标获得保护。

2. 欧盟统一地理标志保护制度的功能

欧盟统一的地理标志保护制度主要具有以下三个功能：

第一个功能是使农业生产多样化，保护当地生产传统和文化。虽然不同国家有着不同的消费需求和偏好，但是人们的需求在很多方面存在同质性。随着一体化时代的到来，很多生产者倾向于采取标准化生产，以最低的成本获得最多顾客。欧盟的很多国家，如意大利、法国等，非常重视生产传统的传承，因为这些国家的推动，在全球标准化的趋势下，欧盟坚持保护原产地名称和地理标志，及其背后蕴含的生产文化传统。

第二个功能是促进农村地区发展及其人口的增长。根据欧盟条例的规定，只有产品的质量、品质与生产地域间有密切联系，符合法定生产规范并达到相应质量标准的产品才会受到欧盟地理标志保护体系的保护。市场调研显示，大多数消费者愿意支付更多的价款购买具有高质量和地方特色的产品。地理标志为农产品增加了价值，帮助农民获得更高的收益，作为对他们的成本和改善质量努力的回报，提高农村人口的生活水平。

第三个功能是保障消费者对具有明确地理来源产品的需求，维护消费者的权益。为此，欧盟地理标志保护法要求，生产者在产品标识上必须向消费者提供有关产品来源和质量充分且正确的信息，让消费者依据这些信息作出自己的选择。对于冒用、假冒等容易引起消费者混淆的行为，欧盟条例规定了行政和刑事的处罚措施。

3. 欧盟统一地理标志保护制度的排他性

欧盟在制定地理标志保护法的时候，没有选择只规定原则，再让成员方依据原则性规定制定各自的地理标志保护法或者缔结地理标志保护方面的条约。与此相反，欧盟选择建立一个统一的、具有排他性质的、超国家性的地理标志保护制度，[1]该制度在成员方内必须得到适用。

这意味着在欧盟开始统一地理标志保护之后，如果一个产品的原产地名称或地理标志在欧盟获得保护，成员方不得再在国内法层面对其进行保护，也不能通过国内规定对在欧盟登记注册的原产地名称或地理标志进行任何变更。只有对于那些没有达到欧盟标准的地理标志农产品，成员方才可以通过国内法进行保护。

欧洲法院在布达瓦诉阿美里森一案的判决中进一步指出，欧盟关于农产品和食品地理标志保护的规定在内容上是详尽无遗的，欧盟条例将排除成员方之间保护地理标志双边协定的适用。即使两个成员方签订了保护某产品地理标志的双边协定，如果该产品没有根据欧盟条例的规定注册成为原产地名称或地理标志，那么该地理标志就无法获得欧盟层面的保护。[2]

欧洲法院作出这样的决定，更多带有政策性的考量。[3] 欧洲法院强调，欧盟统一地理标志保护体系的建立与20世纪90年代的CAP政策改革有关，TFEU条约的第43条规定，欧盟地理标志保护体系的法律基础是欧盟的CAP政策，[4]该政策的目的之一是让消费者通过产品上标识的信息能够确认，按照欧盟统一地理标志保护条例登记的农产品来源于特定的地理区域，

[1] Smanor SA v. Commission of the European Communities, Case C – 298/87 [1988] ECR 4489.

[2] Budvar v. Ammersin, Case C – 478/07 [2009], ECR 4489.

[3] Budvar v. Ammersin, Case C – 478/07 [2009], ECR 4489.

[4] The Treaty on the functioning of the European Union, Article 43.

并因此具有某些特殊的品质。如果成员方的国内法允许生产商使用欧盟统一规定以外的标准,且该成员方国内法设置的标准低于欧盟标准,将导致欧盟通过保护地理标志实现质量管控和生产者间公平竞争的目的无法实现。

(二)欧盟统一地理标志保护制度的建立是各成员方妥协的结果

目前欧盟统一地理标志保护制度为地理标志保护提供了两种保护途径,一是欧盟专门法保护制度,二是欧盟商标法保护制度。这两个保护制度并非同时建立,而是在1992年先建立欧盟专门法保护制度,2006年再引入欧盟商标法保护制度,后者的建立过程相对前者更为顺利,而前者的建立过程则较为曲折。可以说,欧盟统一地理标志保护制度的建立是各成员方妥协的结果。

关于欧盟建立商标法制度保护地理标志的原因及该制度的具体内容,将在本章第二节具体论述。以下重点分析欧盟1992年地理标志专门保护法建立时遇到的问题及其解决方法。

1.欧洲南北方国家针对地理标志保护方式持不同观点

在欧盟建立统一地理标志保护法的讨论环节中,成员方提出了两种不同的地理标志保护方式。第一种方式是通过原产地名称保护地理标志,要求产品和特定地域之间具备客观关联性,地理标志产品在专门机构通过行政程序注册后获得保护,该方法受到欧盟南部国家(如意大利、法国等)的支持;第二种方式是通过货源标记保护地理标志,该方法被欧洲中北部国家(如德国)广泛采纳,货源标记没有建立产品和产地之间的客观关联性,该标记的作用仅仅是告知消费者该产品产自某地域,类似于“中国制造”的概念。笔者认为,相比较原产地名称,货源标记的功能更接近于商标,只具有告知消费者商品来源的功能,而不具有风味和品质保障功能。

在欧盟统一地理标志保护制度应当秉持何种理念的问题上,欧洲南、北方国家的立场不同且难以统一,这正是欧盟统一地理标志保护制度建立过程中遇到的最大难题。在意大利、法国领导下的欧洲南方国家认为,应当建立一个标准严格的地理标志专门法体系,秉持terroir理念,所有申请注册欧盟地理标志的农产品都必须经过科学检测，确保产地的自然、人文环境对于产品特殊风味和质量的影响实际存在，只有这样，产品的质量和特殊风味才能得到保证。例如，在欧洲南方国家提出的立法建议中，就要求 PDO 产品的原材料必须产自地理标志标识的地域，而不能来自该地域以外的地方。以德国为代表的欧洲中北部国家则反对这种观点，这些国家认为，如果依照如此严格的审查标准，将只有极少数的地理标志产品能够达到 terroir 理念的要求并获得注册，有的国家甚至没有任何地方特色产品可以通过审核，南方国家坚持的 terroir 理念是否具有科学性？中北部国家认为这个问题需要进一步研究。

1991 年 10 月 17 日，世界知识产权组织地理标志专题研讨会在德国威斯巴登举行。德国代表冯·穆因戴（Von Muhlendhal）在研讨会提出，依靠成员方的国内法和国家间的双边条约就可以实现保护地理标志的目标，他甚至对欧盟建立统一地理标志保护体系的必要性提出了质疑。约阿希姆·海涅（Joachim Heine）是当时欧盟委员会农业部门的主席，他在讲话中说，南北方国家的意见很难统一，这使讨论的过程进行得异常艰难。[1]

2. 问题的解决

在德国威斯巴登举行的专题研讨会结束后不久，欧洲理事会开始讨论欧盟委员会提交的地理标志专门保护法草案，并在 1992 年 2 月 28 日通过了 2081/1992 号条例，即欧盟层面的第一部地理标志保护专门法。虽然没有任何资料介绍欧盟理事会通过 2081/1992 号条例过程中具体发生了什么，但从两件事情上我们可以推测欧盟如何妥善解决上述南北方国家间的分歧问题。

第一个是德国的立场发生了转变。在 2081/1992 号条例出台前，德国法院创设了合格的货源标记（The Qualified Indications of Source，QIS）的概念。与货源标记不同，QIS 要求标识有产品产地的商品达到一定的质量标准。德国法院创设这一概念的理由是，他们发现含有产地名称的标识具有的功能不

〔1〕 The Treaty on the functioning of the European Union, Article 43.

仅仅是告知消费者该商品的产地来源,还具有满足消费者对产品质量期待的作用。消费者会认为该产品的品质与产地的环境和生产工艺具有关联性,正是这种关联性保证了该产品拥有异于其他同类产品的特殊风味和质量,进而拥有更高的竞争优势,而单纯的货源标记无法实现这样的功能。德国法院将这种理念运用在了"威士忌酒"案中,德国最高法院的判决指出,酿造时间低于3年的苏格兰威士忌酒不得在市场上以"苏格兰威士忌"标识销售,无论该酒的真实产地是否是苏格兰,因为酿造时间低于3年的威士忌酒不符合苏格兰威士忌酒传统的生产标准,如果允许其以"苏格兰威士忌"标识销售,不仅会误导消费者,还会损害传统苏格兰威士忌酒生产者的利益。[1] 德国开始承认原产地名称具有货源标记所没有的质量和风味保证功能,德国立场的转变动摇了欧洲中北部国家反对利用原产地名称保护地理标志产品的决心。

第二个值得关注的事实是,在欧盟委员会提交给欧盟理事会审议的法律草案中,要求PDO产品的原材料必须源于划定的产区内,PGI产品的所有加工步骤都必须在产区内进行,但在欧盟理事会最终通过的文本中,并不要求PDO产品的原材料必须源于划定的产区内,此外,PGI产品的加工制造流程也只要有一个环节在产区内进行即可。这种变化使欧盟地理标志专门法的标准变得适当宽松,保护范围变得更宽,更多地方特色农产品可以满足专门法设定的标准并获得注册。1992年2月28日由欧洲理事会独立通过的条例成功解决了南北国家间的分歧问题。[2]

二、欧盟采取专门法和商标法相结合的地理标志保护模式

目前欧盟层面地理标志保护的途径主要是两种,一是通过PDO和PGI构成的欧盟地理标志专门法体系进行保护;二是通过欧盟商标法体系进行保护。

〔1〕 The Treaty on the functioning of the European Union, Article 43.

〔2〕 The Treaty on the functioning of the European Union, Article 43.

(一)欧盟采用 PDO/PGI 制度为地理标志提供专门保护

地理标志专门法保护制度一直是欧盟 CAP 政策的核心,1151/2012 号条例是欧盟现行的地理标志专门法,该条例规定,地理标志可以通过注册成为 PDO 或 PGI 获得保护。

1. PDO 和 PGI 的定义

根据 1151/2012 号条例的规定,PDO 产品必须与其产地之间具有很强的联系,产品的生产必须在该产地进行,原材料也必须源于该地域。如果有关产品的原材料来自其他地域,需要该地理区域满足下列条件,才可以申请 PDO 注册:

(1)属于规定原材料的生产区域;

(2)存在生产原材料的特殊条件;

(3)有监管机制,确保上一条要求得到满足;

(4)相关原产地名称在 2004 年 5 月 1 日前获得其所属国的认证。

与 PDO 相比,1151/2012 号条例对 PGI 的规定比较宽松,只要求产品的质量、声誉或其他特征的形成主要归因于该地区的自然、人文因素,产品的生产、加工以及制作只需要有一个步骤在该地域内完成即可。[1]

PDO 和 PGI 的保护对象是"某个地方、某个地区、或者某个国家的名称,该名称用来标识一种农产品或食品的来源地";PDO 和 PGI 都要求对某一地理区域内的传统产品和传统技术予以保护,受保护的产品与产地的地理、人文环境必须具有关联性。

2. PDO 和 PGI 的生产技术标准

根据 1151/2012 号条例的第 7 条,PDO 和 PGI 在注册时需提交生产技术标准,该标准包含的内容如下:

(1)受保护的原产地或地理标志的名称;

(2)产品的描述,包括产品生产所使用的原材料和产品主要的物理、微

---

〔1〕 See EC Regulation 1151/2012.

生物、化学或感官特征；

(3)关于本款所规定的特定地理区域的定义；

(4)能够证明产品来自特定地域的证据；

(5)产品获取方法的描述，在适当情况下提供真实的、当地特有的产品获取方法，产品的质量或特性与地理环境之间的联系，产品的特定质量、声誉或其他特性与地理来源之间联系的描述，有关产品的特定标签规则，和证明上述内容的有关机构的名称和地址。[1]

欧盟委员会有权依据本条例第56条的规定，对生产技术标准的内容采取必要的限制，以免注册申请书过于冗长。此外，欧盟委员会还可以通过实施法案，对生产技术标准的形式作出规定。

3. PDO和PGI的注册程序

1151/2012号条例的第49条对PDO和PGI的注册程序作出了详细规定。

对于其他成员方的生产者提出的PDO、PGI申请，可由不同成员方或第三国的几个团体联合提出，一个自然人或法人也可被视为一个团体，但该自然人或法人必须是该地域唯一提交申请的生产者，其申请获得保护的产地区域必须与邻近区域具有明显不同的特征，或者该地域产出的产品与邻近区域的产品具备明显不同的品质或风味。

对于成员方国内生产者提出的申请，应由该成员方的相关机构负责受理，成员方应采取适当的方式对申请进行审查。成员方应当设置国内异议程序，确保申请充分公开，允许其国内任何对该地理标志拥有合法利益的法人或自然人在合理期限内对申请提出异议。提出异议的主体应当在异议公布前合法地销售该产品，其销售行为至少持续五年。在对异议进行评估后，如果成员方认为申请符合要求，则可以通过申请，并向欧盟委员会递交该申请。成员方的决定应当公开，并保证一切拥有合法利益的自然人或法人对该决定

[1] See EC Regulation 1151/2012, Article 7.

提出上诉的权利。为了保证第三方能够知晓地理标志申请的内容，成员方还应当公布该申请包含的生产技术标准。

4. PDO 和 PGI 的取消程序

1151/2012 号条例的第 54 条规定了 PDO 和 PGI 的取消程序，如果出现下列情况，欧盟委员会可主动或依申请取消 PDO 或 PGI 的登记：

（1）注册名称不符合生产技术标准的要求；

（2）PDO 或 PGI 产品投放市场且没有销售，持续时间超过 7 年。[1]

1151/2012 号条例没有对 PDO 或 PGI 的使用要求作出规定，如果 PDO 或 PGI 未在合理期限内被使用，该 PDO 或 PGI 是否应当被撤销呢？对于该问题学界存在争议。有学者认为，在合理期间内未在市场上使用 PDO 或 PGI 会影响市场竞争，妨害第三方的权利。但也有学者认为，由于地理标志无法更新或转让；只能以生产者集体或组织的名义进行登记，且在登记之后无法变成通用名称，因此，地理标志不应该像商标一样由于不使用而被撤销。许多农产品和食品被注册为 PDO 或 PGI 的目的是保护农业生产传统，或者持续发展农业，这些产品在市场上所占份额十分微小，难以评估其市场使用行为。如果按照 1151/2012 号条例第 54 条的规定，这些产品名称将得不到合理的保护。针对这一问题，欧盟在日后需要出台更多可操作的实施细则。

（二）欧盟采用集体商标制度为地理标志提供商标保护

为了应对农产品和高附加值产品愈发激烈的全球竞争，欧盟委员会在 2006 年宣布对欧盟地理标志保护制度进行修改，其中一个重要的变化就是在专门法保护体系之外，增加欧盟商标法保护体系（community trade mark system，以下简称商标法体系）保护地理标志，地理标志产品可以选择注册成为欧盟集体商标获得保护。在 2008 年的《农业质量政策绿皮书》（*Green Paper on Agricultural Product Quality*）和 2009 年的《农产品质量政策分析报告》（*Impact Assessment Report on Agricultural Product Quality Policy*）中，欧盟

[1] See EC Regulation 1151/2012, Article 54.

委员会肯定了商标法体系对专门法体系在保护地理标志方面的补充作用。[1] 专门法和商标法的双重保护有助于生产者和企业利用原产地名称和地理标志提高产品知名度，在消费群体中形成良好的口碑，获得更高的利润。

欧盟现行的商标条例是2017/1001号条例，其中第74条至第82条对欧盟集体商标作出了规定。

1. 欧盟集体商标的定义

依据2017/1001号条例的第74条第1款规定，欧盟集体商标的定义为，能够将商标所有者（通常为一个生产者协会或行业协会）的成员生产的商品或提供的服务与其他经营者的商品区分开的标志。[2] 因为集体商标是欧盟商标的一个特殊种类，所以2017/1001号条例第一章至第七章和第九章至第十四章关于普通商标的规定同样适用于集体商标。

第74条第2款紧接着对指示产品地理来源的集体商标作出了规定，该规定是2017/1001号条例第7条第1款c项规定的例外。依据后者，有指明货物地理来源的标志或标识组成的商标不可以在欧盟获得注册，[3] 但第74条第2款则指出，在贸易中用于指示商品或服务原产地的标志或标识可以注册成为欧盟集体商标获得保护，[4] 不过集体商标所有人无权禁止第三方在贸易过程中善意地使用该商标，并且不能禁止有权使用相同地名的第三方在贸易中使用该地名。[5] 由此可见，与专门法的规定不同，当事人如果是集体商标所有者协会的成员，就能获得使用集体商标的资格，并不要求当事人在该集体商标所指示的地域从事生产。

2. 集体商标使用规则

2017/1001号条例的第75条和第79条对集体商标使用规则作出了规

〔1〕 Elvira Carretta, Uso dei marchi collettivi geografici: i problemi pratici e interpretativi, Unioncamera, Dicembre 2007, p. 67.

〔2〕 See EC Regulation 2017/1001, Article 74(1).

〔3〕 See EC Regulation 2017/1001, Article 7(1)(c).

〔4〕 See EC Regulation 2017/1001, Article 74(2).

〔5〕 See EC Regulation 2017/1001, Article 74(2).

定。集体商标使用规则是集体商标的所有权人制定的关于产品质量和特性方面的规范。申请人在注册集体商标时必须提交使用规则,最晚不得超过申请之日起 2 个月。使用规则的内容包括向他人授权使用集体商标的条件,成为集体商标所有人协会成员的条件,以及对违反使用规则的生产行为的处罚。欧盟知识产权办公室(European Union Intellectual Property Office,以下简称欧盟办公室)负责对申请人提交的集体商标使用规则进行审核,如果未满足相关要求,将导致集体商标申请被否绝。后续对集体商标使用规则的修改应当及时向欧盟办公室提交,擅自修改使用规则或修改内容违反商标法规定,将导致集体商标被撤销或无效。[1]

集体商标的主要特征之一是商标所有人和使用人的分离,制定和修改使用规则的权利归集体商标所有权人享有,符合条件的生产者可获得授权,在交易活动中使用该集体商标,但必须遵守使用规则。所有权人需要对集体商标使用人进行监管,确保其按照规范的要求进行生产,"授予使用权"一词指的是集体商标所有权人只有履行了监管职能,才能拥有授权的权能。有学者认为,集体商标所有权人对使用人的授权,不以使用人加入所有权人的协会为前提条件,只要生产者所生产的商品或提供的服务符合集体商标使用规则要求的标准,就应当获得授权。否则将与法律赋予集体商标的功能相抵触,并可能诱使集体商标所有权人滥用支配地位。因此,集体商标所有人在决定是否授权时,必须遵守平等原则和竞争自由原则。[2]

值得注意的是,本法第 75 条第 2 款特别规定,如果集体商标用于指示产品的地理来源,那么商品或服务源于该地域的任何生产者都应当被允许成为集体商标所有人协会的成员。[3]

---

〔1〕 See EC Regulation 2017/1001, Article 75, 79.

〔2〕 Rachele Macor, Marchi di collettivi, marchi di certificazione d indicazioni geografiche alla luce del nuovo "Pacchetto Marchi" dell' UE, Università Cattolica Del Sacro Cuore, 21 Novembre 2018, p. 89.

〔3〕 See EC Regulation 2017/1001, Article 75(2).

3. 集体商标的注册

按照 2017/1001 号条例第 76 条的规定，集体商标按照本法关于普通商标注册的程序进行注册，在申请日起 2 个月内须提交集体商标使用规则。[1] 除了本法第 41 条和第 42 条关于否决普通商标注册的事由之外，不符合本法第 74 条、第 75 条规定，或者违反公共政策、道德的商标也将被禁止注册。任何自然人或法人，以及代表制造商、生产商、服务供应商、贸易商或消费者的团体均可向欧盟办公室提交书面异议，如果异议经审查成立，集体商标注册的申请将被否决。

此外，第 76 条第 2 款指出，如果集体商标会导致公众对该标识的性质、意义产生误认，该集体商标的注册申请将被否决。[2] 笔者认为，该款规定对于指示产品地理来源的集体商标的注册进行了限制，如果该标志容易被消费者误认为原产地名称或地理标志，就不可以注册为集体商标。这样的规定可以理解为，立法者希望引导生产者采用专门法的方式，注册 PDO 或 PGI 来保护地理标志产品，而不是通过注册集体商标，这也是欧盟对地理标志采取专门法保护为主、商标法保护为辅的一个证明。

4. 有权提起集体商标侵权诉讼的权利人

2017/1001 号条例的第 25 条第 3 款、第 4 款规定，除非商标许可合同另有约定，商标被许可人只有在商标所有权人同意的情况下，才可以对侵犯商标权的行为提起诉讼。但是，如果商标所有权人在被许可人正式通知后的合理期限内未对侵权人提起诉讼，被许可人可以直接提起侵权之诉。在商标所有权人已经提起侵权诉讼的情况下，被许可人为了获得赔偿，有权介入该侵权诉讼中。第 25 条第 3 款、第 4 款的规定同样适用于集体商标。[3]

2017/1001 号条例第 80 条第 2 款还规定，在集体商标权受到他人侵害时，欧盟集体商标所有人有权代表集体商标使用人提起侵权诉讼，并就侵权

---

〔1〕 See EC Regulation 2017/1001, Article 76.

〔2〕 See EC Regulation 2017/1001, Article 76(2).

〔3〕 See EC Regulation 2017/1001, Article 25(3)(4).

人未经许可使用商标的行为要求赔偿。[1]

5. 商标权利的撤销事由

2017/1001 号条例第 58 条规定了普通商标权利的撤销事由，包括：

(1)注册商标后，无正当理由连续五年未使用该商标；

(2)由于商标所有人的作为或不作为，该商标已经成为其注册的商品或服务行业的通用名称；

(3)该商标容易误导公众，特别是容易引起公众对该商标标识的产品、服务的质量、特质或地理来源的误解。[2]

上述商标权利撤销的事由同样适用于集体商标，此外，依据 2017/1001 号条例第 80 条，如果出现下列情况，集体商标权也会被撤销：

(1)集体商标所有人未采取合理措施，保证集体商标使用人按照集体商标使用规则的要求使用集体商标；

(2)集体商标所有人擅自修改集体商标使用规则，但集体商标所有人及时向欧盟办公室申请更改的除外。[3]

2017/1001 号条例第 80 条再次强调，如果集体商标会导致公众对该标识的性质、意义产生误认，集体商标将被撤销。据此，如果某集体商标被公众误认为地理标志，那么该集体商标会被撤销，这与欧盟对集体商标功能的理念是一致的，即欧盟集体商标的基本功能不是用来区分产品的地理来源，而是区分产品所属的生产商或企业。

(三)欧盟地理标志专门保护相较商标保护的优缺点

欧盟为地理标志提供了专门法和商标法两个保护途径，权利人可以选择注册 PDO/PGI 或集体商标保护自己的地理标志。虽然欧盟的地理标志法律制度总体上以专门保护为主、商标保护为辅，但是这不意味着专门保护在任何情况下都优于商标保护。

---

[1] See EC Regulation 2017/1001, Article 80(2).

[2] See EC Regulation 2017/1001, Article 58.

[3] See EC Regulation 2017/1001, Article 80.

1. 采用专门法保护地理标志的优势

相较于商标保护，专门法保护的优势除了保护期限更长且无需续展、拥有更加专业的品质监督机制外，最为重要的是，专门法保护可以更有效的排除他人对地理标志权利人利益的侵害。

将地理标志注册成为集体商标后，虽然权利人有权制止他人在未经其授权的情况下使用含有该地理标志的集体商标，但是依据欧盟商标条例第14条的规定，商标权利人无权阻止他人在商业活动中善意地使用指示产品产地名称的标志，[1]这在一定程度上给他人利用地理标志产品的声誉提供了可趁之机。以“哥伦比亚咖啡”这一地理标志为例，该地理标志的权利人为哥伦比亚全国咖啡种植者联合会，由于哥伦比亚地区生产的咖啡在世界范围享有盛名，所以诱使很多生产者在自己的产品上使用“哥伦比亚调和咖啡”或“哥伦比亚类咖啡”等标识，从而吸引消费者购买自己的产品。如果将“哥伦比亚咖啡”在欧盟注册成为集体商标，地理标志权利人在大多数情况下将无法制止他人的此类行为，因为证明此类行为构成不公平地利用声誉或对产品声誉造成损害的难度很高。[2]

相比之下，PDO 和 PGI 为地理标志提供的保护更加全面。依据 1151/2012 号条例第 13 条的规定，任何形式的滥用、模仿或引导性使用，即便标明了产品的真正来源或使用“风格”“型”“法”“产于”“模仿”的类似描述，包括作为一个组成部分的使用，都构成对 PDO/PGI 权利的侵犯。鉴于专门法保护在保护力度和范围上的优势，哥伦比亚全国咖啡种植者联合会选择通过专门法为其地理标志提供更加有效的保护。

2. 采用专门法保护地理标志的缺点

专门法保护并非在任何方面都比商标法保护更有优势，相较于商标法保

---

〔1〕 See EC Regulation 2017/1001, Article 14.

〔2〕 See G. E. Evans, *The Comparative Advantages of Geographical Indications and Community Trademarks for the Marketing of Agricultural Products in the European Union*, International Review of Intellectual Property and Competition Law, 2010, p. 30.

护制度，专门法保护制度具有以下几个方面的缺点：

（1）申请者证明产品质量和地域环境具有关联性的难度较大。在申请PDO或PGI注册时，申请者必须证明产品和产地之间具有客观关联性，对于一些地方特色产品，证明的难度很大。例如，埃塞俄比亚出产一种特色阿拉卡比咖啡——斯丹摩咖啡（Sidamo Café），这种咖啡的种植区散布埃塞俄比亚全国，每一个种植园的面积都非常小。如果埃塞俄比亚试图在欧盟将斯丹摩咖啡注册成为PDO或者PGI，按照欧盟的要求，必须证明每一个产区咖啡的质量和风味都与产区的地理、人文因素具有关联性，这几乎是不可能实现的任务。如果将斯丹摩咖啡注册成为商标，就无须证明产品和产地之间的关联性，也没有必要将咖啡的种植区域限制在某个范围之内，一方面让生产者可以采用更便捷的方式保护自己的产品，另一方面也避免了严格的产区划分制度对产品产量的限制。于是，埃塞俄比亚政府就将斯丹摩咖啡在欧盟注册成为了普通商标。

（2）欧盟地理标志专门保护的范围较窄。欧盟地理标志专门法规定，仅有农产品和食品可以申请注册成为PDO或者PGI，其中农产品涵盖的范围较广，但可注册的食品仅包括肉类、鱼和奶制品等，这使一些地方特色产品无法在欧盟获得保护，例如，越南富国地区生产一种特色鱼酱，风味独特，广受好评，依据欧盟地理标志专门法，鱼酱这种调味制品不属于专门法保护的范围，因此无法在欧盟获得地理标志注册。相比之下，商标法体系的保护范围更广，依照商标法的规定，只要在《商标注册用商品和服务国际分类尼斯协定》（以下简称尼斯协定）中存在的商品和食物类型都可以进行商标注册，所以鱼酱这类调味品可以选择注册欧盟集体商标，让自己的地理标志在欧盟范围获得保护。

（3）PDO和PGI的监管成本较高。PDO和PGI产品的生产只有达到生产技术标准规定的条件，产品的质量和风味才能得到保证，为此欧盟地理标志专门法规定，申请者在注册PDO或PGI时，必须证明自己拥有完备的生产监管体系，提交的生产技术标准中必须写明监管机构的工作内容，监管机构需要具备相应资质,执行监管工作产生的费用由行业协会承担。可现实情况是,并非所有地理标志的申请者都可以建立一个符合欧盟标准的监管体系,一些经济发展较弱地区的生产者也无力负担高昂的监管费用。通过商标法保护地理标志就可以解决这个问题,虽然欧盟商标条例第67条规定,通过欧盟集体商标保护地理标志时,商标申请人必须制定生产技术标准来管理商标的使用,但是欧盟商标条例没有规定该技术标准中必须包含监管程序的内容,商标申请人可以更自由地决定生产的条件,经济发展较弱地区的生产者可以根据实际情况制定符合自身利益的生产技术标准。

综上所述,专门法和商标法在保护地理标志方面各有优势,专门法对地理标志的保护更加全面有效,更适合于产品特色和质量与地域关联性较强的农产品,这一保护也有利于促进农产品质量体系的标准化;而商标法保护则具备更强的灵活性,更适合于地域关联性证明难度较大,对产品质量标准化要求不高的加工产品、手工艺品等,商标保护可以通过品牌效应助推知名度范围较小的地方性产品在更为广阔的全国甚至国外市场销售。当然,究竟哪一种方式更有利于地理标志权人的利益,需要根据权利人的需求和自身情况作个案分析,权利人可以选择只注册PDO/PGI或集体商标,也可以选择为地理标志提供专门法和商标法的双重保护。

三、意大利在欧盟法框架下对国内制度进行调整

1151/2012号条例与664/2014号条例、665/2014号条例以及668/2014号条例共同构成了“欧盟食品质量一揽子计划”(EU Food GI Quality Package),致力于建设欧盟统一市场。意大利作为欧盟成员方之一,采纳了欧盟的地理标志保护体系,这对意大利国内的地理标志保护制度产生了一定影响。

(一)意大利修改国内地理标志保护法的相关规定

按照欧盟条例的要求,成员方需要根据欧盟规定修改国内的地理标志保护法,与欧盟体系衔接。在欧盟法的框架下,意大利国内的地理标志法律制

度主要发生了以下三个方面的变化：

1. 引入了地理标志的概念

欧盟专门法保护体系为地理标志产品提供了 PDO 和 PGI 两种保护方式。PDO 要求该产品的质量或特征的形成，必须完全或主要归因于该地的自然和人文因素，且该产品的生产、加工和制作都必须在该地域范围内完成；PGI 仅要求产品的质量、声誉或其他特征的形成主要归因于该地的自然和人文因素，且产品的生产、加工和制作有一个步骤在该地域范围内完成即可。由此可见，PDO 强调产品与产地具有实质关联性，体现了一种"投入和产出"的概念，即独特的投入造就独特的产出，特定的产地造就特定的产品。[1] 而 PGI 对产品和产地之间关联性的要求较 PDO 更弱一些。欧盟专门法体系之所以提供 PDO 和 PGI 两种保护方式，也是欧盟成员方间妥协的结果。PDO 代表了意大利、法国、西班牙等对地理标志采取强保护国家的需求，德国、英国等对地理标志采取弱保护的国家则希望不要将产品和产地之间的关联性规定得过于严格。妥协的结果就是产生了 PDO 和 PGI 两个并行的保护方式。[2]

意大利在 1992 年之前，在国内法文件中一直使用的是"原产地名称"(denominazione di origine)，1992 年之后，才逐渐出现了"地理标志"(indicazione geografica)的概念。意大利的《工业产权法》中关于地理标志保护的部分是在欧盟地理标志保护体系的框架下起草的，但与欧盟条例不同，意大利没有在原产地名称和地理标志之间进行区分。[3] 该条原文为："意大利保护地理标志和原产地名称系指下列标志，标示某产品来源于某地域，且该产品的质量，声誉或特性完全或主要归因于该地域的地理因素、自然因素、

〔1〕 See G. E. Evans, *The Comparative Advantages of Geographical Indications and Community Trademarks for the Marketing of Agricultural Products in the European Union*, International Review of Intellectual Property and Competition Law, 2010, p. 30.

〔2〕 See G. E. Evans, *The Comparative Advantages of Geographical Indications and Community Trademarks for the Marketing of Agricultural Products in the European Union*, International Review of Intellectual Property and Competition Law, 2010, p. 30.

〔3〕 See Alberto Contini, Tutela e valorizzazione delle indicazioni geografiche e delle denominazioni di origine nel Codice della Proprietà Industriale, Università degli Studi Di Parma, 2011, p. 110.

人文因素以及传统。"[1]由此可以看出，意大利仍然倾向对地理标志采取强保护，强调产品和产地的实质关联性。

2. 调整国内地理标志专门法

欧盟地理标志保护的对象为可食用农产品、葡萄酒、芳香葡萄酒和起泡酒。意大利在1992年之前仅有针对葡萄酒、奶酪、火腿、橄榄油的地理标志专门法，对其他农产品的地理标志没有制定专门法进行保护。1992年之后，意大利仍然保留了葡萄酒、奶酪、火腿和橄榄油的地理标志专门法，对于其他农产品不再制定特别的专门法，而是依据欧盟条例的规定申请保护。

此外，因为欧盟制定统一地理标志保护制度之后，成员方的相关规定必须与欧盟保持一致，所以意大利对国内的地理标志专门法进行了必要的调整。以葡萄酒专门法为例，在欧盟统一地理标志保护之前，意大利国内对葡萄酒一直使用的是1992年确立的IGT/DOC/DOCG体系，由于该体系使用时间较长，意大利本土的消费者已经形成习惯，为了与欧盟统一保护体系兼容，意大利61/2010号葡萄酒专门法在第3条规定，将DOCG和DOC纳入PDO范围，IGT纳入PGI范围，在不违反欧盟规定的前提下，意大利的IGT/DOC/DOCG体系将继续有效。[2] 意大利的这种做法一方面没有违反欧盟条例的规定，损害欧盟统一市场的建设；另一方面也减轻了欧盟立法对国内法的冲击。目前意大利的地理标志葡萄酒上，既标有欧盟的PDO、PGI标志，也标有意大利的IGT、DOC、DOCG标志。

3. 修改有关集体商标的规定

意大利早期并不承认集体商标这种商标形式，直到1883年意大利成为《巴黎公约》缔约国，才通过1602/1934号皇家法定引入了集体商标。依据该法第85条的规定，合法组成的团体和协会，为保证某些商品的来源、性质或质量，可以将特定的显著标志作为集体商标注册，并有权授予属于同一团体或协会的生产者或商人使用。申请者必须在申请书中附上关于使用集体商

[1] Codice della proprietà industriale, Articolo 29.

[2] See Decreto Legislativo 8 aprile 2010, n. 61. articolo 3.

标的规定。如果对集体商标使用规定进行修改,必须及时告知知识产权局。[1]

欧盟采取商标法体系保护地理标志后,意大利有关集体商标的立法又经过几次修改,现行关于集体商标的规定为《工业产权法》第11条。该条对集体商标的定义与《意大利民法典》第2570条的规定在实质上是相同的,二者都认为集体商标是"保障特定产品或服务的来源、性质或质量"[2]的商标。与以往规定的不同之处在于,《工业产权法》第11条取消了将集体商标的所有人限制为"合法成立的机构或协会"的规定,目前集体商标的所有权人可以是其活动与集体商标的性质相适应的"行业协会、公司、合作社、公司的临时协会以及其他组织和团体"。[3] 一些意大利著名的地理标志,例如帕玛森干酪,既注册了PDO,也注册了集体商标。

(二)意大利地理标志保护申请需提交欧盟委员会审核

在欧盟法的框架下,意大利地理标志的注册程序也发生了变化,主要增加了欧盟委员会的审核环节。

以葡萄酒原产地名称和地理标志的注册为例,2012年年初,意大利农业部颁布了2011.11.30号部长令,依据该部长令的规定,意大利葡萄酒原产地名称和地理标志的注册不仅需要意大利国内的审核,还需要经过欧盟委员会的批准。该部长令源于2010年4月8日的61号部长令:"根据欧盟1234/2007号条例和607/2009号条例的规定,关于DOP和IGP的授予,以及DOCG、DOC和IGT的授予,将交予欧盟委员会受理,申请人需要符合规定的资质,申请内容要经过意大利政府的初步审批,要求达到欧盟有关法律法规规定的标准。"[4]

虽然增加了欧盟委员会的审查程序,但对于意大利的影响并不大,因为意大利国内法的标准高于欧盟标准,一个意大利葡萄酒要获得欧盟审核批

[1] See Decreto Legislativo 8 aprile 2010, n. 61. articolo 3.

[2] 《意大利民法典》,费安玲、丁玫译,中国政法大学出版社2004年版,第669页。

[3] Codice della proprietà industriale, Articolo 11.

[4] Decreto Legislativo 8 aprile 2010, n. 61.

准，最大的难度在于国内的审核。目前，某意大利葡萄酒要获得原产地名称或地理标志认证的程序为：由该葡萄酒的生产者所在的行业协会向产地所属的大区提出申请。收到申请60日内，所在大区将召开葡萄酒产业委员会会议，并在大区官方公报上将申请内容公开。如果在大区的初审通过，该申请将被提交至意大利农业部，农业部会在45日内召开会议，对申请进行公开审查，通过后60日内在意大利官方公报（Grazzetta Ufficiale）上公示，并提交欧盟委员会审查。欧盟委员会审查期间，相关内容也会在欧盟范围内公示。如果通过欧盟的审核，意大利国家葡萄酒管理委员会将审定行业协会提交的生产技术标准，在充分的论证之后，提交农业部部长作最后审批。对获得注册的产品在后续生产和市场销售环节的监管工作，欧盟选择交给各成员方完成。这样的安排可能是考虑到成员方与生产者、加工者更加接近，相比欧盟委员会更适合执行监督工作。

（三）意大利地理标志保护的范围扩大

采纳欧盟统一地理标志保护体系带来的第三个影响，是地理标志保护范围的扩大，主要涉及以下两个方面：

一是意大利地理标志保护的对象从火腿、奶酪、橄榄油和葡萄酒扩大到全部可食用农产品。火腿、奶酪、橄榄油和葡萄酒的地理标志保护接受意大利国内专门法和欧盟条例的调整，其他可食用农产品地理标志保护的法律依据仅为欧盟地理标志保护的相关条例。

二是意大利获得欧盟注册的地理标志的受保护范围扩大至其他欧盟成员方。在1992年之前，意大利的地理标志农产品仅能依据国内法获得注册，因为欧盟其他国家对地理标志的保护程度和方式各有不同，使得意大利地理标志产品受保护的范围十分受限。在1992年欧盟统一保护体系建立后，情况大有不同。以蓝布鲁斯科（Lambrusco）葡萄酒案为例。蓝布鲁斯科是意大利1996年在欧盟注册的PDO，意大利摩德纳（Modena）、帕尔马（Parma）、艾米利亚·罗马涅（Reggio nell'Emilia）、曼图亚（Mantua）地区生产的符合相应质量标准的葡萄酒可以使用该原产地名称。2009年，某西班牙企业向西班牙商标及专利办公室(Spanish Trademark and Patent Office)提出申请,希望将"Lambrusco dell'Emilia Canottieri"注册成为商标。由于在此之前已有蓝布鲁斯科 PDO 在欧盟获得注册的记录,西班牙商标及专利办公室否决了该商标注册的申请。申请人随后向西班牙法院提起诉讼,请求允许该商标注册。通过事先从第三方处购买的商标监视服务,蓝布鲁斯科葡萄酒的行业协会很快收到通知,了解到了上述情况。该行业协会迅速聘请了意大利的律师,通过与西班牙当地同事的协作,向西班牙法院提交了意见。蓝布鲁斯科葡萄酒行业协会主张,蓝布鲁斯科在 1996 年即在欧盟被注册为 PDO 并持续使用至今,单词"Lambrusco"是该原产地名称中起区别性作用的部分,商标"Lambrusco dell'Emilia Canottieri"与蓝布鲁斯科 PDO 冲突,因此应当被禁止注册。西班牙法院采纳了上述意见,驳回了商标"Lambrusco dell'Emilia Canottieri"的注册申请。〔1〕

由该案的判决可以看出,意大利的地理标志如果在欧盟层面获得注册,则已在整个欧盟范围内获得保护,不再局限于某一个国家,由第三方提供的信息服务可以让地理标志所有人及时了解到可能侵犯地理标志权利的行为,方便权利人及时采取措施维护其合法权益。

第三节 欧盟和意大利处理地理标志专门保护和商标保护关系的经验

欧盟对地理标志提供了专门法保护和商标法保护两种途径。欧盟保护地理标志的原因是为了加强产品和产地之间的联系,保证产品的品质,这种功能只有地理标志才具备,这也是欧盟对地理标志采取专门法保护为主,商标法保护为辅的原因。两种保护模式并行往往会出现地理标志和商标冲突

〔1〕 See European Union, *Case Study—Lambrusco: protecting and enforcing a GI for wine products*, European IPR Helpdesk, October 2016, p. 1 – 5.

的情况，欧盟和意大利在处理地理标志和商标冲突方面拥有丰富经验。

一、地理标志和集体商标的功能不同

（一）集体商标的作用是区分商品的生产者而非地理来源

目前世界上地理标志的保护模式主要有两种：第一种是专门法保护；第二种是商标法保护，大多数国家都采用了两种模式并行的保护制度。因为不同国家的国情不同，所以导致对地理标志保护的政策取向也有差异。

侧重商标法保护的国家以美国等新世界国家为代表。在这些国家看来，地理标志与商标的功能并没有差异，都是生产者通过商业投入建立商誉而具有了商业效益，二者都是私有财产权。由于地理标志产品的品质取决于产地，所以品质保证功能依附于来源功能，保障来源功能是地理标志保护的唯一目的，只要保证地理来源真实，与产品质量相关的问题自然会得到解决。侧重专门法保护的国家以意大利、法国和西班牙为代表。在这些国家看来，单纯的来源不足以保证品质，地理标志除了具备来源功能，还拥有品质功能，可以保证产品的质量、风味、特色与产地之间具有密切联系，而这种功能是商标不具备的。这种观点体现在欧洲法院对印度茶叶局诉欧盟知识产权办公室一案[1]的判决中。

德尔塔公司（Delta Lingerie）是法国一家生产销售女士内衣的公司。2010年10月21日和22日，德尔塔公司依据当时有效的207/2009号条例（现行版本为2017/1001号条例）向欧盟知识产权局申请注册了四个包含“darjeeling”字样的普通商标，商标核准使用范围是女士内衣、香水、爽肤水、化妆品、卸妆油和浴巾。2011年4月7日，印度茶叶局请求撤销德尔塔公司注册的商标，理由是：早在2006年，印度茶叶局就在欧盟注册了集体商标“DARJEELING”（该集体商标的核准使用范围是茶叶），用于保护印度大吉岭地区出产的地理标志产品大吉岭茶，印度茶叶局认为，德尔塔公司申请注

〔1〕 The Tea Board v. EUIPO C－673/15 P to C－676/15 P（four joint appeals）.

册包含“darjeeling”字样商标的行为违反了207/2009号条例第8条第1款第b项和第8条第5项的规定，依法应当撤销其注册的商标。该案上诉至欧洲法院。欧洲法院在对全案进行分析后，否决了印度茶叶局的全部主张，理由主要是以下两点：

欧洲法院认为，即使集体商标中包含了指示商品产地的名称或标志，该集体商标的本质功能依然是帮助消费者区别同类商品的不同生产者和经营者，而非指示商品的地理来源。因为依据207/2009号条例第66条第2款的规定，欧盟集体商标是欧盟商标的一种，而依据该条例第4条的规定，商标的本质功能就是帮助消费者通过商标了解该商品的生产者和经营者的信息，集体商标自然也不例外。[1] 虽然包含指示商品产地的名称或标志的集体商标也具有指示商品地理来源的功能，但这并不是集体商标的本质功能。[2] 虽然地理标志产品可以通过注册集体商标的方式获得保护，但是欧盟地理标志和集体商标是两种完全不同的法律制度，其功能定位是不同的，保证产品和产地之间关联性的功能只有地理标志才具备。[3] 一个地域产出的产品可能有很多，即使该地地名被注册成为集体商标，也不能阻止该地名成为其他产品商标的组成部分。[4] 综上所述，本案中，即使相关公众认为德尔塔公司的产品源于印度大吉岭地区，也不能据此认定德尔塔公司的商标与印度茶叶局的集体商标相同或存在相似性。[5]

按照商标法的规则，适用207/2009号条例第8条第1款第b项的条件是，在后注册商标与在先注册商标相同或相似，在后注册商标核准使用的商品与在先商标核准使用的商品相同或相似，这两个要求必须同时满足。在判断商标核准使用的两种商品的相似性时，应当考虑所有与商品相关的因素，包括这两种商品的性质、用途、使用方法，以及这两种商品在市场销售中是否

〔1〕 The Tea Board v. EUIPO C－673/15 P to C－676/15 P (four joint appeals).

〔2〕 The Tea Board v. EUIPO C－673/15 P to C－676/15 P (four joint appeals).

〔3〕 The Tea Board v. EUIPO C－673/15 P to C－676/15 P (four joint appeals).

〔4〕 The Tea Board v. EUIPO C－673/15 P to C－676/15 P (four joint appeals).

〔5〕 The Tea Board v. EUIPO C－673/15 P to C－676/15 P (four joint appeals).

存在竞争关系或互补关系。[1] 本案中，虽然德尔塔公司的注册商标与印度茶叶局的集体商标相似，但是各自核准使用的商品完全不存在相似性，所以德尔塔公司的行为并未违反207/2009号条例第8条第1款第b项的规定。

上述判决的核心观点可以总结为：虽然商标和地理标志非常相似，都是指示商品来源的标识，但二者的功能是不同的。商标的主要功能是区别同类商品的不同生产者和经营者，方便消费者认牌购货；而地理标志的作用是标示商品的地理来源，证明商品的品质、风味、特色与产地之间具备关联性，是产品质量、风味的保证。即使商标中含有地理标志，其功能依然是区别商品的商业来源，在判断其他商标与该商标是否存在混淆可能性时，需要考虑的是消费者是否会混淆商品的商业来源，无须考虑消费者是否会误认商品来源于同一产地。

（二）商标保护对专门保护起到补充作用

通过上述分析可以看出，欧盟和意大利限制了集体商标在保护地理标志方面的作用，这也是意大利对地理标志采取专门保护为主、商标保护为辅的保护模式的一个佐证。但这不代表意大利和欧盟否认商标法保护的价值，欧盟在2006年引入商标法保护地理标志，恰恰是希望商标保护对专门保护发挥补充作用。

这种补充作用一方面体现在商标保护可以弥补专门保护自身存在的不足。相较于商标保护，专门保护存在的缺点已在“第二节二”进行过论述。虽然专门法为地理标志提供的保护力度更强，但是这种强保护并非符合所有地理标志产品生产者的利益追求，尤其是对于经济实力较弱或者希望开阔新市场的经营者来说，商标保护可能是更适合的地理标志保护手段。不论是哪种保护方法，其目的是保障地理标志产品的品质和声誉，提高产品的市场竞争力，进而促进地区经济和社会的发展，两种保护途径没有优劣之分，地理标志产品的生产者应当依据自身情况以及两种保护途径的特点，制定适宜的地

---

〔1〕 The Tea Board v. EUIPO C－673/15 P to C－676/15 P (four joint appeals).

理标志保护策略。

这种补充作用另一方面体现在,商标保护不能够取代专门保护。虽然从表面上看,含有地理标志的集体商标和PDO/PGI的功能十分相似,都是通过特殊的标识向消费者提供商品的产地来源信息,但二者的性质是不同的:地理标志指示商品源于某地域,且商品的特殊风味、品质、声誉与该地域的自然、人文因素相关联;集体商标属于商标的一种,应当遵守商标制度的逻辑,其核心作用是区分商品的商业来源,而非地理来源。如果认为含有地理标志的集体商标的识别功能与地理标志的完全相同,将会导致集体商标作为商标的核心功能被破坏。

因为地理标志权属于特定地域的所有生产者,只要其产品符合一定的品质、风味标准,该生产者就有权使用该地理标志;含有地理标志的集体商标权属于注册该商标的生产者集体,只有该集体的成员才有权使用该集体商标,然而,并非该地区所有地理标志产品的生产者都必然是该生产者集体的成员,非成员的生产者作为地理标志权人自然有权在产品上标注地理标志名称,由于该名称与集体商标权人使用的名称完全相同,所以消费者将无法区分产品是否来源于该生产者集体,最终导致集体商标区分商品商业来源的功能无法实现,使含有地理标志的集体商标违背了商标法的根本逻辑。[1]

因此,欧盟和意大利严格区分了地理标志和集体商标的功能,商标保护可以对专门保护起到补充作用,但是不能取代专门保护的地位,二者是各自独立的保护体系。

二、限制地名商标的注册

关于地名商标的定义,学界通说认为,地名商标是将行政区划的称谓或其他地理区域的名称按法定程序直接登记注册的商标。这些地域的名称因

〔1〕 See Xinzhe Song, *The role played by the regime of collective and certification marks in the protection of geographical indications—Comparative study of law and practice in France, the EU and China*, The Journal of World Intellectual Property, 2018, p. 450 - 453.

为具有知名度，或因为含义特殊，其商业价值被一些商事主体发现，从而注册成为地名商标。与其他国家一样，欧盟对地名注册成为商标给予一定的规制。欧盟2017/1001号商标条例第7条第1款第c项和第g项禁止仅表示产品地理来源的商标获得注册，但该条规定存在两个例外：一是欧洲法院通过基姆湖案（Chiemsee）〔1〕对2017/1001号商标条例的规定确立的例外；二是2017/1001号商标条例第74条第2款允许集体商标包含指示产品来源的地名。

（一）对地名注册成为商标的一般限制

欧盟2017/1001号商标条例在第7条第1款第c项规定，仅表示商品地理来源的商标在欧盟不得获得注册；第g项规定，带有欺骗性描述，容易使公众对商品的产地产生误认的商标不得注册。上述规定为欧盟商标条例对将地名注册成商标的一般限制。

第7条第1款第c项解决了两个问题：

首先是解决了地名商标缺乏显著性的问题。2017/1001号条例第7条第1款第b项规定，缺乏显著性的商标不得被注册。〔2〕商标显著性，又称为识别性，商标的主要作用就是将同类商品或服务的不同商家区别开来。这种区别或识别的功能就是商标显著性的表现，也是相关法律对其进行保护的核心所在。任何不具有显著性特征的标识，都不得作为商标注册，也得不到法律的保护。地名商标作为商标的一种，自然具有商标的共性特征，因此也应当具有商标的显著性，否则也就无法注册成为商标。采用臆造的或任意性词语组成的商标往往具有独创性，这些商标显著性非常明显，比如"淘宝""腾讯""百度"等著名商标，消费者对这些商标的辨识度就非常高，能够通过商标立即区分商品或服务的来源、质量等信息。但是，在地名商标的构成要素中，由

〔1〕 Windsurfing Chiemsee Produktions-und Vertriebs GmbH（WSC）v. Boots-und Segelzubehör Walter Huber and Franz Attenberger, Joined Cases C－108/97 and C－109/97,［1999］ECR I－2779,［1999］ETMR 585.

〔2〕 See Regulation 2017/1001, Article 7(1)(b).

于行政区划的称谓或其他地理区域的名称早被公众所熟知并广泛使用，所以它只能表明商品的出处与产地，识别度较低，很容易被混淆。所以仅指示商品地理来源的商标因为缺乏显著性而被禁止注册。

其次是避免了地名商标所有权人独占使用地名这一公共资源。[1] 从公共利益保护的角度来看，地名商标中的地名是代表了某个行政区划或其他地理区域的称谓，属于当地的社会公共资源。如果允许地名注册成为普通商标，那么地名商标所有权人就对该地名商标享有独占权，当地其他生产、加工者将无法用地名来表明自己产品的来源，这显然违背了商标法立法的本意，更有违公平竞争的市场经济规则。为了避免这种不公平现象的产生，商标法禁止个别商事主体将地名注册成为普通商标。

2017/1001 号条例第 7 条第 1 款第 g 项的立法意图是为了解决地名商标造成公众混淆的问题。如上所述，地名商标容易让公众认为商标中的地名指示商品的出处与产地，如果商品并非源于该地，那么地名商标就具有欺骗性。这种欺骗性不仅包括产地欺骗，还包括利用地名进行暗示，致使相关公众认为产品的质量和特点与该地相关，即构成品质欺骗。[2] 为了避免地名商标对公众造成混淆，2017/1001 号条例第 7 条第 1 款第 g 项对该类地名商标的注册进行了限制。

欧盟在 2006 年增加欧盟商标法保护体系保护地理标志，地理标志可以通过注册成为欧盟集体商标获得保护。现行的 2017/1001 号商标条例的第 74 条第 2 款对第 7 条第 1 款第 c 项规定了例外情形，即"在市场交易中可能用于指定商品或服务的地理原产地的标志或标识可以构成第 1 款所指的欧盟集体商标。"[3] 依据第 74 条第 2 款，为了保护商品的地理标志，可以将产地名称注册成为集体商标。这样的例外规定并不违背第 7 条第 1 款第 c 项维护公共利益的目的。集体商标的所有权人往往是当地的生产者协会或行

---

〔1〕 See Regulation 2017/1001, Article 7(1)(b).

〔2〕 参见谢晴川：《地名商标中"其他含义"的法律解释》，载《法商研究》2019 年第 1 期。

〔3〕 See Regulation 2017/1001, Article 74(2).

业协会，符合集体商标授权标准的生产者就有权获得商标所有权人的授权，使用该集体商标；而且第74条第2款还补充规定，如果他人在自己的商品上使用同样的地名，只要其使用行为符合商业活动诚实的习惯做法，集体商标所有人就无权阻止；如果他人有权使用该地理名称，集体商标的注册不会影响他人继续使用该地理名称的权利。综上所述，即使将地名注册成为集体商标，商标所有权人也并不会因此具有排他使用该地名的权利。这样的例外规定也不会造成公众的混淆。因为依据2017/1001号条例对集体商标的规定，集体商标使用人必须遵守使用规则，所以标示有地名集体商标的商品一定来自该地域且具有质量保证，不会对消费者造成产地欺骗和品质欺骗。

（二）对地名注册成为商标的例外规定

除了可以将地名注册成为集体商标之外，欧洲法院在基姆湖案的判决中承认，不应当盲目遵守第7条第1款第c项规定，拒绝一切地名商标的注册。

基姆湖（the Chiemsee）是德国巴伐利亚州（Bavaria）最大的湖，风帆基姆湖（Windsurfing Chiemsee）是基姆湖地区的一家公司（以下简称风帆公司），主营时尚运动服装、鞋子以及其他运动装备，其商品上使用的标志为“基姆湖”。1992年至1994年，风帆公司在德国将该标志注册了多个图形商标，其中部分图形商标中包含附加文字，如“基姆湖牛仔裤”（Chiemsee Jeans）和“风帆—基姆湖—运动服”（Windsurfing - Chiemsee - Active Wear）。当时德国没有包含有“基姆湖”文字的商标被注册，虽然单词“基姆湖”属于表示商品地理来源的标志，依法应当禁止注册成为商标，但是德国商标注册机构允许了风帆公司将包含有“基姆湖”字样的标志注册成为图形商标。

胡伯（Huber）从1995年开始在基姆湖地区的某小镇中销售运动服装，这些运动服装上也使用了“基姆湖”标志，但是图案与风帆公司注册商标的图案不同。阿顿伯格先生（Mr. Attenberger）也在基姆湖地区销售运动服装，同样使用了“基姆湖”标志，其图案也与风帆公司注册商标的图案不同，而且部分商品上的附加标志也与风帆公司的不同。风帆公司发现胡伯和阿顿伯格先生的销售行为后，以二人为被告向德国法院提起诉讼。德国法院将该案提交至欧洲法院，寻求欧洲法院的先行裁决。

依据当时的欧盟商标指令第3条第1款第c项，仅表示商品地理来源的商标可能被宣布无效，[1]各方争议的焦点在于，应当如何理解该条的内容。原告认为，只有当以下情况都满足时，欧盟商标指令第3条第1款第c项才可以被适用：首先，该商标中的地名指示一个确定的地域；其次，在该地域有一定数量的企业经营该商标核定使用范围之内的商品；最后，该地域的名称习惯性地被用于指示该类商品的地理来源。[2] 被告则认为，如果某地名在未来可能被用于指示其核定适用范围之内商品的地理来源，则该地名就应当被禁止注册为商标。

意大利政府也对该案提出了自己的主张：欧盟商标指令第3条第1款第c项的规定非常清晰，按照其字面意义理解即可，该款规定不存在例外，无须考虑在何种情况下允许地名注册成为商标的问题。意大利对该案的态度反映出其对地名商标注册持绝对否认的态度。

欧洲法院综合各方意见之后，在判决书的第31、32、33段给出了自己的判断：在适用欧盟商标指令第3条第1款时，法院或者其他有权机关应当着重审查包含地理名称的商标是否会让相关消费人群将该地理区域与产品相联系，或者在未来是否存在这种可能性。在判断商标中使用的地理名称是否会让相关消费人群将商标核准范围内的商品与该地域联系起来这一问题时，应当注意分析相关人群对该地理名称、该地域的特点以及商标核准范围内商品的熟悉程度。欧盟商标条例第3条第1款第c项原则上不排除一个不为相关消费人群知晓的地名被注册成商标；如果相关消费人群知道该名称指示一个地理位置，但不会认为商标核准范围内的商品产自该地域，该地名可以被注册成为商标。[3]

---

〔1〕 See Council Directive 89/104/EEC, Article 3(1)(c).

〔2〕 Associazioni fra produttori per la tutela del "Salame Felino" v. Associazione Industriali delle Carni e dei Salumi and Kraft Foods Italia SpA, [2014], Case C-35/13, p.2822, paragraph 20.

〔3〕 Associazioni fra produttori per la tutela del "Salame Felino" v. Associazione Industriali delle Carni e dei Salumi and Kraft Foods Italia SpA, [2014], Case C-35/13, p.2822, paragraph 20.

综上所述,依据欧盟规定,具有欺骗性的地名商标和仅表示商品地理来源的地名商标也不得注册,但后者存在两个例外:一是允许将地名注册成为集体商标;二是不为相关消费人群所熟知的,或者不会导致相关消费人群对商品的产地产生混淆的地名商标可以获得注册。

三、商标与地理标志的冲突有明确的处理规则

含有地名的商标和地理标志通过登记注册就成为了知识产权。知识产权属于私权,所有权人对商标和地理标志拥有专有权,他人未经所有权人许可,在相同或类似商品上使用相同或近似的标志的行为构成侵权。

通过专门法和商标法两种途径保护地理标志,往往会导致地理标志和商标之间的冲突。冲突的原因在于对同一具有排他性质的权利进行多重法律保护,可能产生不同法律将同一权利或相关联的权利授予不同主体的结果,所以导致不同主体拥有的排他性权利相互排斥。[1] 能否妥善处理地理标志和商标之间的冲突,直接关系到地理标志保护制度的成效。

因为欧盟统一地理标志保护体系是在意大利、法国等地理标志强保护国家的推动下建立的,所以一开始欧盟在处理地理标志和商标冲突的问题上采取的态度是:强调地理标志拥有绝对优先性,不考虑注册时间的先后、商标的商誉大小等因素,只要商标与地理标志发生冲突,该商标的注册将被驳回,已经注册并使用的商标将在两年内被禁用。这在实践中导致了一些现在看起来有失公平的判决,遭到多方诟病。[2] 后来欧盟和意大利通过一系列判例,逐渐明确了商标和地理标志冲突时的处理方法,下文将分成两类情况进行讨论。

---

〔1〕 参见郭富青、孙昊亮:《地名资源商业化开发的法律秩序研究》,载《法律科学(西北政法学院学报)》2006 年第 2 期。

〔2〕 Ufficio Stampa ACCREDIA, DOP, IGP, BIO e gli altri marchi di qualità: guida alla spesa intelligente, 19 Lugio 2018, p. 35.

（一）在先注册商标与在后注册地理标志冲突的处理

1. 法条依据

欧盟 1151/2012 号条例的第 14 条第 2 款和第 6 条第 4 款两个条文规定了在先注册商标与在后注册地理标志冲突的处理方法。

依据 1151/2012 号条例的第 14 条第 2 款，一个在先注册的商标满足以下三个条件，可以在地理标志获得注册后继续使用和续展：

（1）该商标的申请日期、注册日期或者使用日期（在相关法律允许当事人通过使用商标获得商标权利的情况下）早于地理标志注册申请提交至欧盟委员会的日期；

（2）行为人在提交商标申请时、获得注册时或使用时的主观意图是善意的（in good faith）；

（3）不存在使商标无效的其他事由。

满足上述条件的商标不能排除后续地理标志在欧盟获得注册和保护，此种情况下，商标将和地理标志共存。

依据 1151/2012 号条例的第 6 条第 4 款的规定，考虑到注册商标的声誉、知名度和使用时间，如果地理标志的注册可能导致消费者混淆相关商品的真实来源，那么地理标志的注册申请将被驳回。

欧洲法院还明确了第 14 条第 2 款与第 6 条第 4 款的关系：第 14 条第 2 款和第 6 条第 4 款互不影响，两个条文都用于解决在先注册的商标和在后注册的地理标志之间的冲突，不过拥有不同的目的、不同的功能，应用于不同的场合。第 6 条第 4 款解决的是在后地理标志的效力问题，即在后注册的地理标志如果有攀附在先注册商标声誉的可能，该地理标志不能获得注册；第 14 条第 2 款解决的是在先商标的效力问题，即如果商标注册时符合主观善意的要求且不存在其他无效事由，该在先商标可以与地理标志共存。

2. 欧盟 1151/2012 号条例第 14 条第 2 款中“善意”的认定

如何认定 1151/2012 号条例第 14 条第 2 款中的“善意”，欧洲法院在古贡左拉奶酪行业协会诉 Käserei 案〔1〕中给出了答案。

原告古贡左拉奶酪行业协会为意大利的一家奶酪行业协会，其生产的古贡左拉奶酪是一款蓝纹干酪，该奶酪协会在欧盟注册了古贡左拉（Gorgonzola）奶酪地理标志。被告 Käserei 为一家奥地利生产蓝纹奶酪的生产商，并在欧盟注册了商标——“Cambozola”，该商标的注册时间早于古贡左拉奶酪获得欧盟地理标志保护的时间。原告认为被告在奥地利市场销售的标有“Cambozola”商标的蓝纹奶酪侵犯了其地理标志权，于是向奥地利法院提起诉讼，请求法院责令被告停止侵权行为，并宣告“Cambozola”商标无效。奥地利法院向欧洲法院申请先行裁决。依据当时有效的地理标志保护条例 2081/92 号条例第 14 条第 2 款的规定，如果能证明被告注册“Cambozola”商标时为善意，则在古贡左拉奶酪获得欧盟地理标志注册的情况下，仍然可以继续使用。被告是否为“善意”成为本案的关键争议焦点。

欧洲法院提出了两个观点：首先，如果在商标申请注册时，地理标志未受到法律保护，那么商标申请人将被推定为善意；其次，欧洲法院认为，案件起诉地的成员方法院最适于查清事实，只有该成员方法院才有权作出“善意”与否的判断。〔2〕欧洲法院的第二个观点被称为地域性原则（the principle of territoriality）。依据该原则，同样的案情在一个成员方 4 内可能被认定为不具有善意，但其他成员方的认定结果可能正好相反。〔3〕根据欧洲法院的判决，奥地利最高法院驳回了意大利古贡左拉奶酪行业协会的诉讼请求，因为在古贡左拉奶酪获得地理标志保护之前，被告 Käserei 就已经注册了

---

〔1〕 Consorzio per la tutela del formaggio Gorgonzola v. Käserei Champignon Hofmeister GmbH & Co. KG and Eduard Bracharz Gesellschaft mbH, Case C – 87/97, [1999] ECR I – 1301, [1999] ETMR 454.

〔2〕 Consorzio per la tutela del formaggio Gorgonzola v. Käserei Champignon Hofmeister GmbH & Co. KG and Eduard Bracharz Gesellschaft mbH, Case C – 87/97, [1999] ECR I – 1301, [1999] ETMR 454，第 35、36 段。

〔3〕 See Burkhart Goebel and Manuela Groeschl, *The Long Road to Resolving Conflicts Between Trademarks and Geographical Indications*, The Law Journal of the International Trademark Association, 2014, p. 851 – 865.

“Cambozola”商标，所以推定被告注册商标时为善意，依据2081/92号条例第14条第2款，该商标可以继续使用。

意大利都灵上诉法院（Torino Corte d’Appello）依据同样的标准驳回了巴伐利亚啤酒协会（Bayerischer Brauerbund）对荷兰啤酒厂在先商标“Bavaria”的起诉。在该案中，荷兰啤酒厂注册了很多包含“BAVARIA”的商标，巴伐利亚啤酒协会诉请都灵上诉法院判定这些商标无效，因为荷兰啤酒厂注册的商标与巴伐利亚啤酒协会在后注册的欧盟地理标志“巴伐利亚啤酒（Bayerisches Bier）”冲突。都灵上诉法院认定荷兰啤酒厂注册该商标是善意的，因为荷兰啤酒厂从20世纪30年代就开始在意大利使用“BAVARIA”商标，而在那时巴伐利亚啤酒地理标志在意大利尚不为公众所知。但法院还是判定了商标“BAVARIA”无效，但理由是“BAVARIA”意为“巴伐利亚”，与德国的巴伐利亚州同名，依据欧盟商标条例的规定，该地名商标无效。

（二）在先注册地理标志和在后注册商标冲突的处理

1. 在先注册欧盟地理标志和在后注册的商标

欧盟1151/2012号条例第13条和第14条第1款规定了在欧盟层面注册的在先地理标志和在后注册的商标冲突的处理方法。

依据欧盟1151/2012号条例第14条第1款的规定，若商标申请注册的时间晚于地理标志申请提交给欧盟委员会的时间，且违反本条例第13条的规定，则该商标的注册申请将被驳回，已经获得注册的商标将被宣告无效。

1151/2012号条例的第13条规定了构成侵犯地理标志权的几种情况，包括：

（1）任何对注册名称的直接或间接的商业使用，即与注册名称相似的未注册产品使用注册名称，或所使用的产品名称可体现注册产品的声誉，包括将名称作为一个组成部分使用；

（2）任何形式的滥用、模仿或引导性使用，即便标明了产品（服务）的真正来源或使用“风格”“型”“法”“产于”“模仿”等类似描述，包括作为一个组成部分使用；

(3)任何其他虚假或具误导性的标注,包括产品内外包装、广告材料文件、产品容器包装上使用的有关产品的来源、产地、自然或固有特性等信息;

(4)任何其他可能使消费者对产品的真正产地产生误解的行为。[1]

若在后注册的商标存在上述情况,在先获得注册的地理标志权人可以申请驳回商标注册申请,或者申请宣告已获注册的商标无效。

2. 在先的非欧盟地理标志和在后注册的商标

如果一个地理标志未依据欧盟地理标志保护条例的规定进行注册,而是通过其他途径——例如国家间条约——获得保护,那么该在先注册的地理标志能否阻止在后欧盟商标的注册,该问题是布迪奥威斯克啤酒酿造商(Budějovický Budvarhas 以下简称布迪奥威斯克)诉欧盟内部市场调和局(Office of Harmonization for the Internal Market)一案[2]的主要争议焦点。

布迪奥威斯克是一家捷克斯洛伐克的啤酒酿造商,其酿造的啤酒远销海外。1975 年,布迪奥威斯克依据《里斯本条约》在世界知识产权局将"巴德(Bud)"注册成为地理标志,依据条约规定,该地理标志可在意大利、法国和葡萄牙获得保护;同时依据捷克斯洛伐克与奥地利签署的双边条约,该地理标志在奥地利也可获得保护,但该地理标志未在欧盟层面进行注册。安海斯·布希公司(Anheuser-Busch,以下简称安海斯公司)是一家美国的啤酒公司,其使用的商标为"Budweiser"和"Bud"。从安海斯公司决定向欧盟市场销售标有"Bud"商标的啤酒开始,该公司与布迪奥威斯克之间的纠纷一直没有停歇。双方在多个成员方提起过诉讼,有的成员方法院的判决支持安海斯公司,有的则支持布迪奥威斯克。

1996 年至 2000 年,安海斯公司向欧盟内部市场调和局申请注册"BUD"文字商标和图形商标,并用于该公司销售的啤酒上。布迪奥威斯克遂以欧盟内部市场调和局为被告提起诉讼,认为依据当时的欧盟商标条例(40/94 号

[1] 参见陈思、张梦飞:《欧盟委员会关于农产品和食品质量计划的 1151/2012 法规》,载《世界农业》2013 年第 12 期。

[2] Budějovický Budvar has v. OHIM, Case C－96/09 [2011] OJ C152/3, [2011] ETMR 31.

条例)的第8条第4款,安海斯公司的商标注册申请应当被驳回。

依据40/94号条例第8条第4款的规定,一个在贸易过程中使用的标志,如果满足以下条件,将导致在其后提出的商标注册申请被驳回:

(1)该商标不仅在当地知名(more than mere local significance);

(2)欧盟商标法或成员方商标法规定,该在先注册的标志拥有优先权,该标志的所有权人有权阻止在其后的商标获得注册。

原告主张,因为地理标志属于该条规定的在贸易过程中使用的标志,且原告注册的地理标志可在意大利、法国、葡萄牙和奥地利获得保护,所以依据第8条第4款的规定,原告在先注册的地理标志拥有优先权,可以阻止被告后续商标在欧盟获得注册。初审的结果是原告败诉,随后原告上诉至欧盟普通法院(the General Court),欧盟普通法院支持了原告的主张,被告遂将该案提交至欧洲法院。

欧洲法院认为,适用40/94号条例第8条第4款赋予在先注册的地理标志优先权的前提是,该地理标志在其获得保护的地区被使用,并且在市场中具有一定的知名度,该市场不限于该地理标志获得保护的市场。如果不能满足这些前提条件,地理标志不能阻止在后欧盟商标的注册。本案中,虽然布迪奥威斯克注册的地理标志在意大利、法国、葡萄牙和奥地利可以获得保护,但是法院查明,该地理标志并非在4个国家的市场中均被使用,在欧盟市场也没有很高的知名度,如果只因为其注册在先,就赋予该地理标志阻止在后商标注册的优先权,对商标注册申请人不公。[1] 在该案判决中,欧洲法院表现的态度是,一个未依据欧盟条例获得注册的地理标志不会因为获得保护在先就拥有绝对的优先权,还需要考虑其在相关市场的使用情况。

通过上述分析,欧盟和意大利处理地理标志和商标冲突的规则可以总结为:如果在先注册商标的所有权人在提交商标申请、获得注册或使用商标时的主观意图为善意,且不存在其他无效的事由,该商标可以在后续地理标志

〔1〕 Budějovický Budvar has v. OHIM, Case C-96/09 [2011] OJ C152/3, [2011] ETMR 31.

获得保护后继续使用和续展，但不能阻止在后使用同一地名的地理标志申请注册；如果地理标志在欧盟层面获得保护在先，那么在后注册的商标如果违反欧盟1151/2012号条例第13条的规定，将被禁止注册，已经获得注册的商标将被宣告无效；如果地理标志没有通过欧盟1151/2012号条例进行注册，而是通过国际条约或国家间条约的方式获得保护，则要求该地理标志必须在欧盟市场拥有知名度，而且依据欧盟条例或国内法的规定，地理标志权人有权阻止后续商标的注册，在后商标在欧盟的注册申请才会被驳回。

第四节 意大利地理标志保护制度对我国的借鉴意义

一、我国地理标志保护的现状及存在的问题

我国的地理标志保护起步较晚，1985年3月，我国成为《巴黎公约》缔约国，开始了地理标志保护的国内立法，主要借鉴了欧盟、美国等发达国家及组织的经验，经过三十多年的时间，建立了地理标志专门法保护和商标法保护两套保护制度，取得了一些成效，但同时也存在很多问题。

（一）我国地理标志保护的现状

1.我国地理标志保护的法律规范和管理机构

我国保护地理标志的法律规范散见于《商标法》《商标法实施条例》《农产品地理标志管理办法》《地理标志产品保护规定》等法律法规和部门规章。

（1）《商标法》对地理标志的保护

2001年，《商标法》增加保护地理标志的条款，成为我国第一部对地理标志做出直接规定的法律。《集体商标、证明商标注册和管理办法》的多个条文对地理标志注册成为集体商标或证明商标时应当提请的材料、标准等问题进行了规定。近几年《商标法》和《商标法实施条例》的内容不断完善，但与地理标志相关的条文没有改动。《商标法》第10条规定县级以上行政区划的地名禁止作为商标注册，意图避免地名商标与地理标志产生冲突；《商标法》

第16条规定，若某商品商标含有地理标志，而该商品并非源于该标志所指示的地域，容易产生误导公众的效果，则该商标不予注册并禁止使用。《商标法实施条例》规定地理标志可以申请注册成为集体商标或者证明商标，注册申请人须为团体、协会或者其他集体组织；如果该地域生产者的产品符合集体商标或证明商标要求的质量标准，商标所有权人不得拒绝该生产者提出的商标使用请求。

(2)《地理标志产品保护规定》对地理标志的保护

原国家质量监督检验检疫总局(以下简称原质检总局)在2005年6月颁布了部门规章《地理标志产品保护规定》，通过对地理标志产品的保护，间接实现地理标志的法律保护。该规定首先明确了地理标志产品的含义和授权范围，依据该规定，地理标志产品是指产自特定地域的，质量、声誉或其他特征取决于该产地的自然、人文因素，经审核批准以地理名称命名的产品。地理标志产品的范围不仅包括种植类和养殖类产品，还包括按特定工艺生产和加工的产品。其次，依据该规定，受理地理标志产品申请和负责审核的机构为国家质检局，地方出入境检验检疫局和质量技术监督局配合负责具体事宜，审核通过的产品将通过原质检总局公报和政府网站向社会公布。地理标志产品的保护依法由各地方质检机构负责，并对冒用、伪造地理标志产品的违法行为进行监督和查处。

(3)《农产品地理标志管理办法》对地理标志的保护

农业部于2007年12月制定了《农产品地理标志管理办法》，对农产品地理标志实行管理，间接实现了对部分地理标志的保护。2008年8月农业部制定《农产品地理标志登记程序》和《农产品地理标志使用规范》，对农产品地理标志的登记程序和使用规范作出了更加细致的规定。农产品地理标志的申请主体是农业合作经济组织和行业协会，这些组织都由县级以上人民政府择优挑选。农产品地理标志申请的初审和受理由省级人民政府农业行政主管部门负责，全国农产品地理标志的登记和审查工作由农业部完成。申请必须符合以下条件：首先，地理区域名称和农产品的通用名称构成地理标志的称谓；其次，地理标志产品必须具备特定的品质，或者其生产必须具备一定特点；最后，地理标志产品不仅要满足特定的环境和质量要求，同时必须符合国家的强制性规范标准。农产品地理标志的权利人可以在产品包装上使用地理标志，此外可对通过正规流程获批的农产品地理标志进行展示和展销。

（4）我国地理标志保护的管理机构

2018年3月之前，我国负责管理地理标志保护的机构包括：原国家工商行政管理总局（以下简称原工商总局）、原国家质检总局和国家农业部。2018年3月，国务院职能机构改革整合了原工商总局和原质检总局的职能，这两个机构的地理标志行政管理职能由新组建的国家知识产权局承担，原国家工商总局和原国家质检总局发布的有关地理标志保护的法规依然有效。截至目前，我国负责管理地理标志保护的机构包括国家知识产权局和农业部两个机构，管理依据依然是上述的三套法律法规。

2. 我国地理标志的保护模式

长期以来，我国并没有地理标志这一概念，法律移植过程中，因为受到欧盟国家的影响，所以原国家质检局和农业部制定了有关地理标志专门保护的部门规章；同时，因为受到美国商标法保护模式的影响，所以我国也建立了地理标志的商标法保护，从而形成了商标法保护和专门法保护并存的双轨制格局。[1]

意大利虽然也采取了两种保护模式并行的制度，但是通过上述分析，两种保护模式是有主次之分的。因为专门法保护更符合意大利保护地理标志的政策追求，所以在地理标志保护双轨制格局中，意大利选择了以专门法保护为主、商标法保护为辅的模式。有学者主张，我国目前的地理标志保护模式是以商标法保护为主、专门法保护为辅。[2] 但笔者看来，在我国的双轨制

〔1〕 参见何焕锋：《我国地理标志法律的体系化及其路径选择》，载《内蒙古农业大学学报（社会科学版）》2017年第6期。

〔2〕 参见孙智：《地理标志国际保护新发展的路径分歧及我国选择》，载《知识产权》2019年第1期。

格局中，很难界定哪一种模式为主，哪一种模式为辅。在法律渊源的层面上看，《商标法》的法律位阶高于以《地理标志产品保护规定》和《农产品地理标志管理办法》构成的专门法，似乎我国采用的是以商标法为主的地理标志保护模式，但在实务中，更多的企业和组织却选择向原质监总局申请地理标志保护，而非利用集体商标保护地理标志，使专门法保护和商标法保护难以分清主次，这在一定程度上也是导致我国地理标志和商标冲突难以解决的一个原因。

（二）我国地理标志保护存在的问题

1. 地理标志保护立法存在瑕疵

虽然我国拥有丰富的地理标志资源，民众也一直有地理标志产品的消费观念，但是直到我国加入世界贸易组织前后，才开始从制度层面确立保护地理标志的理念。我国地理标志保护的很多法律都是为了履行国际条约或双边协议的承诺而制定的，地理标志立法具有较明显的被动性，另外我国很多地理标志相关的法律是移植国外制度的结果，如我国地理标志商标保护制度主要效仿了美国模式，而《地理标志产品保护规定》作为地理标志专门保护法的代表，其内容主要效仿了法国的地理标志保护制度，在借鉴他国经验的时候，我国没有很好地结合本国实际。此外，《农产品地理标志管理办法》的出台则是考虑到我国地理标志资源主要为初级农产品，农业部为了响应国家振兴农村的政策而制定了该规章。总体上，我国的地理标志立法呈现独立、分散的特点，缺乏整体性和统一性，因此很容易引发权利冲突和执法活动中法律适用难的问题。

我国地理标志立法的混乱局面与国际地理标志保护模式的分化也存在关联。以欧盟和美国为首的两大利益集团分别支持地理标志专门保护模式和商标保护模式，目前国际层面对地理标志保护模式的争论仍没有明确的结果，这在一定程度上也导致我国的地理标志保护模式选择不清，既有商标立法，也有专门立法，两套保护制度之间缺乏衔接和协调，没有根据我国的实际构建符合国情的地理标志保护制度。在我国地理标志制度发展的初期，大部分民众的地理标志意识依然淡薄，人为地制造混乱，不仅严重影响了法律的权威性和严肃性，也极大地增加了人们运用地理标志制度保护其合法权益的难度。

2. 主管机关权责不清，诱发权利冲突

在2018年3月之前，地理标志保护的机关包括国家工商总局、国家质检总局和国家农业部，由于部门之间缺乏有效配合，导致地理标志保护主管机关权责不清，地理标志保护工作效果很不理想。尽管2018年3月国家机构进行了改革，目前主管机关减少为国家知识产权总局和农业部，但因为缺乏有效的协调机制，问题依然存在。

获得集体商标或证明商标保护的地理标志是否还需要到国家质检总局进行登记注册？商标和地理标志的注册程序、注册效力到底有什么区别？这些问题都让地理标志产品的相关权利人困惑不已。如果不同的申请人就同一地理标志分别依据不同的法律寻求保护，如已登记的地理标志产品被他人注册成为证明商标或集体商标，或者已获得证明商标、集体商标保护的地理标志被他人申请注册成为地理标志产品等，因为各主体的权利均具有独占性、排他性，必然造成权利冲突。〔1〕

3. 集体商标、证明商标对地理标志保护力度较弱

虽然依照法律规定，可以通过注册集体商标、证明商标对地理标志进行保护，但实际情况是，商标局缺乏专业团队，根本没有能力科学、合理地判定某种地理标志产品是否具有与特定地域自然、人文因素相关联的质量、声誉或其他特征，更无法准确判定该地理标志产品的产地范围。在实践中，所有这些工作都交给了一些第三方机构，其检测结果不具有权威性。目前我国检测检疫等专业机构的管理尚存在不完善的地方，导致我国地理标志商标保护制度实施效果不太理想，集体商标、证明商标制度对地理标志保护起到的作

〔1〕 参见孙智：《地理标志国际保护新发展的路径分歧及我国选择》，载《知识产权》2019年第1期。

用不符合我国地理标志保护的价值追求。[1]

4. 地理标志和商标之间的冲突缺乏明确的处理原则

地理标志和商标产生冲突，应当按照什么原则处理，我国法律没有明确规定。不同的法院对于类似案例，可能会有完全不同的裁判结果。如在山西"沁州黄"小米一案中，原告（商标"沁州"所有人）以被告在小米上使用"沁州黄""沁州黄小米"等字样侵犯了其权利为由向法院起诉。一审法院支持原告诉求，保护了商标专用权，但是二审法院和再审法院均认为商标和地理标志可以共存，保护商标专用权和保护地理标志并不冲突，所以驳回了原告的诉讼请求。从该案可以看出，法院之间对于此类案件的判决标准尚不统一，主要原因是现有的法律规定过于含糊，此类案件的司法裁量因素不明确，地理标志和商标之间的冲突缺乏明确的裁判规则。

5. 行业协会在地理标志保护中的作用不突出

我国特色农产品资源丰富，这些产品因为产地特殊的自然、人文环境，具有独特的品质和风味，蕴含巨大的商业开发潜力和附加值。地理标志背后的商誉是某一特定地区的生产者经过长期的生产和经营而获得的，因而不能被少数企业所独享。众多生产者使用地理标志导致其管理十分不便，生产者组成相关行业协会更便于对地理标志的注册与管理。但是，与地理标志申请和管理有关的行业协会却往往因为自身不发达，能力有限等问题，无法承担起地理标志的推广和保护工作，没有发挥应有的作用。

二、我国借鉴意大利地理标志保护制度的理由

党的十九大报告中强调，要以"一带一路"建设为重点，推动形成全面开放新格局。"一带一路"旨在积极发展与沿线国家的经济合作伙伴关系，共同打造政治互信、经济融合、文化包容的利益共同体、命运共同体和责任共同体。"一带一路"覆盖区域中大多为发展中国家，拥有丰富的地理标志产品。

---

[1] 参见牛玉兵、石俊峰：《集体商标的信用价值与风险应对策略》，载《知识产权》2011 年第 5 期。

地理标志所独有的产品质量与产地之间的天然联系能够在极大程度上获得消费者的认同,增加产品的附加值,从而为区域生产者、经营者带来经济效益。地理标志的保护有助于“一带一路”建设,但是目前我国对地理标志的保护还存在很多问题,“一带一路”建设迫切需要我国完善和加强对地理标志的保护。意大利和欧盟的地理标志保护体系已经十分成熟,有很多优秀的做法是我国可以借鉴的。

(一)中意两国在地理标志的本土资源、政策导向等方面情况类似

意大利地理标志资源丰富,地理标志产品的贸易收入在国家经济中占有重要地位。意大利认为,每种农产品都是其地理条件的真实表达,优质产品必产于条件优越的地块和环境,任何产品都必然受其生产条件的影响,地理来源不同的产品必能相互区分,产品的质量与地域相伴而生,独特的投入必然导致独特的产出。在农业政策方面,意大利希望通过地理标志将其特色产品与大规模生产的普通产品区分开来,使地方优质传统产品获得溢价收益,促进地方优质产品产业的发展和农业生产多样化,同时有助于保持地方文化生态特色,从而维持旅游资源的吸引力,推进农村发展,提高农村人口的生活水平。

我国历史悠久、疆域辽阔、气候条件多样,产生了丰富的地理标志资源。地理标志保护对加快我国农业发展方式转变,提高我国农产品的国际竞争力,加快我国经济发展具有积极的推动作用。我国消费者在购买产品时同样对产自特定地域、具有特殊风味的地理标志产品更为青睐,而且随着经济发展,人民生活水平的提高,质量和品位成为更多消费者的追求。此外,地理标志保护制度是保护特定地区产品的特性、声誉和其他特征的重要知识产权制度,被誉为是国际市场的“绿色通行证”、农业结构调整的“加速器”和脱贫致富的“金钥匙”。近年来,我国大力推进地理标志产品保护工作。特别是党的十八大以来,地理标志产品保护作为推动地方产业发展、助力精准扶贫的重要手段,得到了前所未有的重视和发展。

由此可见,中意两国在地理标志的本土资源、政策导向等方面情况非常

接近，借鉴意大利的地理标志保护制度具有合理性和可操作性。

（二）完善地理标志保护制度有助于增强我国在国际谈判中的话语权

地理标志保护问题无论是在世界知识产权组织中还是在WTO的谈判中，都是一个备受重视而又分歧很大的问题。在WTO框架下的TRIPS规则中，国际社会围绕关于地理标志的知识产权保护问题的争论和冲突一直没有停息过。尽管地理标志国际保护的法律制度从1883年的《巴黎公约》伊始，至今已经有百余年的历史，但真正使地理标志法律问题受到国际社会的广泛关注并进入国际学术研究视域的标志，是乌拉圭回合中关于地理标志的艰难谈判，最后形成了TRIPS协议中单独一节的保护条款，而且随着世界经济的进一步发展，关于地理标志的谈判及争论在WTO中不断升级。出自各自的利益考虑，持有不同利益的成员方对地理标志保护见解不一，以美国和欧盟为代表的新、旧世界之间以及其他国家之间主张不同，甚至产生激烈的摩擦与碰撞，广大发展中成员在地理标志保护议题上也表现出不同的态度，主张有所分化。可以看出，在地理标志层面，发展中国家和发达国家之间呈现出更加复杂的利益格局，如何在地理标志保护的国际博弈场上寻求一个合理的保护标准、完善的国际协调机制及良好的利益平衡点，是在当前国际法治的大环境与趋势下值得探讨且不容回避的问题。[1]

建设好我国的地理标志保护制度，有利于进一步增强我国及发展中国家在地理标志国际谈判乃至知识产权国际保护谈判中的主动权与话语权，对我国与“一带一路”沿线国家建立有效保护地理标志的双边条约也具有十分积极的意义。

三、对完善我国地理标志保护制度的建议

（一）建立以专门法为主的地理标志保护模式

改革开放以来，随着我国城市化发展的不断进步，农村经济衰落问题日

〔1〕 参见姜琳：《论地理标志的保护模式及中国的制度选择》，载《学术交流》2012年第3期。

益凸显。人口城镇化的过程中，大量乡村青壮年人口流入城市，导致农村老龄化、空心化和经济社会功能退化。城市化加速推进，农村发展后劲不足，这一问题如果得不到有效解决，势必对我国经济社会健康发展造成不利影响。乡村振兴战略的重点是农村的产业振兴，从这个角度出发，结合我国丰富的地理标志资源，我国可以借鉴意大利的经验，强化地理标志专门保护，利用地理标志产品的附加值效应推进农业发展方式转变和生态文明建设。

首先，可以整合我国的地理标志专门法规，制定统一的地理标志专门保护制度，提高其法律位阶，从部门规章上升为法律。同时统一地理标志管理部门，将原本属于多个部门的地理标志管理职能集中到一个行政管理部门行使，使管理主体更加明确，这样既能够加强对全国地理标志保护工作的统筹，又能够强化责任，避免不同部门相互推诿的现象发生。

其次，可以参考意大利的做法，制定特色产品的地理标志专门规定。根据我国的立法习惯，这些专门规定可以采用行政法规或者规章的形式，为我国的一些特色产品规定生产技术标准，其内容由地理标志产品行业协会的成员起草，国家机构审核，与地理标志产品的注册结果一同发布。制定专门规定的优势，是可以在完善、全面的地理标志保护法出台之前，先对一些拳头产品的地理标志提供保护，促进其质量工艺流程控制和管理的标准化，为进一步通过双边或多边保护协定扩展其国外市场打下基础。

采用专门法保护地理标志，不意味着否定商标法保护的价值；相反，商标保护可以弥补专门法保护的不足，这一点在欧盟增加地理标志商标法保护的原因部分已经论述。我国长期以来一直利用集体商标和证明商标制度保护地理标志，如果抛开已经比较健全的商标行政管理体系，重新建立一套独立的地理标志产品保护管理系统，必然会造成行政管理资源的浪费。地理标志的专门法保护和商标法保护不可相互替代，而应当互相配合，形成以专门保护为主、商标保护为辅的地理标志保护体系。

（二）增强行业协会在地理标志保护中的作用

行业协会在地理标志保护方面拥有诸多优点。首先，行业协会作为民间性的自治组织，以服务会员为目标，在成员利益遭受侵害时，可以更加有效地维护成员权益，尤其是小微生产者的利益；其次，行业协会可以统一地理标志产品的质量标准，因为其成员多为生产一线人员，所以制定出的生产技术标准更加符合生产实际；另外，行业协会具有信息服务功能，能够利用协会的影响力向其成员提供有效的市场信息、技术信息、社会情报等，帮助生产者更好地制订生产、销售计划；最后，行业协会可以帮助其成员参加国际竞争，助力我国的地理标志产品走向国际市场，获取更大的经济利益。

我国应加大扶持地理标志产品行业协会的发展，并且要积极发挥协会在地理标志产品管理中的作用。目前，我国的行业协会尚不发达，许多行业协会的权力有限。我国可以考虑在政府监管的前提下，提高行业协会在地理标志保护中的作用，建立以政府管理为主导、行业协会自我管理为内在控制的机制，构建行政机构和行业协会分工配合的运行机制；在政策和财政上，可以考虑为行业协会的发展提供更多支持，给行业协会的发展营造更加宽松的环境；对行业协会的工作要构建有效的监管机制，确保行业协会切实履行保护地理标志的职责，避免我国像意大利一样出现行业协会内部腐败和监管不力的问题；最后，应当加大对行业协会发展所需要人才的培养，不仅需要配备合格的技术人才，还应当引入适当的法律人才，保证行业协会保护地理标志的工作依法依规进行，制定更有吸引力的就业政策，让更多高校毕业生加入到乡村地理标志保护工作中来。

（三）协调地理标志专门保护和商标保护的关系

构建专门保护和商标保护并行的地理标志保护制度，不可避免地会引发地理标志和商标的冲突，这也是我国地理标志制度建设中必须解决的问题，否则将导致专门保护和商标保护的效果大打折扣。

对于商标法保护体系的调整，可以从下列三个方面入手：第一，修改《商标法》第 10 条第 2 款，将不得申请注册的对象从县级以上行政区划的地名扩大到所有的地名，避免地名商标与现在以及潜在的地理标志发生冲突；第二，删除《商标法》第 16 条，因为制定后的地理标志专门法将对地理标志的定义作出规定,《商标法》第10条修改后,含有地理标志的、容易误导公众的商标将被禁止,所以《商标法》第16条就不再有存在的必要了;第三,可以继续保留集体商标和证明商标保护地理标志的途径,但应当明确集体商标和证明商标的本质功能,使其符合商标制度的根本逻辑,即商标的作用是区分商品的生产者而非地理来源,进而引导地理标志产品的生产者通过专门法的方式保护其产品。

此外,我国地理标志立法缺乏商标与地理标志冲突的处理规范,司法机关处理此类纠纷时缺乏裁判依据,这一法律漏洞应尽快予以填补。[1] 我国可以参考欧盟和意大利的经验,即如果在先注册商标的所有权人在提交商标申请、获得注册或使用商标时的主观意图为善意,且不存在其他商标无效事由,该商标可以在后续地理标志获得保护后继续使用和续展,但不能阻止在后使用同一地名的地理标志的注册;如果地理标志获得保护在先,在后注册的商标如果存在使消费者对产品的真正产地产生误解的可能,那么在后商标的注册申请将被驳回,反之,该商标可以与地理标志并存;如果地理标志与某驰名商标冲突,地理标志的注册存在利用驰名商标商誉的可能,则地理标志的注册申请将被驳回。

(四)积极参与地理标志国际保护体系的构建

虽然国际层面存在多个地理标志保护的国际条约,但是由于以欧盟为代表的"旧世界"国家和以美国为代表的"新世界"国家在地理标志保护理念上的差异,距离构建有效的地理标志国际保护体系还有很长的路要走。

随着国家经济、文化等各方面的发展,我国在国际谈判中的地位不断提升,我国拥有丰富的地理标志资源,构建以专门保护为主的地理标志国际保护体系更加符合我国的利益。我国应当在完善国内地理标志法律制度的基础上,积极参与地理标志国际保护体系的构建,此外,我国在与其他国家构建地理标志双边保护的进程中,也应当输出地理标志强保护的理念,尽量减少

〔1〕 参见王笑冰、林秀芹:《中国与欧盟地理标志保护比较研究——以中欧地理标志合作协定谈判为视角》,载《厦门大学学报(哲学社会科学版)》2012年第3期。

我国地理标志产品在销往他国时因为假冒伪劣行为遭受的侵害。从欧盟地理标志保护体系的建立历程中,我们不难看出,构建多方参与的地理标志保护体系难免需要各方做出一定的妥协,我国可以参考欧盟的做法,在双边或多边的专门保护体系中设置标准相对宽松的审核程序,这样既可以使地理标志保护尽可能通过专门法模式进行,也可以满足不同国家的需求,有助于国际层面地理标志保护体系的尽快构建。

第五节 结 论

本部分从三个方面分析了意大利的地理标志法律制度:意大利国内法、欧盟层面的统一规定和意大利、欧盟在处理地理标志专门法保护和商标法保护之间关系的经验,并以此为借鉴,为中国地理标志法律制度的改革提出了建议。

在欧盟开始统一地理标志保护之前,意大利国内就已经颁行了保护葡萄酒、奶酪、火腿和橄榄油的地理标志专门法。以意大利葡萄酒地理标志专门保护法为例,其规范内容涵盖了生产流程的各个环节;意大利在保护地理标志的过程中,非常注重行业协会的力量,通过国家机关的授权,行业协会对地理标志产品的生产进行监管,保障其质量和特质,这种举措在意大利取得了良好的效果。

欧盟在 1992 年通过了 2081/1992 号条例,建立了欧盟统一的地理标志保护制度。1151/2012 号条例是欧盟现行的地理标志专门保护的规定,该条例建立了由 PDO、PGI 构成的地理标志专门法保护体系;除此之外,为了应对农产品和高附加值产品愈发激烈的全球竞争,欧盟委员会在 2006 年宣布增加欧盟商标法保护体系保护地理标志,地理标志产品可以选择注册成为欧盟集体商标获得保护。意大利作为欧盟成员方采纳了该体系,并对国内法进行修改,与欧盟体系保持协调。

在欧盟和意大利，商标法和地理标志专门法的立法位阶相同，商标和地理标志的冲突时有发生。欧盟处理地理标志和商标冲突的原则经历了一个演变的过程。早期欧盟采取了专门法绝对效力的处理原则，后来欧盟和意大利通过一系列判例，逐渐明确了商标法和专门法冲突时的处理原则：首先，在先注册的地理标志与在后注册商标冲突时，驳回商标注册申请或禁止商标的使用；其次，地理标志与在先商标冲突时，在一定条件下两种可以并存；最后，地理标志与驰名商标冲突时，地理标志不得注册。

中、意两国在地理标志的本土资源、政策导向等方面情况非常接近。通过对我国地理标志保护现状和问题的研究，结合意大利和欧盟的经验，我国可以从以下几个方面改进我国的地理标志法律制度：构建以专门法为主的地理标志保护模式；增强行业协会在地理标志保护中的作用；协调地理标志专门保护和商标保护的关系；积极参与地理标志国际保护体系的构建。完善我国的地理标志法律制度，不仅有利于中意双方经济贸易的顺利开展，同时也可以提升我国地理标志产品的市场竞争力以及我国在地理标志国际谈判中的影响力。

主要参考文献

一、中文著作

1. 井底望天、武源文等:《区块链世界》,中信出版社 2016 年版。

2. 邓建鹏、黄震:《互联网金融法律与风险控制》,机械工业出版社 2017 年版。

3. 邓建鹏、孙朋磊:《区块链国际监管与合规应对》,机械工业出版社 2017 年版。

4. 张诗伟:《离岸公司法理论、制度与实务》,法律出版社 2004 年版。

5. 王东光:《国家安全审查制度比较研究》,北京大学出版社 2018 年版。

6. 杨智勇:《跨国并购中的国家安全法律问题研究》,中国商务出版社 2011 年版。

7. 陈婵婷:《中美外资并购国家安全审查体系的比较研究》,复旦大学出版社 2013 年版。

8. 李建民:《上海合作组织基础设施互联互通及法律保障研究——以中国与俄罗斯及中亚国家合作为视角》,社会科学文献出版社 2019 年版。

9. 李敬等:《“一带一路”相关国家贸易投资关系研究:俄罗斯、蒙古、独联体其他六国》,经济日报出版社 2017 年版。

10. 中伦文德律师事务所编著:《公司并购实务操作与法律风险防控》,中国法制出版社 2015 年版。

11. 国家开发银行编著:《“一带一路”国家法律风险报告》,法律出版社

2016年版。

12. 贺荣主编：《"一带一路"司法理论与实务纵览·涉外商事案例精选》，法律出版社2016年版。

13. 陈发云主编：《涉外律师在行动："一带一路"争议解决特辑》，法律出版社2018年版。

14. 冯果：《现代公司资本制度比较研究》，武汉大学出版社2000年版。

15. 葛伟军：《公司资本制度和债权人保护的相关法律问题》，法律出版社2007年版。

16. 葛伟军：《英国公司法原理与判例》，中国法制出版社2007年版。

17. 林少伟：《英国现代公司法》，中国法制出版社2015年版。

18. 毛亚敏：《公司法比较研究》，中国法制出版社2001年版。

19. 曾世雄：《损害赔偿原理》，中国政法大学出版社2001年版。

20. 戴宾、兰磊：《反垄断法民事救济制度比较研究》，法律出版社2010年版。

21. 和育东：《美国专利侵权救济》，法律出版社2009年版。

22. 汤宗舜：《专利法解说》，知识产权出版社2002年版。

23. 陈新民：《德国公法学基础理论》，山东人民出版社2011年版。

24. 杨利华：《美国专利法史研究》，中国政法大学出版社2012年版。

25. 杨芳：《隐私权保护与个人信息保护法——对个人信息保护立法潮流的反思》，法律出版社2016年版。

26. 周汉华：《个人信息保护法（专家建议稿）及立法研究报告》，法律出版社2006年版。

27. 周汉华：《个人信息保护前沿问题研究》，法律出版社2006年版。

28. 刘德良：《论个人信息的财产权保护》，人民法院出版社2008年版。

29. 个人信息保护课题组：《个人信息保护国际比较研究》，中国金融出版社2017年版。

30. 于波：《地理标志保护制度》，上海人民出版社2018年版。

二、中文论文

1. 崔志伟:《区块链金融:创新、风险及其法律规制》,载《东方法学》2019年第3期。

2. 陈纯柱、李昭霖:《数字货币犯罪风险的防范与应对》,载《重庆社会科学》2019年第10期。

3. 樊云慧、栗耀鑫:《以比特币为例探讨数字货币的法律监管》,载《法律适用》2014年第7期。

4. 房秋实:《浅析网络虚拟财产》,载《法学评论》2006年第2期。

5. 何东、卡尔·哈伯梅尔、罗斯·莱科:《虚拟货币及其扩展:初步思考》,载《金融监管研究》2016年第4期。

6. 凯伦杨、林少伟:《区块链监管:"法律"与"自律"之争》,载《东方法学》2019年第3期。

7. 刘少军:《法定数字货币的法理与权义分配研究》,载《中国政法大学学报》2018年第3期。

8. 林旭霞、张冬梅:《论网络游戏中虚拟财产权利的法律属性》,载《中国法学》2005年第2期。

9. 李敏:《金融科技的系统性风险:监管挑战及应对》,载《证券法律与监管》2019年第2期。

10. 牛玉兵、石俊峰:《集体商标的信用价值与风险应对策略》,载《知识产权》2011年第5期。

11. 孙智:《地理标志国际保护新发展的路径分歧及我国选择》,载《知识产权》2019年第1期。

12. 牛馨雨:《美国纽约州比特币牌照制度研究》,载《金融法苑》2016年第1期。

13. 斯雪明、陈文光:《区块链与数字货币技术专题前言》,载《软件学报》2019年第6期。

14. 史明洲:《区块链时代的民事司法》,载《东方法学》2019 年第 3 期。

15. 陶信平、刘志仁:《论网络虚拟财产的法律保护》,载《政治与法律》2007 年第 4 期。

16. 王冠:《基于区块链技术 ICO 行为之刑法规制》,载《东方法学》2019 年第 3 期。

17. 王康:《罗马法上的"物"对两大法系影响之比较》,载《广西政法管理干部学院学报》2017 年第 9 期。

18. 姚前:《数字货币的前世与今生》,载《中国法律评论》2018 年第 6 期。

19. 姚前:《数字货币的发展与监管》,载《中国金融》2017 年第 14 期。

20. 姚前:《数字货币的缘起、发展与未来》,载吴敬琏主编:《比较》,中信出版社 2018 年版。

21. 钟孝生:《网络虚拟货币本质及其对货币流通的影响》,载《商业时代》2007 年第 5 期。

22. 张建文:《如何规制数字金融资产:加密货币与智能契约——俄罗斯联邦〈数字金融资产法〉草案评述》,载《上海政法学院学报》2018 年第 5 期。

23. 郑戈:《区块链与未来法治》,载《东方法学》2018 年第 3 期。

24. 王佳慧:《〈俄罗斯战略外资法〉内容、变化及实施效果》,载《俄罗斯学刊》2014 年第 4 期。

25. 尚清、徐建东:《俄罗斯外商投资安全审查制度的新变化及启示》,载《经济纵横》2014 年第 12 期。

26. 徐晨、孙元欣:《外资安全国家审查制度国际比较与借鉴》,载《上海经济研究》2018 年第 8 期。

27. 封安全:《俄罗斯的外资并购监管制度研究》,载《西伯利亚研究》2012 年第 4 期。

28. 陈明:《俄对外资进入其战略性行业的国家安全审查制度》,载《国际石油经济》2009 年第 4 期。

29. 李锋:《俄罗斯国家安全审查制度研究》,载《国际经济合作》2012

年第7期。

30. 王玉萍:《谈俄罗斯立法对外资利用俄战略性地下资源的限制》,载《科技信息》2010年第1期。

31. 丁辉:《认缴登记制下公司减资制度研究》,载《河北法学》2017年第6期。

32. 郭传凯:《“认缴制”下公司合同债权人利益保护问题研究——以公司减资为具体情境展开》,载《东岳论丛》2016年第4期。

33. 何勤华:《法的移植与法的本土化》,载《中国法学》2002年第3期。

34. 刘玉妹:《认缴资本制视野下公司减资制度的构建》,载《法律适用》2016年第7期。

35. 罗培新:《论资本制度变革背景下股东出资法律制度之完善》,载《法学评论》2016年第4期。

36. 王彦明:《公司资本犯罪刑法规制的有限性及其抗制——兼论刑法与公司法关系之协调》,载《吉林大学学报(社会科学版)》2003年第6期。

37. 薛波:《公司减资违反通知义务时股东的赔偿责任——〈最高人民法院公报〉载“德力西案”评释》,载《北方法学》2019年第3期。

38. 满洪杰:《被遗忘权的解析与构建:作为网络时代信息价值纠偏机制的研究》,载《法制与社会发展》2018年第2期。

39. 余斌:《公司未通知债权人减资效力研究——基于50个案例的实证分析》,载《政治与法律》2018年第3期。

40. 周林彬、余斌:《我国“减法”改革中公司减资制度的完善》,载《中山大学学报(社会科学版)》2015年第5期。

41. 周翔、高菲:《我国公司资本制度改革中资本维持原则的修正》,载《甘肃社会科学》2016年第1期。

42. 刘水林:《反垄断私人诉讼的协商制模式选择》,载《法学》2016年第6期。

43. 李志刚、徐式媛:《反垄断法上的民事赔偿责任》,载《人民司法》2011

年第7期。

44. 万宗瓒:《论反垄断民事诉讼中集团诉讼制度之构建》,载《求索》2014年第3期。

45. 黄年:《论国家执行威慑机制》,载《人民司法》2007年第1期。

46. 王晓晔:《德国〈反对限制竞争法〉的第六次修订》,载《德国研究》2000年第1期。

47. 王健:《德国竞争法的欧洲化改革——〈反限制竞争法〉第7次修订述评》,载《时代法学》2006年第6期。

48. 杜爱武、陈云开:《中国反垄断私人诉讼的发展——以典型案例为分析基础》,载《竞争法律与政策评论》2017年第3卷。

49. 杜爱武、陈云开:《中国反垄断诉讼案件数据分析和案件评析报告(2016—2017)》,载《竞争法律与政策评论》2018年第4卷。

50. 王闯:《中国反垄断民事诉讼概况及展望》,载《竞争政策研究》2016年第2期。

51. 时建中:《私人诉讼与我国反垄断法目标的实现》,载《中国发展观察》2006年第6期。

52. 沈志韬:《从国际经验看中国反垄断私人执行制度的建立》,载《世界贸易组织动态与研究》2010年第3期。

53. 鲁灿、詹锐:《从eBay案看美国专利保护趋势》,载《电子知识产权》2006年第9期。

54. 朱雪忠、漆苏:《美国专利改革法案内容及其影响评析》,载《知识产权》2011年第9期。

55. 谢光旗:《遏制专利蟑螂:美国专利诉讼费用移转规则的新发展》,载《法律科学》2017年第1期。

56. 谭文魁:《知识产权利益平衡原则的法理分析》,载《职工法律天地》2018年第12期。

57. 李军、杨志祥:《专利侵权不停止侵害的替代措施研究》,载《知识产权》2016 年第 10 期。

58. 和育东:《专利丛林问题与美国专利政策的转折》,载《知识产权》2008 年第 1 期。

59. 董美根:《美国专利永久禁令适用之例外对我国强制许可的启示》,载《电子知识产权》2009 年第 1 期。

60. 王湘君:《关于知识产权请求权内容构建的思考》,载《人大建设》2018 年第 11 期。

61. 包红光:《论知识产权侵权停止侵害救济方式的限制》,载《科技广场》2019 年第 6 期。

62. 张伟君、武卓敏:《知识产权侵权纠纷案中判令停止侵权与颁发永久禁令的区别》,载《电子知识产权》2019 年第 1 期。

63. 谢潇:《法律拟制的哲学基础》,载《法制与社会发展》2018 年第 1 期。

64. 宁立志:《规制专利权滥用的法律范式论纲》,载《社会科学辑刊》2018 年第 1 期。

65. 王博:《知识产权善意侵权制度探析——兼评专利法第 70 条》,载《甘肃社会科学》2014 年第 2 期。

66. 赵晶、王奋宇:《美国专利制度改革及其对中国的影响》,载《中国科技论坛》2013 年第 1 期。

67. 钱玉文:《知识产权禁令制度功能新探》,载《常州大学学报》2015 年第 9 期。

68. 李澜:《专利侵权诉讼中的永久禁令——以新的视野审视“停止侵害”的民事责任》,载《法苑博览》2008 年第 7 期。

69. 向美玲、曹阳:《由 eBay 专利纠纷案看专利诉讼制度的滥用》,载《现代商贸工业》2010 年第 22 期。

70. 沈荣华:《论公共利益的法律边界》,载《江苏行政学院学报》2004 年第 6 期。

71. 梁上上:《公共利益与利益衡量》,载《社会科学文摘》2017 年第 1 期。

72. 李洪海:《知识产权滥用及其法律的规制》,载《法制与经济》2019 年第 8 期。

73. 陈晨、李思頔:《个人信息的司法救济——以 1383 份"App 越界索权"裁判文书为分析样本》,载《财经法学》2018 年第 6 期。

74. 高富平:《个人信息使用的合法性基础——数据上利益分析视角》,载《比较法研究》2019 年第 2 期。

75. 何勤华、王静:《保护网络权优位于网络安全——以网络权利的构建为核心》,载《政治与法律》2018 年第 7 期。

76. 梁泽宇:《个人信息保护中目的限制原则的解释与适用》,载《比较法研究》2018 年第 5 期。

77. 廖宇羿:《被遗忘权本土化适用的解释路径》,载《财经法学》2018 年第 5 期。

78. 林鸿潮:《个人信息在社会风险治理中的利用及其限制》,载《政治与法律》2018 年第 5 期。

79. 龙荣远、杨官华:《数权、数权制度与数权法研究》,载《科技与法律》2018 年第 5 期。

80. 彭岳:《贸易规制视域下数据隐私保护的冲突与解决》,载《比较法研究》2018 年第 4 期。

81. 万方:《终将被遗忘的权利——我国引入被遗忘权的思考》,载《法学评论》2016 年第 6 期。

82. 许娟:《中国个人信息保护的权利构造》,载《上海大学学报(社会科学版)》2019 年第 2 期。

83. 薛丽:《〈条例〉生效背景下我国被遗忘权确立研究》,载《法学论坛》2019 年第 2 期。

84. 翟志勇:《数据主权的兴起及其双重属性》,载《中国法律评论》2018 年第 6 期。

85. 张继红:《大数据时代个人信息保护行业自律的困境与出路》,载《财经法学》2018 年第 6 期。

86. 郑曦:《个人信息保护视角下的刑事被遗忘权对应义务研究》,载《浙江工商大学学报》2019 年第 1 期。

87. 宋亚辉:《个人信息的私法保护模式研究——〈民法总则〉第 111 条的解释论》,载《比较法研究》2019 年第 2 期。

88. 陈思、张梦飞:《欧盟委员会关于农产品和食品质量计划的 1151/2012 法规》,载《世界农业》2013 年第 12 期。

89. 郭富青、孙昊亮:《地名资源商业化开发的法律秩序研究》,载《法律科学(西北政法学院学报)》2006 年第 2 期。

90. 何焕锋:《我国地理标志法律的体系化及其路径选择》,载《内蒙古农业大学学报(社会科学版)》2017 年第 6 期。

91. 姜琳:《论地理标志的保护模式及中国的制度选择》,载《学术交流》2012 年第 3 期。

92. 刘劼祎:《中国现行葡萄酒地理标志法律保护存在问题及完善》,载《法律适用》2012 年第 6 期。

93. 王军杰、申莉萍:《论欧盟农业国内支持制度的演进及晚近发展趋势》,载《财经理论与实践》2017 年第 2 期。

94. 王笑冰、林秀芹:《中国与欧盟地理标志保护比较研究——以中欧地理标志合作协定谈判为视角》,载《厦门大学学报(哲学社会科学版)》2012 年第 3 期。

95. 王笑冰:《关联性要素与地理标志法的构造》,载《法学研究》2015 年第 3 期。

96. 谢晴川:《地名商标中〈其他含义〉的法律解释》,载《法商研究》2019 年第 1 期。

97. 张传锋:《浅析地理标志保护国际标准及我国的可行性选择》,载《知识产权法研究》2008 年第 1 期。

98. 赵小平、苗荣:《农业现代化视角的欧盟地理标志法律保护研究》,载

《山西大学学报(哲学社会科学版)》2011 年第 4 期。

99. 郑辉、李诚:《传统知识的地理标志保护研究》,载《西北大学学报(哲学社会科学版)》2017 年第 1 期。

三、译著类

1. [法]安娜·多米尼克·梅维尔:《法国金融法》,姜影译,法律出版社 2014 年版。

2. [美]阿尔文德·纳拉亚南:《区块链:技术驱动金融》,林华等译,中信出版集团 2016 年版。

3. [罗马]盖尤斯:《法学阶梯》,黄风译,中国政法大学出版社 2008 年版。

4.《法国民法典》,罗结珍译,中国法制出版社 1999 年版。

5. [俄]瓦列里·穆辛等:《俄罗斯法概要——外国投资者法律指南》,高圣平等译,中国人民大学出版社 2015 年版。

6. [英]丹尼斯·吉南:《公司法》,朱羿锟等译,法律出版社 2005 年版。

7.《英国 2006 年公司法》,葛伟军译,法律出版社 2012 年版。

8. [美]阿瑟·库恩:《英美法原理》,陈朝璧译,法律出版社 2002 年版。

9. [英]梅因:《古代法》,沈景一译,商务印书馆 2017 年版。

10. [美]理查德·D. 弗里尔、罗伯特·豪厄尔:《美国民事诉讼法》,张利民、孙国平、赵艳敏译,商务印书馆 2013 年版。

11. [德]茨威格特、克茨:《比较法总论》,潘汉典、米健、高鸿钧等译,法律出版社 2017 年版。

12. [美]乔希·勒纳、亚当·杰夫:《创新及其不满——专利体系对创新与进步的危害及对策》,罗建平、兰花译,兰花校,中国人民大学出版社 2007 年版。

13.《意大利民法典》,费安玲、丁玫译,中国政法大学出版社 2004 年版。

四、外文类

1. Amaury Perrin：Le Bitcoin et le droit：Problématiques de qualification, enjeux de régulation, "Gestion & Finances Publiques", janvier 2019, No. 1.

2. Anna Wiśniewska：The initial coin offering-challenges and opportunities, "Copernican Journal of Finance & Accounting", mai 2018, Vol. 7.

3. Christian Pfister：Monnaies digitals et politiques monétaires：beaucoup de bruit s pour rien?, "Revue française d'économie", février 2017, Vol. 32.

4. Claire Fénéron Plisson：La blockchian, un blouversement économique, juridique voire sociétal, "Information, données & documents", mars 2017, Vol. 54.

5. Financial Regulation-Regulating a New Sector：How Should Regulatory Agencies Classify and Regulate Virtual Currencies, "Suffolk Journal of Trial & Appellate Advocacy", January 2019, Vol. 7.

6. Financial regulation in the Bitcoin Era, Stanford Journal of Law, "Business & Finance", February 2018.

7. Jennifer Callen-Naviglia：The Technological, Economic and Regulatory Challenges of Digital Currency：An Exploratory Analysis of Federal Judicial Cases involving Bitcoin, Robert Morris University 2017.

8. Marianne Verdier：La blockchain et intermédiation financière, "Revue d'économie financière", janvier 2018, Vol. 129.

9. Michael Taylor, Twin Peaks：*A Regulatory Structure for the New Century*, *Center for the Study of Financial Innovation*, London, December 1995.

10. Olivier Lasmoles：La difficile appréhension des blockchains par le droit, "Revue internationale de droit économique", avril 2018, Vol. 32.

11. ФАС,Научно-практическийкомментарийкФедеральномузаконуот29.

04. 2008 №57 – ФЗ《Опорядкеосуществленияиностранныхинвестицийвхозяйственныеобщества, имеющиестратегическоезначениедляобеспеченияобороныстраныибезопасностигосударства》, Учебно-методическийцентрФАСРоссииФилиалг. Москва, 2018.

12. ИгорьОстапец, КсенияТюник, Изменениявзаконодательствеобиностранныхинвестициях: новыетребованиякраскрытию.

13. ПисенкоК. А., ЦинделианиИ. А., БадмаевБ. Г., Правовоерегулированиеконкуренцииимонополиивроссийскойфедерации: Курслекций. 2010.

14. СтепанченкоА. В., Иностранныеинвестициивстратегическиеотраслиэкономики: некоторыепроблемыпримененияЗаконаостратегическихиностранныхинвестициях, Бизнес, МенеджментиПраво, 2013, N1.

15. ДораевМ. Г., Допускиностранныхинвесторοввстратегическиеотраслиэкономики (правовыеосновы). М.: ИнфотропикМедиа, 2012.

16. СтепанченкоА. В., Иностранныеинвестициивстратегическиеотраслиэкономики: некоторыепроблемыпримененияЗаконаостратегическихиностранныхинвестициях, Бизнес, МенеджментиПраво, 2013, N1.

17. Alan Dignam and John Lowry, *Company Law*, 10th edition, Oxford University Press, 2018.

18. Bryan A. Garner, *Black's Law Dictionary*, 9th edition, Thomson Reuters, 2009.

19. F. Gore-Browne, *Concise Precedents under the Companies Acts*, London: Jordan & Sons, Limited., 2.

20. Len Sealy and Sarah Worthington, *Cases and Materials in Company Law*, Oxford University Press, 2013.

21. Susan Mclaughlin, *Unlocking Company Law*, 2nd edition, Routledge, 2013.

22. Andrew Keay, *Formulating A Framework for Directors' Duties to*

Creditors: An Entity Maximisation Approach, Cambridge Law Journal, 64(3), November 2005, p.614 - 646.

23. John Armour, *Share Capital and Creditor Protection: Efficient Rules for a Modern Company Law*, The Modern Law Review, Vol. 63, No. 3 (May, 2000), p.355 - 378.

24. Jonathan Rickford, *Reforming Capital Report of the Interdisciplinary Group on Capital Maintenance*, European Business Law Review, Vol. 15, Issue 4, 2004, p.919 - 102.

25. Md. Saidul Islam, *The Doctrine of Capital Maintenance and its Statutory Developments: An Analysis*, The Northern University Journal of Law, Vol. 5, 2013.

26. Michele Havenga, *Shares and Shareholders*, *Reduction of Capital*, *the Turquand Rule*, *Winding-Up*, *and Deregistration*, Juta's Business Law, Vol. 12, No. 3, 2004, p.122 - 131.

27. Olga Petroševičienė, *Effective Protection of Creditors' Interests in Private Companies: Obligatory Minimum Capital Rules Versus Contractual and Other Ex Post Mechanisms*, Social Sciences Studies 2010, 3(7), p.213 - 228.

28. Risk and Capital, Law and Financial Markets Review, Vol. 4, No. 3, 2010, p.239 - 241.

29. Simon Deakin, Viviana Mollica and Prabirjit Sarkar, *Varieties of creditor protection: insolvency law reform and credit expansion in developed market economies*, Socio-Economic Review, 2016, p.1 - 26.

30. Tatiana R. S. Cutts, *Modern Money Had and Received*, Oxford Journal of Legal Studies, Vol. 38, No. 1 (2018), p.1 - 25.

31. Wolf-Georg Ringe, *Company Law and Free Movement of Capital*, Cambridge Law Journal, 69(2), July 2010, p.378 - 409.

32. Charles C. Callahan, *Statutory Protection of Creditors in Reduction of*

Capital Stock, Faculty Scholarship Series, 1936, Paper 4420.

33. Gordon L. Clark and Eric R. W. Knight, *Implications of The UK Companies Act* 2006 *for Institutional Investors and The Market for Corporate Social Responsibility*, Sloan Industry Conference, 2008.

34. Jennifer Payne, *Legal Capital in the UK Following the Companies Act* 2006, University of Oxford Faculty of Law Legal Studies Research Paper Series Working Paper No 13/2008.

35. John Armour, *Share Capital and Creditor Protection: Efficient Rules for A Modern Company Law*? ESRC Centre for Business Research, University of Cambridge Working Paper No. 148, 1999.

36. John Armour, *Legal Capital: An Outdated Concept*? Centre for Business Research, University of Cambridge Working Paper No. 320, 2006.

37. Sandra Ax, Legal Capital, *Creditor Protection & Efficiency? An Analysis of the European Legal Capital Regime in the Light of Recent Developments & Debates*, Göteborg University Master Thesis, 2004.

38. Ingo Schmidt, Wettbewerbspolitik und Kartellrecht 6. Auflage, Lucius & Lucius, 1998.

39. Hermann-Josef Bunte, Eugen Langen, Kartellrecht: Kommentar 12. Auflage, Luchterhand Verlag, 2014.

40. Regierungsbugründung zum GWB, in: BTDr 1158 - 2. Wahlperiode-, Anlage 1, s. 21 f. (Hervorhebung durch Verfasser).

41. Bundeskartellamt, Jahresbericht 2018, Mai 2019.

42. Bundeskartellamt, Tätigkeitsbericht des Bundeskartellamtes 2017/2018, 19.06.2019.

43. Wolfgang Wurmnest, *A New Era for Private Antitrust Litigation in Germany? A Critical Appraisal of the Modernized Law against Restraints of Competition*, 6 German Law Journal, 1173, 1179 (2005).

44. Christian Kersting, Kartellschadensersatzrecht nach der 9. GWB-Novelle, 2017.

45. Roth in: Jaeger/Kokott/Pohlmann/Schroeder, Frankfurter Kommentar zum Kartellrecht, 2019.

46. Eden, Persönliche Schadensersatzhaftung von Managern gegenüber Kartellgeschädigten 2013.

47. Seaman C. B., *Permanent Injunctions in Patent Litigation After eBay: An Empirical Study*, Iowa Law Review Vol. 101 No. 5, 2016.

48. Douglas Laycock, *The Death of The Irreparable Injury Rule*, 103 Harv. L. Rev. 687, 1990.

49. Erik Hovenkamp & Tom Cotter, *Anticompetitive Patent Injunctions*, Vol. 100 No. 3, 2016.

50. Darryl J. Adams and Victoria Wicken, *Permanent Injunctions After eBay V. MercExchange: The Year in Review*, 15 Tex. Intell. Prop. L. J. 417, 2007.

51. Jay Pil Choi & Heiko Gerlach, *A Model of Patent Trolls*, International Economic Review Vol. 59 No. 4, 2018.

52. Benjamin Petersen, *Injunctive Relief in the Post-eBay World*, Berkeley Tech. L. J. 193, 196, 2008.

53. Jackson, Vicki C., *Constitutional Law*, the Yale Law Journal 124: 3094, 2015.

54. Mitchel G. Stockwell, *Implemementing eBay: New Problem in Guiding Judical Discretion and Enforcing Patent Rights*, 88J. PAT. & TRADEMARK OFF. Soc'Y 747,747, 2006.

55. Eric E. Bensen, *Apportionment of Lost Profits in Contemporary Patent Damages Cases*, Virginia Journal of Law and Technology, Vol. 10 No. 3, 2005.

56. Jone M. Oline, *The Disclosure Function of the Patent System(or Lack*

thereof), Harv. L. Rev. 2005.

57. Daniel C. Tucker, *We Can't Stay This Way: Changing the Standard for Staying Injunctions Pending Appeal After eBay*. Geo. Wash. L. Rev. 1276, 2011.

58. Charles R. Macedo, *Permanent Injunction Affirmed in US Patent Case*, Journal of Intellectual Property Law and Practice, 2009.

59. Mark A. Lemley, *Did eBay Irreparably Injure Trademark Law*, 92 Notre Dame L. Rev. 1795, 2017.

60. Damon C. Andrews, *Why Patentees Litigate*, Columbia Science and Technology Law Review, 2011.

61. Holte, Ryan T., *Patent Injunctions on Appeal: an Empirical Study of the Federal Circuit's Application of eBay*, WASHINGTON LAW REVIEW, Vol. 92 No. 1, 2017.

62. Robert P. Merges, *Justifying intelectual property*, Cambridge: Harvard University Press, Vol. 161, 2011.

63. Benjamin H. Diessel, *Trolling for Trolls: The Pitfalls of the Emerging Market Competition Requirement for Permanent Injunctions in Patent Cases Post-eBay*, Vol. 106 No. 2, 2016.

64. Bartolini C., Siry L. *The right to be forgotten in the light of the consent of the data subject*. Computer Law & Security Review, 2016.

65. Bieker F. *Enforcing Data Protection Law-The Role of the Supervisory Authorities in Theory and Practice*. 2017.

66. Bu-Pasha, Shakila. *Cross-border issues under EU data protection law with regards to personal data protection*. Information & Communications Technology Law, 2017.

67. Busser E. D., *Data protection in EU and US criminal cooperation*. 2018.

68. Council of Europe. *Handbook on European data protection law*. 2018.

69. De Hert P., Papakonstantinou V., Malgieri G., et al., *The right to data portability in the GDPR: Towards user-centric interoperability of digital services*. Computer Law & Security Review, 2017.

70. European Data Protection Board. *First overview on the implementation of the GDPR and the roles and means of the national supervisory authorities*. 2019.

71. Fazlioglu M., *Forget me not: the clash of the right to be forgotten and freedom of expression on the Internet*. International Data Privacy Law, 2013.

72. Houser K., Voss W. G., *GDPR: The End of Google and Facebook or a New Paradigm in Data Privacy?* Social Science Electronic Publishing, 2018.

73. Katulić T, Vojković G. From Safe Harbour to European Data Protection Reform International Convention on Information & Communication Technology, Electronics & Microelectronics, 2016.

74. Kelly M. J., Satola D., *The Right to Be Forgotten*. Social Science Electronic Publishing, 2017.

75. Moerel E. M. L., *Big data protection: How to make the draft EU Regulation on Data Protection Future Proof*. Social Science Electronic Publishing, 2018.

76. Sobolewski M., Mazur J., Michał Paliński, *GDPR: A step towards a user-centric internet?* Intereconomics, 2017.

77. Stéphane Ciriani, *The Economic Impact of the European Reform of Data Protection*, Social Science Electronic Publishing, 2015.

78. Synodinou T., *Google Versus the Law: Google's Legal Adventures and Their Impact to the Evolution of European Information Law*, Ssrn Electronic Journal, 2011.

79. Taylor M. J., Dove E. S., Laurie G., et al., *When Can the Child*

Speak for Herself? The Limits of Parental Consent in Data Protection Law for Health Research. Medical Law Review, 2017.

80. Zarsky T., *Incompatible: The GDPR in the Age of Big Data.* Social Science Electronic Publishing, 2017.

81. Andrea Zappalaglio, *The why geographical indications-The transformation of the link between the product and its place of origin in Europe*, University of Oxford, Hilary Term 2017/2018.

82. Associazioni fra produttori per la tutela del "Salame Felino" v. Associazione Industriali delle Carni e dei Salumi and Kraft Foods Italia SpA, 2014.

83. Alberto Contini, Tutela e valorizzazione delle indicazioni geografiche e delle denominazioni di origine nel Codice della Proprietà Industriale, Università degli Studi Di Parma, 2011.

84. Burkhart Goebel and Manuela Groeschl, *The Long Road to Resolving Conflicts Between Trademarks and Geographical Indications*, The Law Journal of the International Trademark Association, 2014.

85. Budějovický Budvar v. OHIM, Case C－96/09 [2011] OJ C152/3, [2011] ETMR 31.

86. Bernard O'Connor, *The Law of Geographical Indications*, Cameron May Limited, 2004.

87. Budvar v. Ammersin, Case C－478/07 [2009], ECR 4489.

88. Camera di commercio Molise, Guida per la classificazione e l'etichettatura dei vini a denominazione di origine e indicazione geografica, Ottobre 2016.

89. Elena Ramacciotti, Marchi e indicazioni geografiche: rapporti e conflitti, Università Degli Studi di Parma, Anno Accademico 2014－2015.

90. Elvira Carretta, Uso dei marchi collettivi geografici: i problemi pratici e

interpretativi, Unioncamera, Dicembre 2007.

91. European Union, *Case Study—Lambrusco: protecting and enforcing a GI for wine products*, European IPR Helpdesk, October 2016.

92. G. E. Evans, *The Comparative Advantages of Geographical Indications and Community Trademarks for the Marketing of Agricultural Products in the European Union*, International Review of Intellectual Property and Competition Law, 2010.

93. Jongeneel Kaas v. Netherlands, Case C-237/82 [1984] ECR 483.

94. Lucia Gamalero, Sogno di Barbaresco tra denominazioni geografiche, marchi collettivi e toponimi, Università Degli Studi del Piemonte Orientale, Anno Accademico 2015/2016.

95. Lorenzo Mannini, Il carattere distintivo delle indicazioni geografiche, Università di Pisa, Anno Accademico 2012/2013.

96. Massimiliano Benelli e Luca Cianfoni, La politica di qualità dei prodotti agricoli e alimentari dell'Unione europea, Contributi, Istituzioni del Federalismo, 2014.

97. Matteo Ferrari, La dimensione proprietaria delle indicazioni geografiche—uno studio di diritto comparato, Università degli Studi di Trento 2015.

98. Matteo Gragnani, *The law of geographical indications in the EU*, Journal of Intellectual Property Law & Practice, 2012.

99. Nicolas Tinelli, *The role of interprofessional organisations in the modification of the Italian wine product specifications*, University of Reims Law School, February 2015.

100. Paula Caroline Zito, *Geographical Indications: What is Their Worth? A Comparison of Geographical Indication Registrations Between Australia and Italy*, University of Adelaide, November 2017.

101. Rachele Macor, Marchi di collettivi, marchi di certificazione d indicazioni geografiche alla luce del nuovo “Pacchetto Marchi” dell’ UE, Università Cattolica Del Sacro Cuore, 21 Novembre 2018.

102. Smanor SA v. Commission of the European Communities, Case C – 298/87 [1988] ECR 4489.

103. Ufficio dell’Unione Europea per la properietà intellettuale, Marchi in conflitto con denominazioni d’origine e indicazioni geografiche, 2017.

104. Ufficio Stampa ACCREDIA, DOP, IGP, BIO e gli altri marchi di qualità: guida alla spesa intelligente, 19 Lugio 2018.

105. Windsurfing Chiemsee Produktions-und Vertriebs GmbH (WSC) v. Boots-und Segelzubehör Walter Huber and Franz Attenberger, Joined Cases C – 108/97 and C – 109/97, [1999] ECR I – 2779, [1999] ETMR 585.

106. Xinzhe Song, *The role played by the regime of collective and certification marks in the protection of geographical indications—Comparative study of law and practice in France, the EU and China*, The Journal of World Intellectual Property, 2018.

后　记

本书获中央高校基本科研业务费资助，是上海外国语大学 2017 年度校级重大科研项目（项目号：41002664）与上海外国语大学 2021 年度校级规划项目（项目号：2021114023）的成果之一。作者分工如下：导言由张海斌与赵守政合作完成，第一章至第六章分别由戴薪颖、谷明杰、刘莹、王琪、宋博文和李尔康撰写。